UN MILLION DE MINUTES

Photographies : © Archives privées Wolf Küper
Dessins : © Martina Frank

"Lettres allemandes"
série dirigée par Martina Wachendorff

Titre original :
Eine Millionen Minuten
© Albrecht Knaus Verlag / Random House GmbH, Munich, 2016

© ACTES SUD, 2018
pour la traduction française
ISBN 978-2-330-10398-9

WOLF KÜPER

Un million
de minutes

Comment j'ai exaucé le souhait
de ma fille et trouvé le bonheur en famille

récit traduit de l'allemand
par Rose Labourie

ACTES SUD

à Vera

Ay, no hay que llorar, que la vida es un carnaval,
es mas bello vivir cantando.

CELIA CRUZ

On ne peut pas vraiment dire que c'est *à cause* du Dr K. F. Finkelbach que je suis, en ce moment même – comme tous les jours depuis 72 331 minutes –, allongé dans mon hamac sur la plage d'une île relativement isolée au sud de la frontière entre la Birmanie et la Thaïlande. À côté de moi, les enfants qui, pour le moment, jouent tranquillement dans leur coin, et à côté d'eux, les quatre gros sacs remplis de coquillages et de fragments d'étonnantes créatures marines. Il n'est pas question d'accuser qui que ce soit, ne serait-ce que parce que je trouve la situation tout à fait à mon goût – en tout cas comparée à ce que j'aurais été en train de faire en ce moment même si les choses avaient suivi leur cours habituel et que j'avais continué à jongler entre lounges d'aéroport, hôtels et centres de conférences. Mais rien ne s'était passé comme prévu, et quelque part, c'était aussi un peu *grâce* au Dr Finkelbach.

Cabinet du Dr K. F. Finkelbach
Bonn (50° 44' N, 7° 5' O)
Rhénanie, Allemagne

PROLOGUE

QU'EST-CE QUI EST MOUILLÉ
ET QUI TOMBE DU CIEL ?

C'était le Dr Finkelbach, psychologue renommé, qui nous avait fait passer le premier test officiel. Relatif aux fonctions cognitives et perceptives. Il avait un nombre remarquable de diplômes encadrés aux murs certifiant qu'il avait suivi des formations spécialisées pour travailler avec tous types d'enfants. C'était par ailleurs une sommité dans le domaine des tests d'intelligence et de comportement, qu'il faisait passer et contribuait à élaborer. Enfin, il était ce jour-là de très bonne humeur – ou il avait décidé de l'être, car si certaines personnes peuvent choisir leur humeur, ce sont bien les psychologues.

Après chaque question, il se renversait donc en arrière d'un air qui se voulait décontracté, même si son attitude me semblait plus forcée qu'autre chose. Les quatre premières réponses l'avaient laissé perplexe, très clairement : ici, un petit moment de frayeur, là, un rapide froncement de sourcils ou un léger tressaillement de l'œil gauche. Mais un psychologue chevronné ne se laisse pas démonter aussi facilement.

Par conséquent, voici, énoncée avec entrain, la question numéro 5 : "Qu'est-ce qui est mouillé et qui tombe du ciel ?"

Devant ledit Dr Finkelbach se trouve assis le sujet du test – le dos droit et pas bien grand sur ce gros siège de bureau –, qui, selon le rapport médical, est "une petite fille menue, sensible aux situations, d'abord légèrement sur la réserve et hésitante dans ses rapports aux autres, puis très éveillée et coopérative". Il s'agit de ma fille Nina, et même si j'aimerais bien, je ne peux pas dire qu'elle soit arrivée là par hasard. Nina écoute avec attention en fronçant légèrement le nez, la mimique qu'elle fait quand elle réfléchit.

Il faut – comme d'habitude – un bon moment avant qu'une réponse arrive. Avec elle, il est rare d'en obtenir une en moins de dix secondes, sauf s'il s'agit de choisir entre jouer à l'éléphant malade qui trouve un super-copain et n'importe quel autre jeu : dans ces cas-là, la réponse va de soi, et elle n'a pas besoin de se creuser la tête. Finalement, après une longue réflexion, elle se décide, et son nez se défronce. Le Dr Finkelbach hausse de plus en plus les sourcils en attendant le mot juste pour ce qui est mouillé et qui tombe du ciel.

"Un chien", dit alors l'enfant d'un air triomphant en regardant le Dr Finkelbach comme si elle ne voulait surtout pas louper l'effet de cette réponse. J'éclate de rire, ce qui me vaut un regard en coin mi-agacé, mi-désespéré de la part du Dr Finkelbach. Je reprends aussitôt mon sérieux : c'est tout à fait dans mes cordes car au travail, j'ai sans arrêt affaire à des gens très importants. Et avec les gens importants, il faut toujours garder son sérieux : ne jamais être de meilleure humeur que le client, c'est la règle numéro 1 quand on fait du conseil, surtout auprès d'hommes politiques.

L'espace d'un instant, le Dr Finkelbach regarde Nina d'un air désemparé avant de se ressaisir et de déclarer au ralenti : "Réfléchis encore, Nina. Voyons : c'est tout mouillé (pause lourde de signification), et ça tombe du ciel." Son front haut brille un peu, peut-être à cause de la pluie.

Mais s'il croit que Nina va renoncer à son chien, il se fourre le doigt dans l'œil. Évidemment, elle persiste et signe joyeusement. La voilà donc qui répète à son tour sa réponse, bien lentement pour que le Dr Finkelbach puisse comprendre. En guise d'explication, elle ajoute qu'il s'agit d'un chien noir au poil en bataille, tout en esquissant dans les airs une forme de bonne taille qui est sans doute censée représenter le chien, mais qui est bien trop ronde car Nina est incapable d'en dessiner un. Pour éviter tout malentendu, elle précise qu'il faudrait évidemment prévoir plusieurs tapis pour l'atterrissage, ou mieux : une piscine à balles. Et là, *bim*, le chien tout mouillé tomberait dedans, et on pourrait jouer aussitôt avec lui, même si une autre option serait de le sécher d'abord au sèche-cheveux, car les chiens mouillés sentent bizarre et il ne faudrait pas qu'il attrape froid après sa balade aérienne. Et ainsi de suite.

Au bout d'une heure et de plusieurs douzaines de réponses improbables à des questions parfaitement banales, Nina – et le Dr Finkelbach – sont épuisés, et nous pouvons rentrer à la maison.

Dans l'ascenseur, Nina me demande en chuchotant s'il est possible que le Dr Finkelbach ait été un peu "innervé" – mais à part ça, il était vraiment gentil, et c'était rigolo d'imaginer des histoires drôles. J'ai la gorge nouée, l'ébouriffante performance de Nina m'a complètement vidé, et je suis à deux doigts de faire la leçon à une joyeuse et insouciante petite fille de quatre ans en lui expliquant qu'il y a dans la vie des situations où il ne faut pas se louper, où ce n'est pas le moment de plaisanter, où les ratés ont des conséquences, où il faut respecter les règles, et ainsi de suite – tout le couplet des adultes sur les choses sérieuses de la vie auquel, secrètement, je ne croyais plus depuis longtemps. Et pourquoi n'avait-elle pas simplement dit "pluie", pour donner le mot attendu, et répondu plus ou moins normalement aux autres questions ? Nous en avions parlé ensemble avant : tout le monde ne comprend pas toujours que certaines personnes, comme Nina le dit d'elle-même, viennent un peu d'un autre monde où tout est différent et où les choses comme les gros mammifères volants sont monnaie courante.

Je respire un grand coup avant de tomber par hasard sur mon reflet dans le miroir de l'ascenseur : il me faut une milliseconde pour comprendre que c'est moi, ce type tendu qui me toise avec une ride furieuse entre les yeux, puis mon regard croise celui de Nina, et je vois qu'elle essaye de décrypter le mien. Alors je prends sa petite main, et nous allons manger une glace – non sans essuyer soigneusement le chocolat qu'elle a autour de la bouche avant de rentrer à la maison. Manger une glace alors que c'est bientôt l'heure du repas est un événement exceptionnel qui doit rester entre Nina et moi, même si je ne me fais pas d'illusion : ma femme, Vera, remarquera forcément que notre fille a avalé l'équivalent de son poids en crème glacée.

Les choses sérieuses de la vie nous parviennent par voie postale quelques semaines plus tard : elles arrivent dans une enveloppe beige classique, comme un banal envoi publicitaire ou une facture de plus de 11,55 euros. C'est le genre d'événements auxquels on essaye de se préparer mentalement pour se retrouver complètement dépourvu le moment venu. Je dois m'asseoir pour ouvrir la lettre, même si je sais depuis longtemps ce qu'elle contient. Je saute le corps de texte habituel truffé de noms latins et grecs alambiqués désignant divers phénomènes physiologiques que nous ne connaissons que trop bien. À la fin se trouve un nouveau paragraphe, lui aussi écrit dans une langue inconnue, avec d'étranges formulations portant sur certaines "spécificités comportementales et cognitives" apparues lors du test. Dans certains domaines, les résultats sont proprement désastreux : un chien mouillé, par exemple, tout sympathique qu'il soit (surtout s'il sait voler), c'est zéro pointé dans ce genre de test standardisé. Même quelqu'un comme le Dr K. F. Finkelbach, malgré toute sa bienveillance et sa créativité, ne peut pas rattraper le coup. Quant aux dessins tordus à quatre-vingt-dix degrés de bonshommes qui ont l'air d'aliens passés sous les roues d'un camion avec trop de membres à des endroits qui ne sont pas prévus pour, ils ne sont pas du meilleur effet quand il s'agit d'évaluer la "coordination œil-main et la capacité de traitement visuel et cognitif" et d'obtenir un résultat correct au test de QI.

En théorie – et pour autant que je puisse en juger –, Nina avait bien conscience que les mains se trouvent en général au bout des bras et sont pourvues d'environ cinq doigts, mais les représenter aussi fidèlement devait lui sembler trop bureaucratique, sans même parler de ses vrais problèmes qui commencent par le fait qu'elle n'est pas capable de tenir un stylo correctement. Elle ne correspondait en rien à l'idée que les pédopsychiatres, les éducateurs, les médecins et les politiques spécialistes de l'éducation se font d'un enfant, et elle trouvait ça très bien comme ça. Entre la mémorable performance de Nina chez Finkelbach et la "moyenne statistique des enfants du même âge", il y avait un fossé de plusieurs années-lumière, et le monde merveilleux dans la tête de ma fille était, du point de vue des tests psychologiques standards, un univers radicalement parallèle qui ne trouvait sa place dans aucune grille.

Le coup d'éclat de Nina chez Finkelbach n'était rien en comparaison de ce qu'on vit au quotidien lorsqu'une petite personne insouciante et d'une bonne humeur à toute épreuve ne respecte pas la moindre règle. Dans ce genre de cas, il est impossible de faire comme si l'intéressée n'existait pas – surtout quand il s'agit de votre propre fille –, car elle sème la pagaille partout. Pas de doute : dans une équipe de foot, Nina aurait aussitôt été mise sur la touche. Ce qui veut aussi dire qu'on aurait raté le match le plus improbable du monde. Depuis que cette petite fille zigzaguait d'un bon pas à travers ma vie soigneusement planifiée, comme un mélange de Charlie Chaplin et de Pinocchio, les choses prenaient une tournure qui dépassait mon imagination. Mon plan A, par exemple, était de faire carrière le plus vite possible. J'y avais travaillé d'arrache-pied pendant des années, et à l'approche de la Conférence des parties des Nations unies au Brésil, j'avais touché mon objectif du doigt : j'avais le choix entre un travail grassement payé d'expert pour les Nations unies et un poste de scientifique dans un célèbre institut de recherche au Cap. Le contrat était déjà sur mon bureau, il ne me restait plus qu'à signer.

Mais depuis que Nina avait débarqué dans ma vie, une carrière internationale n'était plus envisageable.

Par conséquent, le plan B s'était révélé nettement plus "raisonnable". Deux activités professionnelles et un enfant à Bonn, s'il vous plaît. Spécial, l'enfant ? Non merci, normal. Mais même là, avec tout l'entrain et l'inébranlable confiance en soi d'une petite fille de quatre ans, Nina nous mettait sans arrêt dans des situations qui n'étaient pas gérables avec les recettes standards. J'avais beau avoir renoncé au train de vie trépidant d'un scientifique et expert pour des organisations internationales, à base de luxueux repas d'affaires, de réunions plus importantes les unes que les autres, de *deadlines* à respecter, de réceptions officielles et de discussions en off moins officielles aux quatre coins de la planète, le manque de temps chronique nous rongeait tous. Je commençais à m'essouffler. (La semaine précédente, Nina avait remarqué que j'avais désormais un petit ventre qu'elle avait eu la bonté de qualifier de "rigolo".) Mais quelque part, nous nous raccrochions à l'idée que notre vie allait un jour ou l'autre reprendre son cours normal. Au moins à moitié, voire au quart. La normalité est une fiction tenace. En fin de compte, c'est grâce à elle que tout fonctionne. En tout cas sur le papier.

Mais il n'en était désormais plus question. La lettre de Finkelbach nous délivrait noir sur blanc un message qu'il n'était pas possible d'ignorer : oui, votre vie future sera tout aussi bancale que celle des quatre dernières années. Au moins. Et ce n'était sans doute que le début. Avec mes salutations les meilleures.

Nous n'avions pas de plan C. Mais nous avions Nina. Un soir, quelques jours plus tard, à l'heure du coucher, alors que j'avais lu l'histoire avec beaucoup de conviction, Nina m'a rappelé, conformément à ses habitudes, que les bons pères lisaient en principe plus d'une histoire (dans ce genre d'occasion, elle parlait toujours au pluriel).

Je lui ai répondu que je n'avais malheureusement que dix minutes devant moi, parce qu'il me restait encore beaucoup de choses à faire. C'était vrai – il était 20 h 23, et ma to-do list n'était, pour le dire avec optimisme, qu'à moitié vide. Et j'avais un manuscrit à rendre à l'Unesco pour le lendemain dernier délai.

"Dix minutes? Dix minutes pour trois histoires? T'es pas bien dans ta tête", avait piaillé la voix de Nina de quelque part sous les coussins avant que deux petits bras en sortent et m'attrapent par la nuque. "Ah, papa, je voudrais avoir un million de minutes avec toi. Rien que pour les jolies choses, tu vois?" a dit Nina en écrasant mes joues entre ses mains, ce qui devait me donner l'air d'un poisson nettoyeur contre la vitre d'un aquarium. "Un million de minutes. Demain, tu me racontes une histoire d'un million de minutes, d'accord? Et comme ça, aujourd'hui, tu peux régler tout ton stress, ça marche?"

Il n'y a pas beaucoup de choses plus déroutantes que de voir vos enfants vous rappeler vos propres rêves. Sans doute parce que l'idée du "million de minutes" lancée par Nina avait suivi de près la lettre de Finkelbach, un déclic psychologique venait de se faire en moi. En tous les cas, c'est à ce moment précis, dans la chambre des enfants, que tout a commencé. Le masque que je portais tout au long des 1 440 minutes que duraient mes journées s'est fendillé. Dans le journal que je tenais depuis la naissance de Nina, j'avais fait le calcul : 24 heures fois 60 minutes égale 1 440 minutes.

Et la fissure s'est propagée dans ma vie de tous les jours, entre gestion de carrière, productivité et croissance, prévoyance vieillesse, externalisation des enfants aux systèmes de garde, entretiens avec les architectes d'intérieur au sujet des éléments de décoration, siestes éclair et transfert chaotique d'enfants à la gare, soirées prévues puis annulées, vacances express et virées bien-être. Mais c'est surtout l'idée qu'il allait de soi d'avoir du temps pour tout, sauf pour les choses les plus importantes, qui a fini par se lézarder.

Est-ce que vous connaissez la scène du film *The Truman Show* où le héros malgré lui d'une émission de téléréalité, Truman Burbank, vogue vers le soleil sur l'étendue infinie de l'océan jusqu'à ce que la proue de son bateau à voile s'écrase sans crier gare contre le mur en plâtre bleu ciel qu'il a pris pour la ligne d'horizon pendant des décennies ? Après ça, impossible de revenir en arrière. Et pour moi aussi, depuis la question posée par Nina ce soir-là, il existait un monde derrière la toile de mon quotidien. Il n'y avait rien à faire. Tout comme Burbank ne veut pas entendre qu'il ne se passe rien de palpitant au-delà de cet horizon factice, je n'arrivais pas à oublier l'idée du million de minutes. Sans parler de l'étonnante ténacité quasi méthodique avec laquelle Nina, au cours des semaines suivantes, n'avait cessé d'y revenir.

Un après-midi, j'étais entré dans la chambre des enfants sans qu'elle s'en rende compte. Elle était postée devant le lit de son petit frère que, pour une raison mystérieuse, elle avait baptisé "Mister Simon" et lui parlait sur le ton de l'incantation. "Vraiment! Tu comprends? Tout un million! Avec ça, on peut faire tout ce qu'on veut." Mr Simon, qui n'avait que quelques mois, manifestait son approbation par un sourire enthousiaste et édenté. Il n'avait aucune idée de ce dans quoi il était en train de s'embarquer.

Au vu de ces incidents, il faut bien dire que je n'ai pas vraiment été étonné lorsque Vera, un des soirs suivants, a plongé son regard dans le mien – notre vin préféré était déjà sur la table – pour évoquer le souvenir des mois que nous avions passés à sillonner l'Amérique latine avec nos sacs à dos. Étais-je vraiment heureux de la vie que nous avions en ce moment? Je n'ai pas pu m'empêcher de penser au candidat d'un jeu-concours que j'avais vu la veille à la télé et qui avait déclaré que s'il remportait le gros lot, il commencerait par "faire un grand voyage". Encore un! Quand on écoute bien, huit candidats sur dix parlent de ces voyages qu'ils rêvent de faire depuis toujours. Et n'avais-je pas moi-même, sans même m'en apercevoir, repoussé indéfiniment mes rêves à "plus tard"? Et ce "plus tard" n'était-il pas en train de s'éloigner de jour en jour? D'abord le travail, puis les loisirs. D'abord la réalité, puis les rêves. D'abord le jackpot, puis le voyage. Alors qu'en réalité, ce n'est pas un million d'euros qu'il nous faut. Mais un million de minutes! Avec la lenteur aussi spectaculaire qu'insouciante qui était la sienne en toutes circonstances, Nina m'avait déjà fait prendre conscience que le temps n'appartenait qu'à nous. Et ce indépendamment de tout jeu-concours. Le temps, c'est notre vie, et notre vie est à nous avant qu'on aille, pour des raisons incompréhensibles, l'échanger contre de l'argent pour finir par s'en racheter, presque sous cape, un petit morceau ici ou là. Et si on prenait un million de minutes? Dès maintenant?

18 000ᵉ minute
Phra Thong
Mu Ko Ra National Park (9° 5' N, 98° 17' O)
Mer d'Andaman, Thaïlande

À LA RECHERCHE DES JOLIES CHOSES

La petite île de Phra Thong se trouve à seulement quelques milles marins de la côte thaïlandaise, non loin de la frontière avec la Birmanie. On dirait qu'une poignée de rentiers et de sociétés hôtelières très sélects ont acheté la quasi-totalité de l'île et se la sont répartie. Quand on est un VIP, c'est par un autre VIP qu'on apprend l'existence de ces endroits. Mais quand on n'en est pas un, voire qu'on est une personne lambda, il suffit de suivre n'importe quel chemin de l'île pour se retrouver sans tarder devant une clôture bien gardée. De l'autre côté, on aperçoit de somptueux jardins où une flopée d'employés se faufile entre les frangipaniers et les bosquets de bougainvilliers et d'hibiscus. Les prix sont disponibles "sur demande", et seulement quand on vous prend au sérieux. Pour une seule nuit dans l'une des villas des établissements les mieux cotés, le tarif de base est au mieux de plusieurs centaines de dollars – sans compter tous les suppléments, bien entendu –, et il n'y a pas de plafond. Tout dépend de vos besoins en tant que client. Ici, le tourisme ordinaire a largement disparu : les clients triés sur le volet sont éparpillés sur les plages comme des naufragés, à ceci près que des serveurs en uniforme vont et viennent au milieu d'eux pour savoir quel cocktail leur ferait plaisir et quel poisson ils souhaitent manger lors du dîner en cinq plats qui porte le nom de *grand dinner*. Évidemment, ce genre d'endroits était bien au-dessus de nos moyens. Mais parce que, après avoir passé plusieurs mois épuisants à préparer le voyage depuis Bonn, nous avions envie de "ne rien faire du tout" et que Vera est encore meilleure négociatrice que les managers des complexes hôteliers locaux, nous avons réussi à réserver à la dernière minute quelques jours dans la maison la plus modeste du Golden Buddha Beach Resort. Notre nouvelle demeure s'appelait Baan Mak, elle avait trois niveaux et était faite en bois tropical – il y avait même un arbre intégré dans l'architecture à la Hundertwasser. D'après les explications du manager, ce complexe écologique était conçu de manière à nous donner le sentiment de "faire partie de la forêt". Pour le plus grand plaisir de Nina, la présence d'insectes surdimensionnés était un élément incontournable de cette "expérience de séjour au cœur de la nature". Au moins, il y avait des moustiquaires tendues comme des baldaquins autour des lits, ce qui était du meilleur effet. À condition de rester bien au milieu du matelas et de remonter les pieds, on ne se faisait presque pas piquer. Pour une bonne partie des clients de l'île, le Golden Buddha Beach Resort était sans doute – et selon nous bien à tort – plutôt bas de gamme, tout juste assez bien pour le personnel accompagnateur comme les coiffeurs, les pédicures et les gardes du corps. Mais pour nous, c'était l'occasion de rester les doigts de pied en éventail sans nous ruiner complètement.

Mais le meilleur était encore à venir. Car quand on a beaucoup de chance, un gestionnaire de fonds

sous coke du matin au soir fait une bourde spectaculaire quelque part aux États-Unis. Et de ce fait,
l'un de ces fonds d'investissement aux noms truffés
de mots comme *Equity, Wealth* et *Fidelity* perd près
de trois quarts de sa valeur en l'espace de quelques
jours. Évidemment, personne ne comprend où tout
cet argent qui était sorti de nulle part a bien pu
passer. On enchaîne réunions de crise et conférences
de presse, et toute une armée d'avocats surpayés se
met à chercher aux quatre coins du monde les gens
qui pourraient l'avoir mauvaise. Et une bonne partie
d'entre eux va effectivement se battre bec et ongles
pour récupérer le peu qu'il reste de son capital-risque.
Or à trois criques de notre Baan Mak séjournaient
deux adorables Américaines qui, même sur cette
île de rêve, étaient assez stressées pour regarder les
informations boursières toutes les heures.

Elles aimaient beaucoup les enfants, à leur manière
légèrement maladroite. Un peu comme les gens qui
aiment les animaux mais ne savent pas comment s'y
prendre avec eux. Un jour, l'une d'elles avait attrapé
Mr Simon par le bras pour le soulever dans les airs.
Lorsqu'une fois suspendu dans le vide, il s'était mis à
protester contre ces manières pas très orthodoxes, elle
l'avait lâché et laissé tomber sur le sable (avec le bras
encore en place). Catherine s'était prise d'affection
pour Mr Simon. Elle le trouvait "in-croy-able-ment"
mignon, et quel sourire – et ainsi de suite. Alors que
Nina et moi avions presque réussi à les faire jouer à
la balle avec nous, Catherine et son amie avaient eu
des nouvelles de leur fonds d'investissement préféré
et avaient dû repartir sur les chapeaux de roues.
Assez précipitamment, en tout cas, pour catapulter
deux malheureux hors de la classe affaires d'un vol

réservé depuis des lustres. En Thaïlande, avec tous les bouddhistes qui travaillent à l'aéroport, ce genre d'opération éclair relève de l'exploit.

Évidemment, il est impossible d'annuler un séjour exclusif dans une villa de luxe. Ou peut-être que ce genre de choses ne se fait pas dans cette gamme de prix. Quoi qu'il en soit, Catherine et son amie n'ont pas hésité à nous offrir un séjour de dix jours dans la plus belle villa qu'on puisse imaginer – tout compris, bien entendu. Puis elles sont montées dans un hors-bord avec trois moteurs de soixante-quinze chevaux – ce qui faisait en tout un attelage de plus de deux cents chevaux – et ont disparu à l'horizon en agitant la main.

Fiat lux – que la lumière soit. Encore quelques jours plus tôt, nous étions en train de tirer nos valises cahin-caha dans les rues de Bonn, qui étaient si pluvieuses et froides que la lune hivernale se reflétait dans les flaques sur les pavés gris foncé. Et voilà que nous nous retrouvions sous le soleil éclatant des tropiques, dans la plus luxueuse des résidences où j'aie jamais mis les pieds, sur notre *private beachfront deck* que nous appelions "terrasse", même si c'était tellement grand qu'à nous quatre, nous nous sentions perdus dessus. La terrasse était si proche du rivage que, quand il y avait de la brise, les vagues cristallines passaient dessous. Cette villa grand luxe n'était pas franchement adaptée aux enfants. Pour commencer, plusieurs troncs de cocotiers se dressaient au milieu de la plate-forme – comment jouer à la balle dans ces conditions ? –, et si on faisait tomber quelque chose côté mer, il n'y avait pas moyen de le récupérer. Lorsqu'on a un bébé dans ses bagages, ce n'est pas idéal. La maison en elle-même était pleine à craquer d'antiquités asiatiques, dont une collection de gros bouddhas aux lobes d'oreilles XXL que Nina avait d'emblée trouvés très sympathiques, et de nombreuses œuvres d'art plus modernes et pleines de goût. La villa la plus proche se trouvait à deux cents mètres de là, toujours sur la plage, à l'abri de nos regards. Afin que nous puissions profiter de notre séjour "en toute intimité", comme nous l'avait poliment expliqué le manager – et je m'étais demandé s'il faisait allusion aux hurlements nocturnes de Mr Simon. Mais notre interlocuteur était bien trop professionnel pour me laisser lire dans son regard. À cette époque, j'avais commencé à me demander si Simon était un "bébé pleureur". Mais n'exagérons rien.

J'avais toujours pensé que cette histoire de maison au bord ou au-dessus de l'eau était la quintessence du romantisme. Mais force m'avait été de constater que ce genre d'installation nécessitait un certain degré de décontraction. Dans l'obscurité, à chaque vague forte, je me disais que, *cette fois*, l'eau était à tous les coups entrée dans la maison, et j'avais passé l'essentiel des trois premières nuits à palper toutes les deux minutes le parquet près du lit – qui était toujours sec. Un matin, j'avais été attaqué par un gecko qui, dans les premiers rayons du soleil, avait dû prendre mon index pour je ne sais quoi d'appétissant, et ça n'avait pas arrangé mes problèmes de sommeil. C'est fou : on trouve toujours des raisons de se plaindre. Vera faisait bonne figure, et je lui en serai toujours reconnaissant. Après tout, nous venions "seulement de partir", comme elle le disait gentiment, et étions "sans doute tous encore un peu perturbés". Et puis, je pouvais rattraper mes nuits blanches l'après-midi.

Pour ce faire, je n'avais besoin que de deux choses : un des hamacs géants mis à notre disposition par l'établissement et un Mr Simon éreinté par ses pérégrinations sur la plage.

Quand on prend le petit sentier qui serpente à travers la forêt privée du complexe en se frayant prudemment un chemin entre les centaines de bernard-l'ermite qui, tel Sisyphe, traînent jour après jour et sans une plainte leur coquille sur le sable, on finit par arriver à la pointe de l'île – et là, il faut choisir. Quand on prend à gauche, c'est l'océan Indien. Si on met les voiles d'ici pour partir en mer, avec de la chance, la côte est de l'Inde finira par apparaître à l'horizon au bout de quelques semaines. Mais quand on prend à droite, on arrive sur une gigantesque lagune entourée par une poignée d'îlots rocheux plantés de palmiers. Un décor de cinéma. Comme dans ces films qui donnent l'impression que l'équipe chargée des effets spéciaux a travaillé avec un coup dans le nez. Et après avoir fait le tour d'une petite langue de terre, on débouche sur une crique où même Robinson Crusoé se serait senti seul au monde. Quel début de voyage incroyable! Je me disais qu'on ne pouvait pas rêver mieux.

C'était environ à la 17 332e minute, soit au bout de deux semaines pile-poil. Déjà, nous avions une île. Et nous avions du temps. Mais ce que nous n'avions pas encore, c'était la moindre idée de ce qu'on peut faire d'un million de minutes. Quelles étaient ces "jolies choses" pour lesquelles nous avions tout laissé derrière nous ? Qu'est-ce qu'Adam et Ève, par exemple, faisaient toute la sainte journée lorsqu'ils étaient encore au paradis (à part les trucs évidents qu'on fait à deux) ? Par quel bout prendre notre million ?

Au départ, je m'étais senti dépassé par les événements. C'est sans doute le genre de choses qui n'arrive qu'aux adultes. J'aurais bien aimé poser la question à mon amie Anna Amsel. Anna Amsel exerce "par pure curiosité", selon ses dires, en tant que psycho-thérapeute. Je l'appelle Mme Amsel, voire par son nom et son prénom : c'est une plaisanterie entre nous. À Anna Amsel, donc, j'aurais aimé demander si les psychologues ont une dénomination officielle pour les gens qui ne savent pas quoi faire de leur temps. Au fond, il n'est pas étonnant que les adultes souffrent d'un déficit d'inventivité : lorsqu'au quotidien on n'a jamais le temps de rien, pas besoin de beaucoup d'imagination. Quand on sait, par exemple, que, chaque jeudi soir après le travail, on a environ cent vingt minutes de temps libre, mettons entre 19 h 15 et 21 h 15, on sait forcément comment les occuper. On a le choix entre aller à la salle de sport, regarder *Tatort* en streaming, lire un livre ou partager un moment à deux. On peut aussi cuisiner ou aller jeter, en désespoir de cause, un œil à la to-do list – et là, même plus besoin d'idées. Quand on part quinze jours en vacances, c'est exactement la même chose. Là aussi, on sait d'avance ce qui rentrera ou non dans notre emploi du temps. En deux semaines, même les groupes de touristes japonais ultra-organisés ne réussissent qu'à faire six capitales européennes.

Mais ce voyage, c'était une autre histoire : dès le départ, j'avais été incapable d'imaginer la fin. Dans ces conditions, impossible de planifier quoi que ce soit. Quand j'étais encore à Bonn, il m'était bien sûr arrivé de me demander à quoi pourrait me "servir" tout ce temps. Par réflexe, j'avais d'abord pensé à des choses qui relevaient de la catégorie "occupations utiles et sensées". Qui "vous apportent quelque chose" et ainsi de suite. Par exemple, apprendre une nouvelle langue, suivre des cours par correspondance – c'était une possibilité. Je voulais aussi réfléchir sérieusement à mon avenir professionnel. "Tu aimes bien avoir toujours un projet en cours, pas vrai ?" avait commenté Vera quand je lui avais fait part de mes idées. Mais curieusement, dès l'instant où nous avions sauté de la navette pour débarquer sur cette île, j'avais oublié tous mes projets utiles.

À l'inverse de moi, Nina n'avait eu aucun problème à remplir le million de minutes de vie. Sans doute qu'aucun enfant au monde n'a besoin de réfléchir longtemps pour savoir ce que sont les "jolies choses". Ce sont des experts en la matière. Picasso aurait dit qu'il lui avait fallu une vie entière pour retrouver sa naïveté d'enfant. Sur cette île, j'avais peu à peu compris ce qu'il voulait dire par là.

À ma grande surprise, je m'étais aperçu que nous avions tous plus ou moins les mêmes envies. Pas besoin de grandes discussions : les choses se faisaient toutes seules. Et nous avions de drôles d'occupations. Sur le coup, je ne m'étais rendu compte de rien, et il n'y avait personne pour trouver à y redire. Mais c'est au bout de notre première semaine à Phra Thong, en feuilletant mon journal, que j'en avais vraiment pris conscience. Le plus souvent, mes notes correspondaient à une accumulation de termes décousus, comme : *champ de coquillages sur la plage du nord (coquilles de nacre oblongues à quatre pans !), encore un feu de camp*, ou : *fiasco à la noix de coco (emprunter une machette ?), excursion (crique rocheuse à l'ouest :*

oursins!). Le terme "château de sable" apparaissait trois fois. Que des trucs d'enfants! Cette découverte m'avait troublé. Je m'imaginais à la réunion de travail du mardi, à l'institut de recherche de Bonn, 14 heures et des poussières, avec le chef qui demandait sur son habituel ton lourd de sous-entendus : "Alors? Qu'est-ce que vous faites en ce moment?" C'était le moment où il fallait prouver qu'on avait bien avancé sur ses projets. Et je me retrouvais forcé de lire mon journal devant tous mes collègues et ex-étudiants : *coquilles de nacre, fiasco à la noix de coco…*

Pourtant, c'est ce que font tous les gens : si on les fait descendre d'un car de tourisme pour admirer la vue, ils se mettent à construire des cairns. Si on les rassemble autour d'un feu, ils fixent la braise comme s'ils étaient hypnotisés. Si on met de la musique, ils commencent à se mouvoir de manière peu flatteuse. Si on pose à leurs pieds un objet rond et élastique sans dire un mot, on sait ce qui va se passer. Aux quatre coins du monde. Les gens attendent pendant des heures la plus grosse vague, et ils tentent en dépit du bon sens d'arrêter tout un océan avec un château de sable. Il leur faut un certain temps avant de baisser les bras. Ils enfouissent leurs propres membres et ceux des autres dans le sable. Ils s'asseyent par terre sous l'eau, ils font comme si les astres formaient des figures, ils attendent des étoiles filantes et, le soir, des nuages roses. Ils fabriquent des boules de neige et les jettent sur les personnes qu'ils aiment bien. Mais c'est beaucoup plus facile à faire quand, par le plus grand des hasards, une poignée d'enfants est de la partie. Dans ce cas, il suffit de suivre le mouvement, et roule ma poule. Autrement, on peut boire des substances neurotoxiques ou prétendre qu'on "fait du sport". Ou encore, on peut dire qu'on est en train de vivre une véritable "expérience de flow" selon les critères de Csikszentmihalyi. Et là, tout le monde voit de quoi on parle. Car tous ces "trucs d'enfants" sont fondamentaux, profondément ancrés en nous. Comment se faisait-il qu'après une heure à me promener à quatre pattes dans le sable, j'étais content d'avoir enfin trouvé un de ces coquillages rouges à double vrille? C'était comme si des choses ensevelies depuis longtemps au fond de moi donnaient enfin des signes de vie.

Seul programme de la journée : la crique isolée. Nina avait déjà tourné au coin. Mais Vera et moi devions d'abord ramasser les ballons et Mr Simon. Son challenge du jour consistait à avaler le plus de sable possible. Aux premières bouchées, nous ne nous étions pas inquiétés plus que ça. Les goûts et les couleurs, ça ne se discute pas, et nous comptions sur le caractère dissuasif de la haute teneur en sel du sable. Sauf que Mr Simon semblait s'en régaler. Quand votre principal mode de déplacement est de ramper sur le ventre, il suffit d'ouvrir la bouche, de baisser franchement la tête et d'avancer en poussant sur ses genoux à la manière d'une chenille. Un peu comme une baleine qui glisse au milieu du krill – c'est plutôt efficace. Nous sommes restés plantés là un moment, à fixer le bébé, bien décidés à rester fidèles à nos principes pédagogiques : il faut faire ses propres expériences. Apprendre de ses erreurs. Et ainsi de suite. Au bout d'environ sept cent cinquante grammes de sable, nos regards dubitatifs se sont croisés, et nous avons fait une croix sur nos principes – peut-être à un autre endroit, à un autre moment.

Quand j'ai tourné au coin avec les sacs remplis d'accessoires de plage, Nina était déjà confortablement installée sur le sable et m'a fait signe d'approcher en me montrant le rivage d'un air plein de respect. "Ils sont vraiment rigolos, ici!" a-t-elle chuchoté.

Les indigènes de la mer d'Andaman entre le golfe du Bengale et la côte sud-est de l'Asie sont de grande taille, ils font presque tous plus de un mètre quatre-vingts. Ils ne sont pas très farouches, se colorent la peau dans des teintes saumon à homard et portent des shorts pastel Calvin Klein. Une fois par an, avant que commence "la grande pluie qui n'en finit pas", les mâles se rassemblent au grand complet dans une crique secrète de l'île Phra Thong pour y célébrer des rituels tribaux et des cérémonies traditionnelles.

Une vingtaine d'hommes étaient dans une sorte de transe collective. On aurait pu dire qu'ils étaient "complètement déchaînés". Certains bramaient comme les cerfs de la forêt Kottenforst de Bonn à certaines périodes de l'année, alors qu'on ne voyait aucune femme à la ronde. D'autres poussaient des cris perçants tout en sautillant sur la plage sans but apparent. D'autres, encore, la jouaient plutôt solidarité masculine et recouraient à la technique du "braillement guttural" déjà largement éprouvée lors des soirées de carnaval à Cologne et au sein des corporations d'étudiants en quête de plans drague. C'était un drôle de spectacle de voir des gens surexcités se hurler dessus de toutes leurs forces alors qu'ils étaient tout près les uns des autres.

Mais pour Nina, nous venions de tomber – loin des dérives de la civilisation occidentale – sur une sorte de rite initiatique accompli par les autochtones de l'océan Indien. Au vu de ce que ces hommes étaient en train de faire, c'était parfaitement plausible. Nina était absolument ravie. Elle avait enfin trouvé un pays où les gens se comportaient de manière sensée et faisaient quelque chose de leur vie.

"Chuuut", m'a-t-elle soufflé d'un ton impérieux avant de me regarder en haussant les sourcils. Forcément, on ne sait jamais comment les aborigènes de ce type vont réagir si on s'approche trop, et nous ne voulions surtout pas déranger.

Le challenge du jour proposé par les formations au leadership organisées en exclusivité par des agences de coaching d'envergure international à l'attention de cadres supérieurs à qui tout réussit mais qui aimeraient quand même réussir encore mieux est instructif : à partir de différents matériaux comme des blocs de polystyrène, des bouées en plastique de toutes les couleurs, des câbles gros comme le bras, des rondins de différentes tailles et tout ce qu'on peut dégoter sur une plage, les participants construisent une sorte de radeau. Un émissaire doit ensuite monter dessus et ramer jusqu'à une balise située à une trentaine de mètres de là avant de revenir sur la plage sous les hurlements d'encouragement des autres. Dans la mesure où les braillements sont obligatoires, ce challenge recoupe le module *Teambuilding*. Celui qui arrive le premier sur la terre ferme, arrache du sol un piquet rouge et le brandit dans les airs d'un geste théâtral fait gagner son équipe, qui a ainsi acquis tout un tas de compétences.

Le tout se déroulait dans une atmosphère fébrile, voire franchement hystérique. Une partie des hommes disparaissaient régulièrement au milieu des cocotiers le long du rivage pour en revenir chargés de feuilles de palmier et de bois flotté. Braillements d'approbation.

D'autres entassaient le plus de noix de coco possible entre leurs bras avant d'aller les présenter fièrement à leurs coéquipiers en récoltant à leur tour des braillements d'approbation. Attention à ne pas se tromper : seules les très vieilles noix de coco, marron clair, sont adaptées aux radeaux. Avec les vertes, on coule à pic – Nina et moi en avions déjà fait l'expérience. Les hommes d'un troisième groupe tiraient sur des cordes comme des possédés pour faire tenir les bouées avec des bâtons au milieu. Ils devaient brailler pour eux-mêmes, car les autres étaient occupés ailleurs. Au milieu de ce chaos se dressait une silhouette impressionnante, l'archétype du légionnaire : il n'était pas spécialement grand, mais son charisme était écrasant. Et ses yeux, de la matière des glaciers. C'était lui qui criait le plus fort, et il ne s'arrêtait jamais. Sa contribution aux opérations en cours consistait en un mélange d'ordres, de jurons et d'insultes qui aurait aussi bien pu s'adresser à un équipage de galériens. Visiblement, il avait une bonne dose de leadership en lui. J'ai cru entendre les équivalents anglais de "chiffes molles", "mauviettes" et autres appellations extrêmement motivantes. En tant que coach, il devait sans doute leur en donner pour leur argent. C'est donc dans une ambiance électrique que les deux premiers groupes ont remonté péniblement leurs radeaux sur le rivage.

"Ils jouent", m'a dit Nina, comme si elle était fascinée par ce spectacle. Son ton avait quelque chose… d'élogieux. En des occasions similaires, il m'était déjà arrivé de me demander si, en arrière-plan de notre relation père-fille, ne se jouait pas un genre d'expérience éducative appliquée. Ce sous-texte pédagogique revenait trop souvent entre les lignes pour être seulement le fruit de mon imagination. Personne n'avait préparé le père que j'étais à cette situation. Pour Nina, ces bons sauvages avaient tout compris : j'aurais dû en prendre de la graine. Et en avoir l'idée tout seul. Parfois, je trouvais un peu fatigant d'être éduqué par une petite fille de cinq ans.

"On dirait que nous sommes en train de jouer, pas vrai ?" a soudain lancé en anglais une voix près de moi, le souffle court, avec l'accent raffiné d'Oxford. J'ai sursauté. Je n'avais pas vu l'homme arriver. Il venait de la berge, où il était allé chercher des feuilles de palmier et s'était griffé de partout. En prime, il avait de grosses cloques sur les épaules, et la sueur lui dégoulinait du nez.

Je prends une mine innocente et m'empresse de lui répondre que pas du tout. Puis je louche du côté de Nina. Elle regarde l'indigène avec admiration, l'air de se demander comment le féliciter. Par chance, elle ne parle pas encore assez bien anglais pour dire quoi que ce soit de compromettant. De son propre chef, l'homme m'explique que "tout ça" – il montre la plage – fait partie d'un programme de formation très réputé élaboré d'après la méthode Machintruc par des psychologues et des PDG de renommée mondiale. Je hoche la tête, impressionné, en me félicitant que mes idées de jeux pour enfants soient autant en phase avec les dernières avancées de la recherche. Et alors que je suis sur le point de répondre respectueusement que "tout ça" est sans doute un véritable défi et absolument épuisant, il nous dit qu'il doit malheureusement y retourner. Ils n'ont absolument pas le temps de souffler. Mais on se retrouvera certainement au bar dans la soirée, et il sera plus disponible à ce moment-là, au fait, il s'appelle Damian, et avant que j'aie pu dire que je suis heureux de faire sa connaissance, il se corrige : "En fait, je m'appelle George, George Damian. Je suis vraiment désolé, mais il faut que j'y aille." Et le voilà reparti avec ses feuilles de palmier.

George et moi nous sommes finalement loupés, et lorsque je l'ai revu, c'était à l'embarcadère : il était déjà assis dans le hors-bord à destination du continent. C'était un spectacle étrange de les voir, lui et les autres cadres, recroquevillés sur eux-mêmes en gilets de sauvetage jaune fluo. Ils étaient tous assez silencieux et avaient les yeux rivés sur l'eau. Une pensée m'a traversé l'esprit : "*Game over* – Fin de partie." Quel effet cela pouvait-il bien faire de retourner au bureau deux jours plus tard ? Et pendant une fraction de seconde, j'ai songé qu'un jour, moi aussi… avant de repousser cette idée. Autant ne pas y penser : après tout, nous avions encore largement plus de 900 000 minutes devant nous.

"Qu'est-ce qu'ils font, aujourd'hui ?" a demandé Nina. J'étais appuyé contre la barrière en bois de l'embarcadère. Et Nina était appuyée contre moi, comme d'habitude. Ainsi, elle était moins instable sur la passerelle chancelante.

"Hmm, on dirait que le jeu est terminé. Ils rentrent à la maison." J'avais fait exprès de préciser "à la maison" pour que ça ne soit pas trop triste.

Dans mon journal, j'avais commencé une liste des caractéristiques du paradis. Pour le moment, il n'y avait écrit qu'une chose : *Peut-être que le véritable paradis, c'est l'enfance ?*

Le soir même, nous nous sommes retrouvés sur la plage autour d'un feu de camp à suivre du regard les étincelles qui s'envolaient allègrement dans le ciel étoilé. Le soleil avait tiré sa révérence avec ce qu'on appelle ici un *supernatural sunset* – un coucher de soleil surnaturel. Nina était déjà endormie. Chaque fois, elle se battait pour la moindre seconde supplémentaire et faisait tout pour ne pas s'endormir. Elle ne voulait pas laisser une miette de ces journées au sommeil. Mais à un moment ou à un autre, elle devenait de plus en plus lente. Jusqu'à se figer en plein mouvement, comme une horloge qui s'arrête. Une de ses mains était posée sur une noix de coco. Il devait s'agir de *la* noix de coco qu'il ne fallait surtout pas perdre même s'il y en avait des dizaines de milliers d'autres sur la plage. Son autre main était cramponnée autour d'un bâton, et elle piquait du nez sur le sable. Ce sont des choses qu'on fait quand on est enfant. Mr Simon était confortablement installé sur les genoux de Vera.

Le légionnaire et quelques collaborateurs étaient restés pour faire une sorte de débriefing. Au cours des derniers jours, il nous était arrivé d'échanger quelques mots, et ils nous avaient invités à un barbecue sur leur plage privée. J'avais appris que Beany n'était pas un vrai légionnaire. Après une carrière tortueuse de cancre par conviction et kitesurfer professionnel, en passant par psychologue du sport et coach de plusieurs champions internationaux, il avait fini par devenir "vendeur de raisons", comme il disait. Évidemment, je n'avais pas pu m'empêcher de le bombarder de questions à propos de sa formation pour cadres. Au fond de moi, je me disais que c'était un métier que je pourrais peut-être faire un jour. J'avais un solide répertoire d'insultes en anglais et, avec Nina comme directrice artistique, j'aurais sans doute réussi à développer des outils très efficaces en termes de leadership, de *teambuilding* et autres compétences. Dans mon journal, j'avais déjà commencé une nouvelle liste : *Perspectives professionnelles*. Et tout en haut, j'avais écrit : *enguirlandeur de cadres supérieurs*.

"Au fond, ce n'est pas de compétences de gestion qu'il s'agit, a dit Beany. Notre boulot, c'est de vendre des raisons. Quand tu es arrivé là où ces types en sont, il te faut un prétexte béton pour construire un radeau ou perdre ton précieux temps à contempler le feu."

Nous étions tous les deux en train de fixer le feu. "Évidemment, on propose aussi tout un tas de savoir-faire, techniques de communication et de management, gestion du changement, toute la gamme, professionnalisme garanti. Mais en réalité, le deal, c'est ça, a-t-il poursuivi. Le complexe hôtelier leur permet de ne pas se donner publiquement en spectacle. Et nous, on fait semblant pendant qu'eux font semblant de faire seulement semblant. Plus c'est cher, plus c'est authentique. Pour une fois, l'espace de quelques jours, ils ont l'emploi du temps de leurs rêves. Au programme : pousser des cris, jouer, se battre pour de faux, être le roi et l'esclave, survivre en milieu hostile, construire des châteaux de sable s'ils veulent, etc. Et le mieux, c'est de faire ça sans crème solaire, histoire qu'ils sentent leur corps pour de bon." Beany a souri. "Au fond, ils nous payent des montagnes de fric pour leur donner une raison plus ou moins officielle de profiter de la vie."

Il regardait le feu avec un sourire satisfait. Et dans ma tête, j'ai pensé qu'il ne pouvait pas savoir à quel point tout ça me parlait. Puis j'ai jeté un coup d'œil à mes trois meilleures raisons, pelotonnées au coin du feu, et je me suis dit que j'étais plutôt bien tombé.

Quatre ans plus tôt
Conférence des parties des Nations unies
Curitiba (25° 25' S, 49° 15' O)
État du Paraná, sud-est du Brésil

LA CHANCE DE MA VIE

"Il faut qu'on change quelque chose, a dit Vera.

— Oui.

— Quand ça ?"

J'ai regardé ma tasse. Vera avait l'air d'y tenir. Nous nous étions assis sur le canapé, elle nous avait préparé un thé. En réalité, j'étais complètement crevé. Je venais de rentrer le matin même d'une réunion au quartier général du Programme des Nations unies pour l'environnement à Nairobi. Dans l'après-midi, à l'institut, j'avais appris que les responsables du projet au ministère de la Recherche allemand avaient décidé de m'envoyer au Brésil à l'occasion de la Conférence des parties des Nations unies. Pour moi, c'était une étape décisive. Les principales personnalités de la politique environnementale internationale seraient sur place, ainsi que de nombreux ministres et chefs d'État. Il fallait en être. C'était l'occasion de communiquer directement ses résultats. Et par ailleurs, c'était le moment ou jamais d'avoir ces discussions informelles et parfaitement fortuites qui, après coup, n'avaient officiellement jamais eu lieu mais vous ouvraient toutes les portes.

Cela dit, le succès a un prix. Les prochaines semaines allaient – comme les huit dernières – se dérouler à un rythme effréné. Des réunions de tous les côtés, des nuits, voire des week-ends passés à travailler. J'avais l'impression d'être dans un tunnel. Récemment, je m'étais réveillé dans un hôtel, et pendant trente secondes, je n'avais pas su où j'étais. Il m'arrivait d'essayer d'ouvrir la porte de chez moi avec la clef de l'institut…

Vera n'avait pas bien pris la nouvelle. Elle se sentait abandonnée. Nina avait désormais cinq mois, et ce n'était plus la peine de faire semblant que tout allait bien. Quelque chose clochait. Les premiers tests étaient en cours. Mais pour l'instant, il ne fallait pas compter sur moi – on ne peut pas être partout à la fois. Et je travaillais depuis des années pour une opportunité comme celle-là. Il fallait que Vera comprenne.

"Juste avant la Conférence, ce n'est pas le moment pour les discussions de fond, ai-je répondu.

— C'est aussi ce que tu as dit avant la réunion à Nairobi."

Vera avait raison. C'était l'effet boule de neige. Plus les dossiers sur lesquels je travaillais étaient importants, plus ce que je devais faire pour le lendemain le devenait aussi. Le succès est une spirale. Je jonglais avec un nombre incalculable de projets en même temps. Après avoir soutenu ma thèse, j'avais enfin pris la tête d'un groupe de travail à Bonn. J'effectuais des missions pour les Nations unies et coordonnais par-dessus le marché un réseau de recherche avec cinq partenaires étrangers. Nous faisions partie des trois meilleures équipes au monde pour l'établissement de cartes de la biodiversité à grande échelle, et nous étions même les premiers dans plusieurs domaines. Après cinq années de travail acharné, nous avions réussi à cartographier la richesse spécifique de l'Afrique. C'est un milieu difficile, il faut rester en permanence sur ses gardes au risque de se faire prendre de vitesse par les publications de la concurrence. Dans le fond, il s'agit avant tout d'être plus rapide que les autres. L'idéal, c'est d'être toujours à fond – pour rester sur la voie du succès avec le pied sur l'accélérateur sans jamais s'arrêter. La science, c'est comme un sprint géant, proche de l'état d'ivresse. Il y a de quoi devenir accro.

La voix de Vera m'a tiré de mes pensées.

"Je suis ici, Nina est ici, et toi, tu es où, au juste ? Quito, Le Cap, Nairobi, et maintenant, le Brésil…

— C'est la chance de ma vie, ai-je dit, un peu agacé.

— De quoi tu parles ?

— Ces Conférences sont essentielles. Discussions de couloir, et ainsi de suite. Tous les acteurs importants se retrouvent là-bas. PNUE, WCMC, FAO, Smithsonian, CIUS, tout le monde…

— Ce n'est pas ce que je veux dire, m'a coupé Vera. Quand tu parles de la chance de ta vie, à quelle vie tu penses ?"

Ce n'était pas la peine de botter en touche.

"D'accord. Le plan A, c'est ça : si j'accepte un poste comme celui du Cap, on pourrait descendre en Afrique du Sud d'ici six mois. Ensuite, il faudra d'abord que je prenne mes marques. Ce qui devrait durer un an et demi à deux ans. À ce moment-là, j'aurai assez de publications pour postuler à une chaire. Et je pourrai présenter mes propres projets. Conférences à l'étranger, dossiers scientifiques, et un jour ou l'autre, congé de recherche – tu vois l'idée. Je pourrai continuer à bosser pour les Nations unies en parallèle. C'est vraiment bien payé. On pourra tout s'offrir. Un super appart, des soirées resto, des vacances de luxe, tout!"

Et comme elle ne faisait toujours pas la tête que j'aurais voulu qu'elle fasse, j'ai ajouté : "Ça serait sympa, comme vie, non ? C'est juste une question de temps!

— Wolf, la vie, c'est maintenant. Il faut seulement que tu lui laisses sa chance. Voilà ce que c'est, la chance de ta vie."

Je l'ai regardée, déconcerté. "Qu'est-ce que tu veux dire?"

Mais elle s'était levée.

"Reste, ai-je dit, effrayé.

— Nina vient de se réveiller", a-t-elle simplement répondu avant de partir dans la pièce d'à côté.

Il valait mieux que je la laisse tranquille. Il me restait quelques documents à lire en diagonale d'ici le lendemain. La journée allait être stressante.

Chaque spécialiste de ce domaine rêve d'avoir, au moins une fois dans sa vie, un temps de parole lors d'un sommet international sur le climat et l'environnement. À l'occasion de la Conférence des parties des Nations unies, des milliers d'émissaires venus des quatre coins du monde devaient se réunir dans la ville de Curitiba, dans le sud du Brésil, pour tenir une gigantesque réunion de crise. Il serait question de protection de l'environnement, de ressources énergétiques, du changement climatique, d'occupation des sols, de développement durable – en gros, d'à peu près tout.

En compagnie d'une poignée d'autres scientifiques venus d'Allemagne, du Bénin et de Côte d'Ivoire, j'étais chargé de communiquer au sujet d'un programme du ministère de la Recherche allemand. C'est la règle numéro 2 pour ce qui est des relations entre scientifiques et politiques : ne jamais donner de conseils. Communiquer, c'est déjà limite.

Au départ, j'avais eu du mal à me faire aux règles du monde politique. Récemment, pour un rapport international de la FAO, j'avais été chargé de traiter et d'analyser à longueur de journée des données dont je savais pertinemment qu'elles étaient fausses. Certains États d'Afrique centrale donnaient en effet à l'organisation des chiffres correspondant à d'immenses surfaces forestières qui, d'après les images haute définition et quotidiennement actualisées des satellites, n'existaient absolument pas. Ces forêts virtuelles sont un formidable exemple de ce qu'on appelle, dans le milieu, des "faits institutionnels". Au moins la moitié des données dont disposent les organismes internationaux correspondent à cette catégorie très particulière de faits qui n'en sont pas. Mais il faut absolument faire comme si ces non-faits étaient des faits, précisément parce qu'ils sont officiels. Dans le fond, c'est la clef du succès : un des participants à la réunion de Nairobi m'avait expliqué que tout l'art de la diplomatie était de faire semblant de ne pas faire semblant. "Comme la prostitution", avait-il ajouté en souriant. Et il fallait aussi garder une distance professionnelle. Toujours. Il ne faut jamais prendre les choses trop à cœur. Là aussi, c'est sans doute le prix de la réussite.

Le jeu en valait la chandelle : depuis que j'avais commencé à travailler régulièrement comme expert pour les Nations unies, je gagnais pour la première fois beaucoup d'argent. Vraiment beaucoup. Rien que les indemnités de défraiement qu'on vous verse chaque semaine correspondent au revenu mensuel net d'un postdoc avec douze années de formation universitaire en Allemagne. Le tout non imposable. Aux Nations unies, on vous remet sans ciller d'épaisses enveloppes marron avec des liasses de billets de 50 dollars, presque comme dans un film de mafieux. Ça ne rentre même pas dans le porte-monnaie. Les billets sont soigneusement attachés par vingt à l'aide d'un trombone. Officiellement, ces indemnités exorbitantes servent à voyager dans des conditions "appropriées et représentatives". Soudain, j'avais ce qu'on appelle un "niveau de vie élevé", avec accès aux lounges VIP et vols en première classe. Programme grand voyageur et ainsi de suite. Et comme je ne savais pas comment dépenser tout cet argent, je faisais du shopping à corps perdu dans les boutiques de duty-free. Je ne rentrais jamais à la maison sans un cadeau cher pour Vera. Et ça change vraiment tout de porter des costumes sur mesure et des chaussures cousues trépointe. Je n'avais jamais la même montre au poignet, et ma pièce favorite était une magnifique Piaget en édition limitée. Quand j'avais besoin de savoir l'heure qu'il était – autrement dit tout le temps –, je me félicitais d'avoir cette montre. À Bonn, c'est dans le quartier de Neustadt que se trouvent tous les concessionnaires automobiles. Parfois, en rentrant à la maison, je faisais un petit détour pour passer devant les immenses vitrines. Un jour, je comptais faire la surprise à Vera et venir la chercher en voiture de sport, de préférence rouge brillant …

Curitiba était en état de crise, à croire que la tsarine Catherine II allait débarquer pour la traverser à cheval : des rues entières avaient été repeintes, les hôtels étaient pleins à craquer, environ un tiers des conducteurs de voiture ordinaires s'étaient soudain transformés en chauffeurs de taxi, des armées de cireurs de souliers étaient apparues dans les rues, comme sorties de nulle part, avec des caisses fraîchement fabriquées en guise de sièges. Les prostituées s'étaient mises sur leur trente et un, les restaurants avaient doublé leur nombre de serveurs, et la ville grouillait d'agents de sécurité qui, par milliers, soit veillaient d'un air suspicieux sur ce qu'ils estimaient être l'ordre public, soit se massaient autour des chefs d'État et ministres de haut rang. Sans compter ce qu'on appelait la "culture parallèle", à savoir la réunion des peuples indigènes d'Amérique du Sud, parmi lesquels d'authentiques Indiens d'Amazonie. Leur apparence défiait l'imagination : flèches dans le nez, disques gros comme des soucoupes dans la lèvre, massues dans le lobe d'oreille, pénis dans des étuis en cuir semblables à des fourreaux, seins tombant jusqu'au nombril – incroyable. En tant qu'ancien spécialiste des tropiques, j'ai reconnu certaines tribus, comme les Yecuana. Ces Indiens débarquaient dans notre station de recherche, le centre Humboldt à La Esmeralda, dans le sud du Venezuela, pour se moquer de nous ou échanger des fruits et des steaks de tapir contre des piles et des lampes de poche. À Curitiba, les indigènes comptaient, pour la première fois de l'histoire, demander des compensations financières pour l'exploitation de leurs ressources.

À cette illustre assemblée s'ajoutaient des dizaines de milliers d'activistes environnementaux et de représentants des ONG venus monter leurs stands à l'entrée et à l'intérieur du centre de conférences, manifester, faire des sit-in, jouer de petites pièces de théâtre – on aurait dit qu'une gigantesque fête foraine avait lieu juste devant le centre.

Je suis passé rapidement. Déjà parce que je n'avais pas le temps, mais aussi parce qu'il fallait faire attention à ne pas se laisser entraîner dans d'interminables débats. Ce spectacle avait quelque chose de fascinant. Il y avait un père de famille, sans doute brésilien, avec ses deux enfants, tous trois vêtus de costumes de fous, coiffés de couvre-chefs en patchwork aux tons criards et bardés de bijoux en argent et turquoise. Ces derniers devaient être à vendre, car des colliers et des bracelets en cuir étaient disposés sur des couvertures à leurs pieds. Le père était un jongleur fantastique, il fallait bien le dire. Où les gens comme ça trouvent-ils le temps de s'entraîner à jongler?

"Tu veux essayer?" m'a demandé une voix dans un anglais approximatif. J'ai levé les yeux. L'homme me tendait une balle. Son fils me regardait avec curiosité.

"Prends-en une! C'est ta chance!"

Mais j'ai poliment refusé. Je devais vraiment y aller.

Vera venait de me passer un coup de fil. Elle avait aussitôt embrayé sur Nina, comme souvent ces derniers temps.

"Les résultats de l'électroencéphalogramme sont arrivés. Nina n'est pas épileptique."

J'ai poussé un soupir de soulagement.

"Mais l'hôpital a envoyé un papier. Il faut qu'on en parle.

— Je rentre bientôt", ai-je répondu. Il y a eu un petit silence. "Vera?

— Je suis là.

— Je te ramène un joli cadeau, d'accord?

— Bonne chance pour ton intervention.

— Oui, croise les doigts pour moi!

— Bon courage.

— Bisous."

Mon intervention n'était que trois jours plus tard. Pour l'heure, j'avais prévu de m'incruster dans une des conférences de négociation politique. Les scientifiques n'y avaient évidemment pas accès : la Realpolitik se jouait toujours rideaux fermés. Mais la veille au soir, j'avais récupéré la carte d'accès d'un délégué que je connaissais. Il n'y avait pas de photo dessus, et j'espérais que le service d'ordre ne serait pas trop regardant, sachant qu'on était déjà à l'intérieur du centre. Mon collègue m'avait jeté un drôle de coup d'œil.

"Tu veux vraiment y aller ?"

J'avais d'abord cru qu'il faisait allusion au risque de se faire prendre.

"C'est pour ça qu'on travaille toute la journée", avais-je répondu sur le ton de la plaisanterie.

Mais il avait secoué la tête. "C'est un peu… un peu différent de ce que tu t'imagines, Wolf."

Je voyais bien ce qu'il voulait dire. Mais après tout, j'étais un pro.

"Je ne prendrai pas ça trop à cœur", avais-je répondu avec un grand sourire.

La salle des négociations du centre de conférences de Curitiba était immense et conçue comme une gigantesque salle de cinéma où on aurait pu faire tenir tout un amphithéâtre romain. Impossible de savoir d'où venait la lumière tamisée, et on distinguait à peine les gens à l'autre bout de la salle. Un océan de sièges s'étendait sous mes yeux, et les interminables rangées en arc de cercle finissaient par se perdre de l'autre côté. C'est l'effet que devaient rechercher depuis la nuit des temps les maîtres d'œuvre des cathédrales gothiques. Les innombrables rangées étaient composées de fauteuils en tissu bleu disposés côte à côte avec une précision militaire, à douze millimètres pile les uns des autres – pas d'exceptions, pas de loupés. C'était tout l'opposé du spectacle offert par les activistes à l'extérieur. Devant chaque siège se trouvait une table en bois rouge-brun avec un petit pupitre de commande encastré pour brancher le micro et les écouteurs et équipé de voyants rouge, vert et orange. L'inscription blanche était à moitié effacée et on ne distinguait plus que quelques syllabes sans lien les unes avec les autres. On déchiffrait tout juste *Lan uag I*, *L guage II* et *On/off*. Les murs étaient capitonnés et le sol recouvert de moquette pour atténuer l'écho. Nous étions complètement coupés du reste du monde. Lorsque la lourde porte s'est refermée derrière moi, j'ai eu l'impression de me retrouver sous l'eau : la salle était tellement vaste qu'elle émettait son propre bruit. Ou alors, c'était le silence total qui agaçait mes oreilles – quoi qu'il en soit, j'entendais un gros bruit de fond. On se sentait tout petit. De fait, les gens ne marchaient pas : ils se faufilaient sur la pointe des pieds.

Une voix braille en anglais dans le micro : "… continuons avec le *language* du paragraphe 3.2.4." Ça vient de l'avant de la salle, où le directeur de la conférence et les autres personnalités sont installés sur une sorte de podium devant une toile avec *COP8 MOP3* – l'acronyme anglais de "8ᵉ Conférence des parties, 3ᵉ réunion des parties" – écrit en corps 4 000. Au pied de la tribune, des techniciens et des ingénieurs du son s'affairent comme des fourmis, on trimballe des micros de tous les côtés, tandis qu'en plein milieu les rédactrices se font aussi discrètes que possible.

Voilà donc le centre névralgique de la planète. Les personnes assises là font partie de l'élite internationale qui a tous les leviers en main : pour plaisanter, nous les appelons "les intouchables". J'aperçois Djoghlaf, le directeur du secrétariat de la Convention sur la diversité biologique. La veille, au stand du ministère de la Recherche allemand, je lui ai touché quelques mots de notre programme environnemental en Afrique subsaharienne. Mais j'ai eu comme l'impression qu'il était ailleurs. J'identifie aussi certains des représentants du World Conservation Monitoring Centre et du Programme des Nations unies pour l'environnement. Je crois reconnaître deux personnes du Fonds monétaire international sur la gauche. Les financiers ont toujours une influence énorme sur la politique environnementale, c'est comme ça.

Plusieurs silhouettes se glissent jusqu'à leurs sièges, et je me dépêche de trouver une place. Quelqu'un est en train de lire d'une voix monocorde le paragraphe qu'il s'agit de reformuler.

Des centaines de pages se tournent – mon collègue m'a donné une copie des documents fournis aux délégations. En jetant un coup d'œil dessus, je suis assez surpris. Pendant quelques secondes, je me dis même que je n'ai pas le bon document entre les mains, mais plutôt un tract des ONG. Sauf que c'est bien le texte que la voix sur le podium est en train de lire imperturbablement. Je fixe le document. C'est une telle accumulation de platitudes qu'on croirait lire un *Que sais-je?* du siècle dernier. J'apprends que les forêts tropicales sont abattues pour cultiver du soja (surprise), et que les espèces d'arbres indigènes en font les frais (encore plus grosse surprise). Je découvre également qu'on ne peut pas faire disparaître des espèces d'un écosystème sans déstabiliser l'ensemble, comme dans un jeu de construction. C'est à la portée de n'importe quel enfant de trois ans. Le genre de choses qui ne mérite pas qu'on s'y attarde une seconde, sans même parler d'en faire débattre plusieurs milliers de délégués surpayés venus du monde entier.

Le désastre commence à quelques sièges de moi, sans doute la Guinée équatoriale. Un voyant orange s'allume sur une table. Aussitôt, on donne la parole au négociateur. Le *language* – apparemment, c'est comme ça qu'on dit ici – est, du point de vue de son pays, "déséquilibré" à un endroit. Il n'est pas adapté de citer un seul produit agricole au hasard. Après tout, il existe d'autres cultures qui causent la destruction des forêts tropicales. Je me dis que son pays doit produire soit beaucoup de soja, soit beaucoup d'huile de palme. Il faut être compréhensif. Le directeur de la conférence prend des notes et revient à la charge en demandant quels autres produits agricoles seraient selon lui pertinents.

L'homme, après un instant d'hésitation : "Le bétail. La viande bovine."

Neuf voyants orange s'allument presque simultanément : manifestement, un lobby transnational est en train de se former spontanément autour de la défense de la viande bovine.

On donne la parole au négociateur d'un autre pays un peu plus loin : dans la région amazonienne – pour prendre un exemple –, la monoculture est "extrêmement variée". Par conséquent, il est proposé de renoncer à toute mention de produits agricoles spécifiques.

Six voyants s'éteignent, trois s'allument. Question du directeur de la conférence à l'ensemble de l'assemblée : y a-t-il des objections à cette proposition ? Non.

Comme le soja n'est pas mentionné, la viande bovine est également tirée d'affaire. Les loups ne se mangent pas entre eux.

On prend la parole tout devant à gauche : le *language* "destruction" n'est pas approprié non plus. À ce jour, il n'est en effet pas scientifiquement prouvé que les surfaces en question soient irrémédiablement endommagées. Il reste envisageable de les reboiser un jour. Avec des palmiers à huile, par exemple. Le congrès danse beaucoup, mais il ne marche pas.

Ensuite, c'est au tour d'une femme. Elle est d'accord avec ce qui vient d'être dit. Et elle ajoute que, dans ce passage, le *language* doit être revu dans son ensemble. Par exemple, au terme dépassé de "déforestation", son gouvernement préfère la phraséologie plus moderne d'"exploitation durable".

Je retiens ma respiration et me prépare à une bonne séance d'énervement collectif. Sauf qu'aucune voix ne s'élève. J'ai un certain nombre de réunions d'experts à mon actif, mais là, c'est le pompon.

Moins de dix minutes plus tard, la "législation contraignante à l'échelle internationale" initialement prévue est généreusement remplacée par des "engagements volontaires sur le plan national". Sans vote d'opposition. Les engagements volontaires font partie des rares choses qui, malgré mon professionnalisme, m'empêchent parfois de dormir. Engagement volontaire : contradiction maximale en seulement deux mots. Quand on est un politicien et qu'après deux semaines de travail acharné avec plusieurs milliers de délégués, on rentre à la maison avec ce genre d'engagement sans avoir au moins un peu peur de la réaction des gens, c'est qu'on a la peau dure. Cette manière d'arrondir les angles pour noyer le poisson, c'est insupportable. Une civilisation qui se prend pour le fleuron de la création célèbre ici sa propre déchéance. Je fais un rapide calcul : le paragraphe comporte environ 70 mots. Au cours des 95 minutes que dure ce cirque, il y a 22 objections et 19 corrections. Ça doit être incroyablement difficile de formuler le rien.

Mais ne prenons pas les choses trop à cœur. Je suis en train d'essayer de toutes mes forces de faire semblant de ne pas faire semblant lorsqu'un des types des ONG fait irruption dans la salle. Il a réussi à franchir la porte, malgré tout l'arsenal de sécurité. Tandis que le battant capitonné claque bruyamment contre le lambris, il hurle des slogans dans un anglais approximatif. Il crie toujours la même chose, et dans le silence massif, sa voix dérape et fait mal aux oreilles. Il brandit une bannière en tissu tout emberlificotée. Même son tee-shirt est de travers car l'un des agents de sécurité l'a attrapé par là et refuse de lâcher prise. L'homme tente d'entraîner son boulet taille humaine vers la tribune et avance droit sur moi en trébuchant dans l'allée. Il se plante devant mon siège sans arrêter de crier. Je retiens mon souffle. Malgré la pénombre, je vois son visage grimaçant. L'espace d'un instant, j'ai l'impression d'avoir déjà vu cet homme quelque part. Il hurle d'une voix qui part dans les aigus : "Vous avez des enfants ? Aujourd'hui, vous décidez de leur avenir !"

Un deuxième agent s'en mêle et l'attrape par le bras.

"Aujourd'hui, c'est votre chance, vous comprenez ?" L'homme perd l'équilibre, chancelle, se redresse. Sa main agrippe la table à côté de moi, elle est chargée de bagues en turquoise et de bracelets en cuir – et là, je le reconnais. Le jongleur. Je ne sais pas s'il m'a reconnu aussi, sans doute pas, mais c'est à moi qu'il s'adresse – forcément, il doit me prendre pour un délégué. "Et toi? Est-ce que tu as des enfants, toi? Tu en as, hein?", mais à ce moment-là, ils s'y mettent à trois contre un et le soulèvent dans les airs pour l'évacuer de la salle. Son tee-shirt est remonté sur sa poitrine, on voit son ventre nu qui pendouille entre les bras des agents. L'un d'entre eux me jette un regard contrit : "Toutes nos excuses, monsieur." Puis il fait un drôle de geste, presque comme un salut. Le jongleur continue à crier, toujours la même chose, jusqu'à ce que sa voix soit enfin avalée par la porte capitonnée.

J'ai les genoux qui tremblent. À part ça, aucune réaction chez les délégués. Même pas un hochement de tête. Sur le podium, les officiels feuillettent leurs documents. Moins de cinq secondes après la disparition de la pelote humaine, la voix reprend dans le micro, sans un commentaire et aussi monocorde qu'avant : "Continuons avec le *language* du paragraphe…"

Vera avait l'air fatiguée et avait à nouveau cette expression à la "Il faut qu'on parle". Nous nous étions assis sur le canapé, elle nous avait préparé un thé. Elle avait ouvert le petit paquet que je lui avais acheté dès l'aller, à l'aéroport de Madrid, et contemplé un moment le bijou au creux de sa main, presque comme si elle le soupesait. Puis, au lieu d'accrocher le pendentif à son cou, elle l'avait déposé avec précaution sur la petite table d'appoint, à côté du compte rendu de l'hôpital. Avant de toucher le plateau, la pierre s'était balancée un instant dans les airs. Avec la chaîne, Vera avait formé un petit cercle argenté tout autour du pendentif.

En guise d'entrée en matière, elle a dit deux ou trois choses qui partaient d'une bonne intention. Comme quoi mon travail représentait beaucoup pour moi et qu'il était effectivement important. Ce n'était pas que… mais disons que pour elle, ç'aurait été… tout aussi important… si j'avais… Mais elle n'y arrivait pas. Elle a repris du début. Elle comprenait tout à fait que… La main qui tenait sa tasse de thé tremblait très légèrement. Puis elle a arrêté de tergiverser, et elle a détourné les yeux. Par la fenêtre, il n'y avait rien à voir : il faisait déjà nuit.

"Wolf, ça ne peut pas continuer comme ça."

Elle a pris une petite gorgée dans sa tasse, comme si elle avait besoin de temps pour se préparer à la suite. Le thé était encore beaucoup trop chaud.

"Il faut qu'on change quelque chose, a-t-elle dit.
— Oui.
— Quand ça?"

J'ai repensé à cette histoire de chance de ma vie. Nos regards se sont croisés.

"Maintenant", ai-je dit.

Quelques mois avant le million de minutes
Trois-pièces cuisine / entrée / salle de bains
Bonn (52° 31' N, 13° 24' O)
Rhénanie, Allemagne

PAS D'OPPRESSION

"Un vrai bolide", s'emballe le vendeur en caressant amoureusement le vernis rouge brillant de mille feux. Je regarde le bolide en question, un peu indécis. Il faut bien dire qu'il a fière allure.

"Notre meilleur modèle, et de loin, poursuit le vendeur avec enthousiasme. En boutique, vous ne trouverez rien de plus élégant. Le XRT 3 GIGA est pour ainsi dire la voiture de sport de notre gamme." En prononçant les mots "voiture de sport", il mime des guillemets avec les doigts. Je hoche la tête d'un air entendu. Il me fait un grand sourire charmeur, il est plutôt doué pour ça. Malgré tout, je ne suis pas encore complètement conquis, et je flatte la selle "à la surface bionique et hydrophobe qui n'est absolument jamais mouillée" – peu importe ce qui tombe du ciel – sans arriver à me décider.

"Notre signature, attention !" Il appuie sur le bouton de la sonnette électronique, et la sirène d'une voiture de police américaine se met à hurler dans le magasin. Autour de nous, tout le monde sursaute. "Pile dans la tendance ! Et surtout, impossible à louper, même à grande vitesse", ajoute-t-il avant de jeter un regard contrit à la ronde. Et de préciser qu'il est aussi possible de baisser le volume.

"Et ce serait envisageable de mettre un frein manuel sur le guidon ?" je demande.

Il me regarde d'un air perplexe : "Comment ça ?

— Vous pouvez intégrer un frein au guidon ? Pour quand ça va trop vite, par exemple en descente."

L'homme, avec un regard hésitant :

"On freine avec les pieds, en pédalant à l'envers."

Et si "on" n'en est pas capable ? Le vendeur sort son smartphone en disant que pour ce type de demandes personnalisées, il doit d'abord contacter l'atelier. Il "revient vers moi" tout de suite.

En réalité, l'engin était beaucoup trop élaboré pour Nina. Et il faut bien avouer que ce n'était pas la première fois que j'achetais un objet sans savoir s'il servirait un jour. Comme si j'augmentais par là les chances que ça se produise. En principe, il n'est pas interdit de faire des achats pour plus tard. Sauf que ça fait bizarre de voir les objets s'entasser à la cave dans leur emballage d'origine. À l'âge de Nina, les autres enfants, juchés sur leur tricycle, battaient chaque jour de nouveaux records mondiaux. Mais elle était encore loin de pouvoir piloter un tel engin de course. Je gardais l'espoir qu'un jour ou l'autre elle dévalerait notre rue avec. Ce serait un grand moment ! Je serais là pour l'encourager. Dans le fond, nous nous raccrochions comme à une bouée de sauvetage à l'idée qu'un beau jour tout rentrerait dans l'ordre.

J'apprends que, moyennant un supplément non négligeable, le monteur de la maison peut tout à fait installer un frein sur le guidon. Si jamais je suis très pressé, cela peut être fait d'ici samedi après-midi.

"Non, la semaine prochaine, ça ira, dis-je. Qu'est-ce le tricycle fait d'autre ?" Je veux seulement m'assurer que je n'ai rien loupé. Après tout, le XY MEGA, etc., est quasiment trois fois plus cher que ce que j'avais imaginé. Ma première Renault 5, qui m'a accompagné pendant mon service civil, n'avait pas dû coûter beaucoup plus, soudures au plancher comprises. Je crois qu'à ce moment précis, le vendeur se dit que je suis un de ces sociopathes qui s'en prennent aux vendeurs sans défense dans l'unique but de les rendre fous. Son ton se fait encore plus aimable, l'homme est un pro absolu : "Il fait tout. Et surtout, il roule." Raclement de gorge, et l'espace d'une fraction de seconde, une étincelle s'allume dans son regard pour vérifier que j'ai bien suivi. "Il roule sur l'asphalte, mais aussi sur le sable et sur les gros graviers, et dans toutes les conditions atmosphériques. Grâce aux pneus pleins, il n'y a jamais de problèmes d'adhérence. De plus, nous n'utilisons que des roulements à billes de haute précision…" Il tapote lentement les suspensions arrière. "Ils ont été mis au point dans l'espace, les pertes mécaniques par frottement sont quasiment nulles." Et, avec un clin d'œil, il ajoute : "Je vous conseille simplement d'éviter de prendre l'autoroute avec."

Je déglutis. Avec son enthousiasme de commercial, le brave type venait sans le savoir de toucher un point sensible.

De fait, notre vie avec Nina nous donnait l'impression d'être lancés sur l'autoroute au guidon d'un tricycle. Nina était "lonte", comme elle disait. Incroyablement lonte. En plus de son humour tordu et de son imagination débordante, c'était sans doute sa principale qualité. Être lonte : prendre tout le temps dont on a besoin. Autrement dit : un temps infini.

Ça avait commencé dès la naissance. À partir du quatrième mois maximum, la créature est en effet censée sourire. La science a constaté qu'"à environ quatre mois, le bébé présente un sourire relativement différencié lorsqu'il prend plaisir à interagir". Mais quand, contre toute attente, le bébé ne sourit pas, il ne reste plus qu'à attendre. On prend son mal en patience. Cette histoire de sourire, ce n'est pas rien, car c'est grâce à ça que, pendant les premiers mois, un bébé professionnel réussit à empêcher la mère au bord de la crise de nerfs, le soir après les courses, de déposer discrètement les sacs et le paquet de couches sur le trottoir et de prendre ses cliques et ses claques au lieu de rentrer chez elle. Si les bébés n'avaient pas cette corde à leur arc, la Jamaïque, la Nouvelle-Zélande et le Canada seraient surpeuplés de mères célibataires qui ne veulent pas d'enfants. Sauf qu'au cours de l'évolution, ce sont les bébés souriants qui se sont imposés aux quatre coins du monde – tant pis pour la Jamaïque, la Nouvelle-Zélande et le Canada. Et c'est pour cette raison que, le soir après les courses, les mères rentrent sagement à la maison, avec leurs sacs à bout de bras et le paquet de couches crocheté aux doigts. À qui une femme à peu près sensée (après tout, les mères sont à l'origine des femmes comme les autres) pourrait-elle pardonner de l'empêcher de dormir depuis cinquante-trois nuits, de lui mettre les seins soit à vif, soit au bord de l'explosion, de la priver de loisirs et de son libre arbitre, si ce n'est à un bébé souriant ? Et si le bébé n'oublie pas ce truc magique, non seulement sa mère s'occupera mieux de lui, mais il fera plus tard des ravages auprès du sexe opposé. D'où le biais reproducteur qui a entraîné la propagation de bébés souriants à l'échelle mondiale. En prime, les bébés font évidemment tout un tas d'autres choses – presque un nouveau truc chouette par jour. Rien qu'être capable de faire la pince avec les doigts pour arracher les poils du tapis et se les fourrer dans la bouche est un progrès d'envergure historique. Voilà ce que font les bébés.

Pendant huit mois, Nina n'a absolument rien fait. Elle gardait le regard perdu dans le lointain, la mine grave, comme si elle avait une vie intérieure intense. Elle réagissait à peine aux paroles et à toutes les tentatives désespérées des adultes pour obtenir son attention. Pas de trace dudit "plaisir à interagir". Je la soupçonnais parfois de nous regarder vivre notre vie, mais je n'avais aucune preuve. Quand elle n'avait pas les yeux dans le vide, elle dormait beaucoup, et elle dormait longtemps. Du moins en journée, et seulement quand on la promenait en écharpe en fredonnant à mi-voix. S'arrêter ou se racler la gorge entraînait des protestations tellement véhémentes que chantonner en marchant restait l'alternative la plus agréable. Quand on a un bébé qui ne sourit pas, automatiquement, on sourit moins souvent.

Les médecins ne peuvent rien dire : s'ils dramatisent et que les choses se terminent bien, tout le monde leur en voudra. Mais s'ils se montrent optimistes et que ça tourne mal, ce sera aussi pour leur pomme. Ce que nous remarquions, c'est qu'à chaque visite, ils étaient un peu moins confiants. Cela se manifestait de manière très subtile. Soudain, il manquait ici l'habituelle tape sur l'épaule au moment de partir, là un "Pas d'inquiétude" qui serait allé de soi. Ils fixaient les courbes au-dessus de leurs lunettes rouges de médecin. Il y avait sans arrêt des mesures à prendre. On en prenait une, et on avait une semaine de tranquillité en attendant le résultat. Puis une autre, et une autre semaine de tranquillité. Les courbes de croissance de Nina étaient sensationnelles. Les autres enfants avaient des courbes joliment galbées correspondant à de célèbres fonctions mathématiques. En règle générale, c'est en forme de tremplin, et ça décolle à toute vitesse. Plus les bébés font les choses rapidement, mieux c'est. Les "courbes" de Nina étaient soit des lignes droites très horizontales, soit aussi tremblotantes que les créatures qu'elle dessinerait plus tard.

Nous n'avions toujours pas la moindre idée d'où Nina voulait nous emmener. Mais peu après Curitiba, il était devenu évident que nous ne pourrions pas aller au Cap et que je ne deviendrais pas professeur. Ce n'est pas le genre de choses qu'on fait à mi-temps. Et il était clair aussi que je ne pouvais pas passer la moitié de l'année loin de la maison à réaliser des expertises pour les Nations unies.

Si ma carrière avait été palpitante, c'est son finale qui a été vraiment spectaculaire.

Un freinage d'urgence comme le mien n'est pas vraiment dans la norme, surtout quand on a passé les années d'avant à pleins gaz. C'étaient des centaines de contacts personnels, de collaborations longue durée dans le monde entier, de publications en cours, de passionnants projets de recherche, de rendez-vous à la chaîne et de vols réservés des mois à l'avance. J'ai passé des journées entières au téléphone pour annoncer la nouvelle à mes collaborateurs – beaucoup d'entre eux étaient devenus des amis.

C'est un drôle de sentiment de scier la branche sur laquelle on est assis. Surtout à cause des gens qui essayent sans arrêt de vous enlever la scie des mains.

Je ne sais même pas combien de douzaines de personnes m'ont demandé si j'étais sûr de moi. Cette question me déstabilisait complètement. Je voyais bien que certains se disaient que je n'avais plus toute ma tête. Ma moitié ne pouvait-elle pas s'occuper du "problème"? Et qu'allait-il advenir des collaborations en cours? On ne pouvait pas tout arrêter du jour au lendemain. Je répondais que le "problème" était mon enfant. D'autres, encore, disaient sans réfléchir des choses comme: "Wolf, tu es en train de foutre ton avenir en l'air." Entendre un truc pareil de la bouche de ses amis, ce n'est pas facile à encaisser. Mais je n'avais pas le choix, pas vrai?

Mon chef, un authentique patriarche qui avait dédié toute sa vie aux sciences, a tenté de me faciliter les choses à sa manière un peu maladroite. Il s'est penché au-dessus de son bureau surchargé et m'a tendu sa lettre de recommandation plus que bienveillante en disant: "Revenez quand les choses se seront normalisées."

Je l'ai regardé. Il a baissé les yeux sur les piles de livres devant lui. Nous savions tous les deux que c'était très peu probable. L'horloge tictaquait. Quand on est sur la voie rapide, il faut vraiment une très bonne raison pour lever le pied. Et un programme thérapeutique sophistiqué qui consiste à passer ses après-midi à agiter des foulards de toutes les couleurs devant une enfant modérément amusée, à baigner cette même enfant (déjà plus enjouée) dans vingt et un kilos de pois secs accompagnés de billes ou à la faire rôtir sur des peaux de mouton et sous trois douzaines de coussins de noyaux de cerise chauds n'est pas considéré comme telle. Du point de vue des ressources humaines, un "trou" dangereux, voire inexcusable, était en train de se former dans mon CV jusque-là irréprochable. Mais bon. Les choses pouvaient encore s'arranger, à condition que Nina se décide un jour à adopter un rythme normal.

Sauf que ce n'était pas au programme. Elle était certes prête à faire des compromis quand elle le jugeait nécessaire : par exemple, elle s'était rendu compte qu'il était plus facile de communiquer avec les adultes lorsqu'on parlait avec eux. Sourire ne posait désormais plus problème : dans ce domaine, elle m'avait même surpassé depuis longtemps. Mais rien n'avait changé dans son attitude générale vis-à-vis de l'agitation frénétique et totalement superflue de ces pauvres adultes. Au contraire : plus elle grandissait, plus elle prenait son temps. C'était tout simplement phénoménal. Un demi-petit pain avec du salami et quatre tranches de concombre : 19 minutes. En théorie, on peut bien sûr manger un petit pain sans faire d'histoires. Mais on peut aussi en faire une fête, comme un cuisinier trois étoiles s'attaquerait au menu de son plus grand modèle. Contempler longuement le contenu de son assiette. Commencer par en parler. Déguster une première bouchée. Oh. C'est tombé. Formuler d'autres impressions. Séparer différentes couches les unes des autres. Les goûter séparément. Les remettre ensemble, mais dans un autre ordre. Ça colle à l'assiette. Faire un commentaire là-dessus. Mordre à un autre endroit. Se mettre soigneusement quelque chose de côté, voire le garder pour plus tard. Et ainsi de suite. Incroyable!

Se rendre au supermarché bio à cent mètres de chez nous : 25 minutes. (Aller simple.) Alors que je faisais exprès de prendre le trottoir où il n'y avait pas le "chien qui est tout seul". Mais visiblement, Nina connaissait personnellement le moindre fichu cloporte. Mettre ses chaussures (celles avec les scratchs) : 4 minutes. Par chaussure.

Un jour, j'avais prudemment demandé au neurologue comment je pouvais me représenter cette histoire de "motricité fine gravement atteinte" et pourquoi ma vie se déroulait désormais au ralenti. Il m'avait répondu d'un ton laconique : "Si vous voulez savoir ce que vit votre enfant, essayez simplement de faire vos lacets avec des baguettes japonaises en vous rajoutant un haltère de quinze kilos à chaque poignet. Et merci de vous dépêcher." Nina devait faire preuve d'une patience infinie avec elle-même. Je ne savais pas d'où elle tirait sa tolérance à la frustration, mais clairement pas de moi. Se lever, tomber. Se lever, tomber. Un jour, j'avais chronométré le temps que Nina mettait avant de commencer à râler quand elle était coincée dans une situation où je serais aussitôt devenu fou. Quand elle faisait ses lacets, par exemple, elle tenait presque 4 minutes. À partir de ce moment-là, les plus terribles jurons d'enfant se mettaient à pleuvoir sur les chaussures "carrément bédiles".

Souvent, je me demandais si cette immense dilatation temporelle était liée au fait que Nina n'arrivait vraiment pas à accélérer le rythme, ou si c'était simplement qu'elle suivait son petit bonhomme de chemin au milieu de ma vie. Mais au fond, elle avait raison : c'était son temps à elle. Les 19 minutes pour le petit pain, par exemple, c'étaient les siennes et pas les miennes, n'est-ce pas ?

"C'est pas facile pour toi, hein ?" m'avait-elle demandé lors d'un de ces après-midi au ralenti.

J'avais un rendez-vous urgent. Depuis six minutes. Nina faisait subir à ma vie la même transformation que Dalí à ses montres fondues. Elle avait dû m'observer, planté à côté d'elle, lèvres crispées et souffle coupé, tandis qu'elle s'escrimait à enfiler seule une chaussette. Ces derniers temps, ça m'arrivait régulièrement – j'oubliais purement et simplement de respirer tellement j'étais sous pression. Ses mains ont arrêté de tirer désespérément dans tous les sens, elle a levé les yeux vers moi et m'a fait un sourire apaisant : "Pas d'oppression", a-t-elle dit.

Nous étions plutôt chanceux que cette petite fille ait autant de patience envers notre impatience.

Dans la vie normale, la lonteur spectaculaire n'a pas vraiment sa place, surtout quand on se raccroche à l'idée qu'on doit absolument prendre l'autoroute. Après tout, c'est là que roulent les autres. Quand on est lancé sur l'autoroute au guidon d'un tricycle, on peut bien sûr essayer d'accélérer pour atteindre une vitesse normale. Comme si on n'était pas à tricycle. Pour quelqu'un qui a passé toute sa vie sur la voie rapide, c'est un réflexe naturel. Depuis mon expérience aux Nations unies, j'étais conditionné pour agir en permanence sous une pression maximale. Je me considérais comme un véritable pro en gestion du temps. Mais à présent que j'étais un homme émancipé qui devait jongler entre un boulot à Bonn et un enfant pas pressé, je n'arrivais plus à suivre le rythme. Au lieu d'avoir du temps, j'avais des to-do lists. Qui avaient le culot de continuer à s'allonger alors que j'étais en train d'y travailler. Depuis que Nina avait lancé sa campagne du million de minutes, j'avais commencé à y regarder de plus près. Les to-do lists sont complètement diaboliques :

elles métamorphosent le temps. Toute notre vie devient une suite de tâches insignifiantes à rayer. Quinze minutes, par exemple, se transforment ni vu ni connu en l'achat de vingt-cinq sacs poubelles, cinquante litres, couleur grise. Cent vingt-six minutes se convertissent en montage maison des pneus d'été. Près de mille minutes se volatilisent avant qu'on puisse enfin rayer la ligne *déclaration de revenus*. Le temps nous file entre les doigts. Alors que ce n'est rien d'autre qu'un synonyme du mot vie. *Tempus fugit, nihil manet* : cette vie, rebaptisée "temps" par nos soins, s'écoule inexorablement, et il n'en reste rien. Mais le pire, c'est que sur ces stupides to-do lists, il y a tout sauf ce qui compte vraiment. Au fond, j'aurais dû prendre chaque jour le même modèle de liste où il aurait été écrit tout en haut, en corps 32 et en gras : *passer du temps avec Nina*. Et au moins dix autres choses qui étaient importantes pour moi. Mais à la place, il était écrit : *répondre au mail du bureau de la formation ; prendre rendez-vous avec Mme Schengen ! ; appeler la banque (numéro ?) ; attestation de responsabilité civile ; aller chercher la veste.* Je loupais les rendez-vous les uns après les autres. Pour la première fois de ma vie, quelqu'un m'avait reproché d'être "chroniquement en retard". À moi !

Voilà : d'un côté, Nina passait ses journées à rêvasser avec une lenteur insouciante. De l'autre, le flot des petits riens du quotidien filait à toute allure. Et au milieu, il y avait nous.

Quand, dans les mélos hollywoodiens, il faut montrer que quelqu'un en est arrivé au stade où il a perdu tout contrôle de sa vie, il y a une scène incontournable. Il me semble qu'elle existe avec Dustin Hoffman, Tom Hanks, Jennifer Aniston (évidemment), Ben Stiller et dix-sept autres : dans la première séquence, on voit la personne censée ne plus contrôler le perpétuel chaos qu'est sa vie au milieu d'un embouteillage. Prenons par exemple une personne de sexe masculin. L'homme était sur le point de rayer des lignes de sa to-do list, mais le voilà coincé dans sa voiture. Dans l'idéal, ça se passe à New York, parce que les embouteillages avec les taxis jaunes rendent particulièrement bien à l'écran. L'homme pianote sur son volant d'un air soucieux et se passe fébrilement la main dans les cheveux. Et il soupire. Dans la séquence suivante, on voit un petit enfant trop mignon. Il est assis tout seul au bord d'un large escalier devant un grand bâtiment scolaire aux couleurs claires. La cour d'école est vide. Personne à la ronde. L'enfant serre ses genoux entre ses bras, et il regarde ses chaussures d'un air triste. Voilà la scène. Parfois, on passe encore deux ou trois fois d'un personnage à l'autre. Père désespéré. Enfant abandonné. Père. Enfant. Père. J'avais en permanence l'impression d'être cet homme.

En me voyant, pour la troisième fois en l'espace de six mois, sortir le tricycle de la cave, Nina me fait un grand sourire. Je ne m'y attendais pas. C'est déjà ça, me dis-je. Un petit progrès.

Mais elle me lance : "Aujourd'hui, c'est toi qui montes dessus.

— Ah, ça ne fait rien si ça ne marche pas. On va juste réessayer pour voir – pas d'oppression !"

Avec entrain, je fais rouler un peu le tricycle d'avant en arrière pour lui donner envie. Seule la batterie de la sonnerie signature semble avoir rendu l'âme.

"Non, c'est toi." Je connais ce ton-là. À ce stade, il est clair que je n'arriverai à rien tant que je n'aurai pas satisfait à certaines de ses exigences. Je me glisse sur la selle trop petite qui fait mal aux fesses, et j'essaye de caler mes pieds sur les pédales. En écartant bien les genoux comme une grenouille – ce qui fait mal aussi –, j'arrive à les atteindre avec le bord de mes chaussures. Je ne suis pas franchement à mon avantage, mais il n'y a personne dans la rue pour le moment. Je commence à pédaler, ma main libre cramponnée au guidon. Je dois le tenir de toutes mes forces pour ne pas basculer. Ce n'est pas la peine de freiner. L'autre main est allée attraper Nina.

"Tu vois, dis-je. Comme ça!"

Nina hoche la tête d'un air encourageant.

Je pense : "Ne craque pas maintenant", et je donne tout ce que j'ai. Nina zigzague joyeusement à côté de moi – quand ils courent, les enfants comme elle ressemblent à des marins qui ont passé trop de temps à la taverne du port. Nous descendons un moment la rue en silence. Quelle scène : un petit enfant à la démarche d'ivrogne qui tient par la main une grenouille de un mètre quatre-vingt-dix perchée sur un tricycle rouge. Maintenant, j'ai aussi mal aux pieds, mais je continue à pédaler.

"J'aime quand tu fais du tricycle, finit par dire Nina.

— Parce que j'ai l'air drôle?

— Non, parce qu'on avance tout doucement. Tu ne peux plus partir en courant."

C'était un fait : plus nous étions disponibles pour Nina, mieux elle allait. À force, nous avions bien dû nous rendre à l'évidence. C'étaient les vacances qui nous avaient mis la puce à l'oreille. Six bons mois après la naissance de Nina, j'avais demandé un premier congé parental, et nous étions partis pour trois mois dans le sud de l'Afrique. Vous ne trouvez pas curieux qu'il faille *demander* un congé parental ? On a un enfant, mais si on oublie de demander, on n'a pas de temps pour lui. Quelle chance pour le PIB que les enfants ne soient pas capables de remplir des formulaires… Quoi qu'il en soit, nous nous étions rendu compte que Nina aimait les vacances, alors même que c'était nous qui étions en congé. Dès que nous partions, elle s'épanouissait comme jamais. C'est en franchissant la frontière de la Namibie qu'elle a fait son premier sourire, sans doute parce que rouler sur les pistes tape-cul de la région lui plaisait. Elle avait presque neuf mois, et comme ce petit miracle était d'abord resté sans lendemain, je m'étais dit que j'avais rêvé. Mais les sourires s'étaient multipliés. De ce côté-là, l'Afrique du Sud avait été un cap. Je continuais à croire que c'était un hasard. Dans un camping du sud de la France, après trois jours de grosse fièvre, elle a commencé à parler de but en blanc. Comme elle ne savait ni ramper ni faire du quatre pattes et passait, par la force des choses, le plus clair de son temps sur le dos, ce sont les mots qui lui permettaient d'avancer. Son vocabulaire a explosé en l'espace de quelques mois. Ses petites phrases timides étaient autant de coups de sonde pour explorer le monde. Et j'étais devenu le conteur de ce monde.

Ensuite, longtemps après, elle a attendu le premier jour de nos vacances à Majorque pour se mettre debout – elle avait plus de deux ans. C'était la première fois qu'elle s'appuyait contre moi, comme elle devait le faire régulièrement au cours des années suivantes, parce qu'elle ne tenait pas bien sur ses jambes. C'est à Berlin, chez Marlies, qu'elle a fait ses premiers pas. Il fallait toujours que ce soit en voyage. Était-ce parce que nous passions alors beaucoup de temps ensemble? Il me semble que les voyages sont un antidote extrêmement efficace contre les to-do lists – ils les mettent hors d'état de nuire. Quelle tâche rayer quand on est en train de camper dans le Fish River Canyon? Vous avez dix-sept appels en absence. Je rappellerai plus tard.

Quand les amis nous demandaient depuis quand Nina faisait telle ou telle chose, nous avions pris l'habitude de répondre par des noms de lieux. Attraper un ballon? Depuis Whitby, en Angleterre. La première blague: Ameland. Faire de la balançoire: Aix-en-Provence. Dès que nous partions quelque part, nous pouvions être sûrs qu'il allait se passer quelque chose de formidable. La conclusion s'imposait d'elle-même.

Depuis la lettre de Finkelbach, il était clair que notre tricycle ne se transformerait jamais en voiture de sport. C'est quand on se rend compte qu'on roule à tricycle sur l'autoroute qu'on se sent prêt à la quitter. Calcul du nouvel itinéraire. Prenez la prochaine sortie.

Destination?

Un million de minutes!

C'est vrai: plus on est lent, plus on a le temps. On ralentit enfin le rythme. Petit à petit. Goutte à goutte. C'était peut-être ce que voulait dire Dalí avec ses montres fondues. Si toutes les horloges fondaient d'un coup, on se retrouverait avec une immense mer de temps. Calme et immobile, avec l'eau qui étincelle sous les rayons du soleil. Un bleu qui dépasse l'entendement. À perte de vue.

60 000ᵉ minute
Yao Yai
Archipel de Yao (7° 58' N, 98° 34' O)
Phang Nga Bay, Thaïlande

SAME SAME BUT DIFFERENT

Choc culturel (le) : concept anthropologique désignant un "état émotionnel dans lequel les gens risquent de se retrouver au contact d'une culture étrangère. Le choc culturel comprend souvent quatre phases : à la première phase, celle de l'euphorie (lune de miel), succède la deuxième phase, celle de la dégringolade, provoquée par le sentiment de ne pas être à sa place (crise)".

Côté "phase euphorique" et "lune de miel", il n'y a pas mieux que Phra Thong. Une fois notre séjour aux frais de la princesse terminé, nous avons quitté notre villa de bord de mer le cœur léger. Nous avions soif d'aventures et de découvertes. J'étais impatient de voir comment Nina, avec son imagination débordante, allait faire face à ce monde inconnu.

Nous avons d'abord passé environ deux semaines sur le continent thaïlandais pour visiter certains sites touristiques. Puis nous avons posé nos bagages sur l'île de Yao Yai. Quand on pense qu'à deux heures de bateau de là, à Phuket, les touristes se disputent les derniers transats dès les premiers rayons du soleil, Yao Yai est un lieu paisible. Et contrairement au monde artificiel de Phra Thong, il s'agit d'une authentique île thaïlandaise avec ses habitants, ses coutumes et ses traditions locales. À mobylette, il ne faut qu'une demi-heure pour aller de la pointe sud à la pointe nord. L'unique route traverse une poignée de villages de pêcheurs paradisiaques en croisant quelques chemins non bitumés. Çà et là, de petits complexes hôteliers sont nichés dans des criques à bonne distance les uns des autres. Ici, il n'y a pas de sites touristiques à proprement parler, et la vie campagnarde suit son cours sans se laisser impressionner par les visiteurs. Les plus grands supermarchés font à peu près la taille de salons d'appartements bourgeois. Curieusement, les trois quarts des rayonnages sont occupés par des petits sachets de chips et toute la production de l'omniprésente compagnie Coca-Cola, mais on trouve aussi des lanières de poisson séché au sel, des poulpes hachés dans des seaux, de la viande à l'odeur bizarre suspendue à un crochet au plafond, et des caisses de fruits exotiques. Dont des mangues jaunes grosses comme le poing qui font partie des choses les plus délicieuses que j'aie jamais mangées.

Le pilote du bateau qui était venu nous chercher au Bang Rong Pier de Phuket chantait les louanges de son pays natal en termes dithyrambiques. D'après lui, Yao Yai était majoritairement peuplée de musulmans. "Vous connaissez musulmans ? Musulmans, c'est gens bien", a-t-il expliqué en mauvais anglais. Tout était "très tranquille". Avec un regard du côté de Nina et de Mr Simon, il a ajouté qu'ici, c'était vraiment "pas de fête". Mais en me voyant faire la grimace, il s'est empressé d'ajouter : "OK, un peu fête, bien sûr. Grosse fête, vous savez." Ici, le tourisme doit correspondre à la totalité du chiffre d'affaires. Ils seraient prêts à organiser une fête à tout casser rien que pour les visiteurs qui ne savent pas quoi faire de leur peau. À part ça, les locaux vivent principalement de la culture du caoutchouc. Il faut un millier d'*Hevea brasiliensis* pour nourrir une seule personne. Mille arbres, une vie. Par conséquent, les forêts tropicales d'origine ont depuis longtemps laissé place aux plantations de caoutchouc, avec des dizaines de milliers d'arbres droits comme des I plantés en longues rangées telle une forêt de colonnes. Ici, en héritage, les enfants ne reçoivent pas de maisons, car les habitations résistent rarement plus de trente ans au climat et aux termites, mais des arbres que leurs pères ont plantés pour eux.

Partout, on nous a accueillis avec une grande gentillesse et encore plus de curiosité – autre signe qu'il n'y avait pas beaucoup de touristes dans les parages. À notre arrivée, nous nous sommes pris les pieds sur les poulets qui couraient en liberté sur la route, et les enfants nous ont montrés du doigt en pouffant de rire. Quelques-uns d'entre eux, ceux qui étaient particulièrement courageux, ont fini par s'approcher de nous. Après quelques hésitations, ils ont touché les cheveux blonds de Nina et longuement débattu du résultat de leur étude en piaillant en thaïlandais avant de pouffer de plus belle. Même Mr Simon, blond, les yeux bleus et la peau encore relativement claire grâce aux tonnes de crème solaire indice 50, ne cessait d'être inspecté et tripoté. Mieux vaut être prévenu pour éviter les malentendus de taille, voire une sérieuse empoignade avec un bébé réjoui au milieu : dans cette région du monde, il est parfaitement normal qu'on vous prenne votre enfant des bras à la moindre occasion et qu'une autre personne disparaisse avec, le sourire aux lèvres. Au lieu d'inscrire nos enfants dans un Holiday Kids Club hors de prix, il nous suffisait d'aller manger dehors : en un rien de temps, une gentille employée faisait alors son apparition pour établir le contact avec Mr Simon. On nous répétait qu'il avait "beaux yeux et beau sourire". Généralement, il se laissait volontiers kidnapper. Parfois, on ne nous le ramenait qu'un quart d'heure plus tard, et il avait l'air parfaitement heureux. Même si, comme plusieurs cuisinières perplexes n'avaient pas tardé à s'en plaindre, il ne mangeait pas beaucoup. Il n'était pas "bien gras". Elles nous conseillaient de le leur laisser quelque temps : Mr Simon serait sans doute devenu grassouillet à souhait.

Il était clair et net que nous étions arrivés dans un monde qui n'était pas le nôtre. Dès le premier matin, j'ai été réveillé parce qu'on me secouait comme un prunier. "Papa, il y a quelqu'un qui crie!" m'a soufflé Nina avec excitation en brandissant l'index dans la pénombre. J'ai tendu l'oreille – et j'ai tout de suite compris. À une centaine de mètres de notre petite pension se dressait un minaret. Quelqu'un y prenait son travail très au sérieux, au point d'avoir sorti le mégaphone. Comme on nous l'a par la suite assuré, ce M. Islam était le meilleur chanteur de toute l'île, et il accomplissait son devoir avec la passion d'un Caruso.

"C'est un muezzin. Les muezzins chantent le matin pour rappeler aux gens de prier. Comme les cloches d'église chez nous.

— Il faut qu'on prie?

— Non, on n'est pas musulmans." Je l'ai attrapée par le bras. "Viens ici, on va se rendormir." Pendant un moment, Nina a écouté la mélodie inconnue.

Les harmonies étaient systématiquement décalées du demi-ton typique des gammes arabes.

"Il ne sait pas chanter, a-t-elle alors dit avec un peu de pitié dans la voix.

— Non, c'est juste qu'il chante *différemment*, tu vois ? Ici, les gens aiment d'autres chansons. *Frère Jacques*, ça leur casse les oreilles.

— Mais c'est beau, *Frère Jacques* !"

J'ai décidé d'en rester là, car il était vraiment trop tôt pour me lancer dans des explications poussées. Si les frères et sœurs musulmans devaient accomplir leur devoir, pour ma part, je me suis contenté d'attirer Nina contre moi sous la couette sans plus de commentaires, et nous nous sommes bientôt rendormis.

Pour le petit déjeuner, il y avait du muesli avec du yaourt et des bananes. "Comme à la maison", a fait remarquer Nina avec satisfaction. Puis il y a eu un drôle de bruit dans sa bouche. "Il y a des cailloux dedans", a-t-elle protesté d'un air outré. Les bananes sans pépins, c'est bon pour les Occidentaux gâtés... Les bananes locales, elles, contiennent chacune jusqu'à une douzaine de graines noires grosses comme des pois.

"Ça n'existe pas, a dit Nina en fixant un des pépins au creux de sa main.

— Tu sais, en fait, tout existe", ai-je répondu, un peu trop sûr de moi. J'étais content d'avoir l'occasion d'aborder le thème des différences interculturelles à partir d'un exemple de la vie quotidienne. "Plus on voyage loin, plus il y a de choses qu'on ne connaît pas", ai-je ajouté.

Elle était en train de trier les pépins sur la table.

"On est loin ici, hein ?

— Oui, très loin. À environ un mois et demi ou neuf mille cinq cents kilomètres de la maison!"

Et après une longue opération de dénoyautage de banane à deux mains : "Est-ce qu'ici ils ont des chiens volants?" J'aurais dû le voir venir.

"Non, bien sûr que non. Les chiens ne volent pas.

— Ah oui, c'est vrai", a-t-elle lâché sans conviction. J'étais soulagé de ne pas avoir à reprendre cette discussion depuis le début. Mais je m'étais réjoui trop vite.

"Qu'est-ce que tu en sais?" Nina était toujours très têtue.

J'étais de nouveau dans de sales draps – ou plutôt : empêtré dans un problème épistémologique de base. Pendant mes études de philosophie, j'avais suivi un séminaire consacré à Karl Popper. Ce qu'on appelle la réalité n'est jamais que la partie qu'on en a connue jusque-là. Avant que les marins découvrent des cygnes noirs en Australie, ces volatiles étaient par définition blancs. Les cygnes noirs n'existaient pas, alors qu'ils barbotaient déjà depuis des dizaines de milliers d'années dans les criques d'Australie-Occidentale.

Je ne voulais pas me laisser entraîner sur ce terrain glissant : "Si un jour, on voit un chien volant, c'est que ça existe, d'accord?"

Nina m'a regardé de travers, mais elle a paru satisfaite de cette réponse. Au moins pour le moment.

Quelques jours plus tard, nous avons voulu faire une sortie à mobylette. Le loueur, qui faisait aussi pompiste, mécanicien, responsable de café Internet et bien sûr vendeur de chips, nous a accueillis avec amabilité. Non, il n'avait pas deux engins à louer, mais la grosse mobylette dans le coin était faite pour nous. Vera me regardait d'un air dubitatif. Selon les critères européens, l'engin n'était clairement pas conçu pour cinq personnes. Son regard n'avait pas échappé au pompiste.

"Ici, c'est Thaïlande, vous savez ? En Thaïlande, pas de problème, a-t-il aussitôt lancé en mauvais anglais avant d'essuyer la poussière sur le siège de la 50 centimètres cubes en ajoutant : Vous savez, c'est bon pour vous, et pour cinq, et pour six." Nous avons discuté un petit moment entre nous jusqu'à ce que Vera se rende à la majorité en riant. C'était généralement comme ça que ça se terminait. Mr Simon n'était pas encore en mesure d'apporter de contribution digne de ce nom à la discussion, et avec nos propositions pas toujours raisonnables, Nina et moi remportions une confortable majorité de deux contre un. C'était bien pour ça que nous avions introduit le principe du vote démocratique au sein de la famille. Cette solution fonctionnait à merveille. Faire de la mobylette à quatre : ce n'est pas la destination qui compte, mais le chemin. Ravi par cette démocratie de proximité, le vendeur nous a remis la mobylette en précisant que le frein était actuellement en état de marche. Puis, à l'aide d'un tuyau, il a habilement aspiré l'essence avec sa bouche jusqu'à ce qu'elle coule toute seule dans notre réservoir. Nina m'a regardé avec stupéfaction sans rien dire.

Entassés sur la mobylette avec un sac plein de mangues jaunes vendues par le pompiste, nous nous sommes mis en route pour Lo Paret Beach, où nous nous étions rendus plusieurs fois à pied les jours précédents. Entre un vieux débarcadère en béton à moitié effondré et un petit bois, quelques enfants de pêcheurs s'ébattaient en attendant que leurs pères rentrent de leur sortie en mer. C'était émouvant de les voir jouer sur la plage avec les crabes. Souvent, ils se promenaient avec de gros spécimens en laisse le long du rivage, exactement comme les vieilles dames à Bonn au bord du Rhin avec leurs petits chiens : *Same same* – Un air de déjà-vu…

Nina s'est tout de suite emballée. Un animal de compagnie exotique ? Hors de question de laisser passer une chance pareille. De manière générale, Nina avait un truc avec les animaux. Peut-être parce qu'elle devait déployer des trésors de patience avec nous et avec elle-même. Quoi qu'il en soit, elle était tellement calme avec les animaux que même le chat le plus névrosé finissait par venir s'enrouler autour de ses jambes en ronronnant. Comme si elle chuchotait à l'oreille des chevaux. Quand elle agitait doucement la main dans l'eau des lacs artificiels de Brühl, les grenouilles venaient la voir. Un jour, dans le sud de la France, je l'avais vue de mes propres yeux rester plus d'une heure et demie parfaitement immobile dans un lac pas spécialement chaud jusqu'à ce que les perches sauvages la laissent leur caresser le dos. Le pêcheur d'à côté, qui n'avait rien attrapé depuis deux jours, avait aussitôt ramassé ses affaires et était parti en grommelant.

Le projet "adopter un crabe" avait été minutieuse-ment planifié. Tout a commencé par la construction d'un logis en noix de coco avec terrasse sur front de mer, piscine d'eau salée et plantation attenante de tapis de bain. Notre voyage avait déjà changé l'idéal de vie de Nina. En prime, il y avait un hangar avec des "provisions pour l'hiver". Sur ce coup-là, son imagination était restée dans notre ancien réfé-rentiel. Mais nous n'étions sous les tropiques que depuis deux mois, et nous avions encore les saisons européennes en tête. Une fois leur survie assurée dans la neige et le froid mordant de l'hiver thaïlandais, les crabes étaient censés prendre enfin possession de leur domicile.

Mais les crabes de Yao Yai n'ont pas forcément les mêmes envies que les petites filles allemandes. L'inverse serait étonnant. Faute d'avoir réussi à temps à se planquer sous un rocher ou à rejoindre le large, ils ouvrent grandes leurs pinces cramoisies d'une taille non négligeable et les brandissent sous le nez de ceux qui s'approchent de trop. Et ils moussent de partout avec de drôles de craquements : soit ils sont énervés, soit les bulles sont une mise en garde. Ce qui n'est pas franchement nécessaire, car leurs pinces sont plus grosses que mon index. La patience de Nina était à toute épreuve. Pendant des heures, elle s'est traînée à quatre pattes sur la plage avec, dans une main, la future laisse déjà prête et, dans l'autre, des douceurs diverses et variées. Au menu du petit déjeuner : de "délicieuses tartines maison", mais comme elles ne remportaient pas le succès escompté, Nina a ensuite opté pour des bouts de noix de coco avec des feuilles fraîches. Après ça, elle s'est rabattue sur des petits morceaux de poisson – Dieu sait où elle les avait trouvés – et pour finir sur une banane. Soigneusement dénoyautée. "Pour qu'ils ne s'étranglent pas." En vain. Avec les crabes, elle n'était jamais à court d'arguments. "Crois-moi, c'est vraiment super-bon ! Et j'ai aussi une maison pour toi." À un autre, elle disait : "Si tu es sage, tu pourras même venir en Australie !"

Ces promesses laissaient les crustacés de marbre. Une petite fille blonde à lunettes d'à peine un mètre de hauteur qui parle comme un moulin ne figure pas dans le répertoire comportemental des crabes de

Yao Yai. Sans ça, comment expliquer que les enfants de pêcheurs aient bien plus de succès que Nina avec ces bestioles ? Était-ce une autre espèce de crabe ? Des appâts plus efficaces ? De la sorcellerie ? Après une autre heure à prêcher dans le désert, Nina est revenue nous voir.

"Ça ne m'est encore jamais arrivé, a-t-elle dit en secouant la tête d'un air morose. J'ai tout expliqué."

J'ai essayé de lui remonter le moral. J'aurais voulu lui dire que les crabes n'aimaient pas les gens. Mais les enfants de pêcheurs à l'autre bout de la crique prouvaient le contraire. "Peut-être qu'ils ne te comprennent pas."

Très longue réflexion le nez froncé. Puis, au bout d'un petit moment : "Comment on dit : « N'ayez pas peur » en thaïlandais ?"

Les pêcheurs amarraient leurs bateaux à longue queue dans la crique voisine pour préparer les poissons et repriser les filets jusqu'à la fin de la journée. L'un d'eux passait de temps en temps par notre plage, non loin de Nina, mais il ne la remarquait pas, car un pêcheur a évidemment d'autres choses en tête que les rêves d'animal de compagnie des enfants de touristes. Et pourtant : ce jour-là, il s'arrête et regarde un petit moment Nina s'affairer. Puis il s'approche d'elle, s'accroupit et se met à lui parler gentiment dans sa langue avec force gestes. Nina lui répond joyeusement en allemand et lui expose son problème. Aurait-il une explication à lui fournir ? Et ils passent ainsi un moment à bavarder sans rien comprendre de ce que dit l'autre. Au moins, ils s'amusent, car j'entends régulièrement des éclats de rire fuser.

Pour finir, le pêcheur se lève et fait quelques pas décidés au milieu des rochers. Il tend la main à la vitesse de l'éclair et attrape un crabe dans l'eau. Une tentative, une prise. En moins de dix secondes. Après tout, c'est son métier : il est pêcheur depuis qu'il sait marcher. Il tient le crustacé frétillant de manière à ce que ses pinces brandies dans les airs ne puissent pas atteindre son poignet. Il l'agite gentiment sous le nez de Nina. Un superbe spécimen : le crabe est magnifique, ses couleurs oscillent entre le bleu profond et le rose clair, ses yeux noirs en forme de billes sont montés sur des pédoncules rétractiles et peuvent se tourner dans toutes les directions. Nina est visiblement soulagée que quelqu'un se soit chargé de convaincre la bestiole à sa place. Le reste se fera tout seul une fois que le crabe aura vu le somptueux domicile qui lui est destiné.

"Il est trooooop gentil", dit-elle en montrant le pêcheur du doigt lorsque je les rejoins. Puis elle lui tend la laisse.

Le pêcheur hoche joyeusement la tête. Avant d'arracher une première pince au crabe. Le crustacé fait un bruit atroce. La pince atterrit aux pieds de Nina. À peine a-t-elle relevé les yeux que le pêcheur attrape la deuxième pince. Celle-là n'est pas fixée directement sur la carapace, mais sur une des pattes : il en sort une substance blanche qui se met à pendre du crabe. D'un geste exercé, le pêcheur enroule la laisse autour de la bestiole frétillante et la tend à Nina, le sourire aux lèvres. À deux mains, bien sûr. En Thaïlande, c'est une question de politesse. L'air radieux, il dit quelque chose qui doit être l'équivalent thaïlandais de "*Et voilà**[1]".

---

1. Les mots et expressions suivis d'un astérisque sont en fran çais dans le texte. *(N.d.T.)*

Nina est paralysée par la terreur, les yeux écarquillés, le souffle court. Elle fixe l'homme, désemparée : ses mains tendues avec impatience se rétractent. "Mais qu'est-ce que tu as fait ? Tu as…" Elle se tourne vers moi, changeant d'interlocuteur en pleine phrase : "Il a arraché les bras du crabe." Nous regardons tous les trois les pinces qui dansent sur le sol. De celle qui était fixée sur la carapace s'écoule un liquide épais et bleu foncé. Le crabe fait tout un tas de bulles qui sortent de ses moignons. Atroce, même pour moi – et j'ai eu mon quota de vidéos anti-consommation de viande. Gros sanglots à hauteur de mes jambes. "Il ne retrouvera jamais ses bras." Sur ce point-là, elle a raison. Les crabes que les enfants semblent promener gentiment en laisse sont en fait de vrais zombies. Des animaux de compagnie jetables, pour ainsi dire. *Same same but rather different* – Un air de déjà-vu, mais rien à voir !

Le pêcheur laisse retomber ses mains avec le crabe de film d'horreur. Il fixe Nina un petit instant en plissant les yeux. Il se dit sans doute que ces enfants occidentaux ne savent pas dire merci, et qu'ils sont beaucoup trop sentimentaux. Qu'est-ce qu'on est censé faire d'un gamin comme ça, à 3 h 30 du matin, par une mer déchaînée, quand c'est la tempête ou que le chalut vient encore une fois de s'accrocher dans les coraux ? Quel est l'intérêt d'avoir un enfant ultrasensible quand un poisson se plante dans votre main ou qu'une ligne vous entaille le bras sur plusieurs centimètres ?

Il fait un pas vers la mer et, du bout du pied, pousse l'une des pinces de crabe toujours frémissantes dans l'eau. Puis il regarde Nina d'un air interrogateur. Visiblement, c'est une sorte de main tendue. Encore un petit coup de pied. Les vaguelettes font rouler la deuxième pince sur le sable, de-ci de-là. Mais le tri sélectif local ne console pas Nina. Elle est dans tous ses états : soit elle sanglote, soit elle enguirlande le pêcheur avec les six gros mots qu'elle a en réserve. Je suis content qu'il ne comprenne pas ce qu'elle raconte, et je me promets de rappeler à Nina que certaines expressions sont réservées au domaine privé. Mais la colère est une émotion qui se comprend dans toutes les cultures, et le pêcheur voit très bien qu'il y a – de son point de vue à lui – un truc qui ne va pas chez Nina parce qu'il y a – de son point de vue à elle – un truc qui ne va pas chez lui.

Il se retourne et part en haussant les épaules rejoindre sa famille. Le crabe frétille dans sa main. Je pense : Au moins, il emporte la bestiole.

D'après Taft (1977), les symptômes de la deuxième phase critique du choc culturel sont notamment "la surprise et la révolte lorsqu'on prend conscience de l'ampleur des différences culturelles". Selon cette définition, nous sommes, au bout de deux mois de voyage, en plein dans la première crise sévère. Le conseil de famille se réunit, la contribution de Mr Simon consistant à ronfler. Ordre du jour : le monsieur le plus méchant du monde.

Moi : "Il ne pensait vraiment pas à mal.

— Si. Il a même ri !" Nina a les poings crispés. Et elle secoue la tête. C'est le signe d'une révolte maximale. Il s'avère que le pire dans cette histoire, c'est qu'en accomplissant son odieux méfait, le "méchant monsieur" ait fait semblant d'être gentil.

"Parce qu'il voulait t'aider ! Il voulait t'offrir le crabe.

— Mais tu as dit qu'il ne fallait jamais faire de mal aux animaux", lâche Nina d'un ton de défi. Je ne peux pas m'empêcher de penser au fait qu'à part Vera, tous les membres de la famille sont de gros mangeurs de viande. Nina raffole des crevettes à la sauce à l'ail. Mais ce n'est pas le moment de lancer un débat sur le végétarisme.

"C'est vrai chez nous, en Allemagne. Tu sais, ici, les pêcheurs ont des règles complètement différentes. Mais il y a plein de choses normales chez nous qu'ils n'ont pas le droit de faire."

La tolérance vis-à-vis des autres cultures n'est pas une leçon facile, ni pour les parents ni pour les enfants. N'avais-je pas expliqué cent fois qu'il existait des règles claires et précises toutes justifiées (enlever ses habits pour se mettre en maillot de bain *avant* d'entrer dans l'eau) ? Qu'il fallait les respecter systématiquement (oui, ce soir aussi on se lave les dents) ? Et qu'elles étaient valables pour tout le monde (non, Simon n'a pas le droit de rester debout plus tard que toi) ? C'était la théorie. Dans ces conditions, comment comprendre que quelqu'un ne respecte pas les règles et le fasse qui plus est avec un grand sourire ?

"C'est horrible, tout ça", continue à protester Nina. Pour le moment, elle est inconsolable, elle est encore trop secouée. Elle a sans doute besoin de temps avant la troisième phase du choc culturel, dite "phase de récupération". Et de fait, après quelques jours plus calmes – même si on voyait bien que cette histoire la travaillait –, la bonne ambiance est progressivement revenue. Cela dit, Nina évitait soigneusement les pêcheurs, et elle faisait un gros détour pour ne pas voir les crabes. Elle s'en tenait désormais aux bernard-l'ermite dans leurs maisons coquillages. Ils étaient nettement plus faciles à adopter. Nous étions soulagés. Après notre conseil de guerre, Vera et moi nous étions préparés à entendre tomber la fameuse phrase : "Je veux retourner à la maison." Ou encore : "Quand est-ce qu'on rentre ?" Nous nous étions promis de prendre ce genre d'avertissements au sérieux et, le cas échant, de revoir nos plans. Mais la phrase n'est pas venue. J'avais beau être désolé pour l'histoire du crabe, j'étais ravi de l'opportunité qu'elle représentait. Après tout, c'était l'un des objectifs de notre voyage : découvrir des endroits nouveaux et élargir notre horizon. Dans mon journal, j'ai écrit : *Les distances parcourues en voyage se calculent-elles en kilomètres ? Nouvelles unités de mesure : l'aventure, la surprise, le choc culturel. Difficultés de réintégration à prévoir ?*

Évidemment, je ne savais pas comment les petits enfants prenaient ce genre d'expériences. Mais Nina n'aurait pas été Nina si elle n'avait pas digéré cet événement à sa manière bien à elle, en le tournant à son avantage. D'après la littérature spécialisée, lors de la dernière phase du choc culturel qu'on appelle "phase d'adaptation", "l'individu va jusqu'à assimiler partiellement les caractéristiques comportementales de la culture étrangère". Un soir où nous étions rentrés épuisés, au crépuscule, d'une de nos longues virées en bateau parmi les îles de Phang Nga Bay, et alors que, dès notre arrivée sur la terre ferme, je lui avais demandé deux fois de se préparer rapidement à aller au lit, Nina est partie se planquer dans le vestibule de notre pension. Ce cas de figure n'avait rien d'exceptionnel, mais cette fois, les choses ont pris une tournure à laquelle je ne m'attendais pas.

"Maintenant, au lit !" Pas de réaction – elle continue à jouer.

"Je t'ai dit de te préparer, s'il te plaît." À ce stade, il y a théoriquement trois scénarios possibles que tous les parents de tous les univers parallèles connaissent par cœur : l'option "tu veux vraiment être cruel à ce point?", l'option "marathon de négociations" et l'option "j'obtempère au ralenti d'un air offensé".

Mais ce jour-là, rien de tout ça. Calme olympien. Je continue donc mon monologue habituel : "À 8 heures, on va au lit!"

Là, Nina lève enfin la tête avec une mine faussement étonnée : "Tu veux dire, comme en Allemagne?"

J'ai trouvé qu'elle avait bien mérité une heure supplémentaire de "temps thaïlandais". Et lorsque, le lendemain matin, nous sommes partis en bateau à destination de l'île de Khai Nok, c'est mon horizon à moi qui s'est élargi. Ce jour-là, nous nous sommes retrouvés sur la route de tout un banc de poissons volants qui ont hardiment décidé de survoler notre bateau. Lorsque les premiers poissons ont commencé à siffler à nos oreilles, nous sommes allés nous mettre à l'abri, car ce n'est jamais agréable de se prendre un spécimen de *Cypselurus oligolepis* en pleine tête. Seule Nina restait assise bien droite à faire des moulinets de bras dans les airs.

"Je le savais! s'est-elle écriée. Je le savais. Ils volent!"

Nos regards se sont croisés. Voyager avec elle dans des univers parallèles n'allait pas être une mince affaire. Mais ce serait inoubliable.

129 000e minute
Prince Palace
Downtown Bangkok (13° 45' N, 100° 30' O)
Thaïlande

SALADE EN PIERRE

Les deux tours de l'hôtel Prince Palace qui touchent les nuages de Downtown Bangkok sont une débauche de luxe : c'est un miracle qu'elles ne s'effondrent pas sur elles-mêmes. Partout, des boiseries monumentales en bois tropical lourd et sombre, des mètres de laiton, de miroirs, des milliers de mètres carrés d'épais panneaux de marbre aux murs, des éventails, des plumes de paon, des branches de fleurs de cerisier importées dans des vases en porcelaine, et dans chaque recoin une sculpture asiatique, dont un certain nombre en jaspe rouge, en bois plaqué or, voire en jade. Le clou de l'extravagante et fastueuse collection du Prince Palace se trouve dans le bâtiment numéro 2, dans un hall du douzième étage, exposé tel le cercueil de Napoléon au dôme des Invalides : sur un podium fabriqué à cet effet, sous la lumière dorée du plafonnier fait sur mesure, trône une chose en jade vert lourde de plusieurs tonnes qui doit faire un mètre cinquante de haut et cinquante centimètres de diamètre. Si on se risque à approcher – sachant qu'un panneau accroché dessus interdit expressément de le faire –, on s'aperçoit que cet objet monumental n'est autre qu'un gigantesque chou en pierre précieuse. En chinois, le mot qui veut dire "chou chinois" se prononce exactement comme le mot "argent", et en raison de cette coïncidence linguistique, le chou est devenu symbole d'opulence. Il y a même des statues du Bouddha où ce dernier tient un chou entre ses mains, ce que je n'ai jamais bien compris car les richesses terrestres n'étaient théoriquement pas son truc. Mais ici, au Prince Palace, le message est clair. Même le nom de l'endroit est à prendre au premier degré : l'hôtel donne directement sur l'ancien palais du prince Kromaluang Nakohn Chaisri Suradej, fils du grand Rama V, puissant roi du Siam.

À notre arrivée, nous avons fait une entrée triomphale au Prince Palace. Lorsque nous sommes descendus du taxi qui nous avait amenés au pied du hall d'accueil, les portiers en uniforme ont fixé sur nous un regard incrédule. Le plus grand des trois a jeté au chauffeur de taxi un coup d'œil perplexe auquel ce dernier a répondu d'un haussement d'épaules contrit. Pendant le trajet, il nous avait demandé deux fois si nous étions sûrs de l'adresse. Une troisième fois aurait sans doute mis son pourboire en danger. Le deuxième portier a tout de même fini par retrouver sa langue et nous a gratifiés d'un salut aussi professionnel que possible avant de tenter de poser sur un chariot à bagages en laiton le sac à dos que Nina défendait à cor et à cri. Le troisième a monté quatre à quatre les marches qui menaient à la réception. Sans doute pour s'entretenir de toute urgence avec un responsable.

Aucun de nous n'avait vu de coiffeur depuis au moins trois mois, le peigne était en option, et les cheveux de Mr Simon et de Nina, rendus hirsutes par le mélange quotidien de sable, de soleil, de crème solaire et d'eau salée, se dressaient dans tous les sens. Les lunettes de Nina étaient recouvertes de quatre sparadraps et tenaient à peine sur son nez. La monture de rechange vaquait depuis un moment à des occupations insoupçonnées au fond de la mer d'Andaman. Comme Nina était fatiguée par le voyage, elle zigzaguait encore plus que d'habitude. Quant à Simon, en raison d'une neurodermatite tenace, il avait autour de la bouche une épaisse couche de pommade blanche et ressemblait à un clown miniature qui aurait oublié de finir de se maquiller. J'avais pour ma part une barbe naissante parfaitement archaïque, car mon rasoir acheté au prix modique de 99 euros avait explosé dès Phra Thong, lorsque je m'étais risqué à le brancher sur une prise électrique d'apparence inoffensive. J'avais fait exprès de mettre mon tee-shirt avec les plus petits trous, mais objectivement, ça ne sautait pas aux yeux. Pour finir, nous avions renoncé depuis plusieurs semaines à lutter contre le sable. Une fois que nous avions accepté qu'il faisait partie de nous, il s'était définitivement introduit dans les derniers recoins de notre existence et, à chaque mouvement, il ruisselait de je ne sais où. Où que nous allions, nous laissions derrière nous une traînée de sable. Et notre bonne humeur ne passait pas inaperçue. Ce n'était pas la gaieté raffinée et cultivée qui aurait eu sa place dans un palace, mais une jovialité à l'exubérance plutôt malvenue.

En nous voyant débarquer au Prince Palace, on aurait pu croire qu'une troupe de saltimbanques et de fous faisait son entrée à la cour du roi pour rappeler, à coups de tours et de farces, le caractère éphémère et insignifiant de l'existence terrestre aux grands de ce monde.

J'imaginais mon ancien moi, le carriériste de Curitiba en plein voyage professionnel, installé au même instant dans le lounge de l'hôtel. "Carriériste de Curitiba" : c'était le nom que je donnais à celui que j'avais été, surtout depuis que j'avais nettement plus de ressemblance avec un homme de Cro-Magnon. Le carriériste de Curitiba se serait donc mis, au milieu d'une conversation informelle cruciale pour la suite de sa carrière, à bégayer en fixant la petite troupe de saltimbanques. Et peut-être que je serais allé vers lui pour lui proposer une de mes balles de jonglage : "Tu veux essayer ? C'est ta chance !"

Sous son masque de clown, Mr Simon aurait regardé le carriériste avec de grands yeux. Et ce dernier aurait reculé d'un pas, histoire de remettre un peu de distance professionnelle dans tout ça, et murmuré en secouant la tête : "Comment a-t-on pu en arriver là ?"

Oui, comment ? Si nous en étions "là", c'était sans doute grâce à l'idée du million de minutes lancée par Nina. Dans ma tête, la réforme monétaire décisive s'était mise en branle, et il n'était plus possible de revenir en arrière. J'avais commencé à compter en temps. Plus en argent ni en succès professionnel. Combien de minutes pour 250 euros ? Et combien d'euros pour un million de minutes ?

En temps normal, la chaîne de création de valeur fonctionne en sens inverse : la vie devient du temps, qui devient un emploi, qui devient de l'argent, qui devient des objets, qui deviennent des sentiments positifs.

Là où ça coince, c'est quand on veut quitter la chaîne de valeur. Et vivre enfin sa vie. Sa vie à soi. Ce n'est pas si facile que ça. Dès qu'on arrête de convertir la vie en performance, on rencontre des problèmes concrets : restriction du pouvoir d'achat. Perte de salaire. Retraite réduite. Ce n'est pas rien. Par moments, j'avais le sentiment de devoir pré- ou refinancer un million de minutes de mon existence. *Bonjour, je voudrais un million de mes minutes. – Oh, il va d'abord falloir que vous les rachetiez…*

Le refinancement de notre vie avait commencé un beau jour dans notre salon. Vera faisait des recherches sur Internet, et je triais les factures. Soudain, elle m'a donné un coup de coude avec un grand sourire.

"Regarde. Peut-être qu'on pourrait ne pas acheter de voiture." Elle était sur une page avec de très belles voitures. Les engins étaient absolument superbes.

"Hmm ?" Je l'ai regardée, interdit.

"J'ai jeté un coup d'œil, a-t-elle poursuivi. Personnellement, j'aimerais bien ne pas acheter de Passat. Ce modèle Comfortline gris métallisé, par exemple. La perte de valeur garantie au cours de la première année est mirobolante ! Ça fait deux mois de voyage autour du monde, vols compris, pour toute la famille." Elle m'a fait un clin d'œil. "Et si on n'achète pas la Passat Comfortline tout équipée aujourd'hui, on a au moins quatorze mois devant nous, sous les tropiques ou ailleurs."

Vera m'a regardé, pleine d'espoir, mais j'avais encore du mal à répondre à son enthousiasme.

"Pour être honnête…, ai-je commencé.

— Si on n'achète pas, on économise ?" a-t-elle insisté en haussant les sourcils.

Je commençais à comprendre où elle voulait en venir.

"Et si on ne prend pas le système de détection de fatigue électronique, le volant multifonction, le... non, pas ça, mais ça, le combiné d'instrumentation numérique, a-t-elle poursuivi en pouffant de rire, on arrive même à seize mois.

— On peut aussi se passer des rétroviseurs chauffants, ai-je fini par proposer.

— Non, on ne les prend pas non plus, parfait, a répondu Vera, ravie.

— Et je pourrais aussi ne pas construire d'abri de voiture!" ai-je lancé. Son enthousiasme avait fini par me contaminer.

"Excellente idée! Pas de voiture et pas d'abri, ça fait déjà presque deux ans devant nous. Soit un million de minutes pile, avec les accessoires dernier cri et tout le tintouin de luxe, c'est-à-dire du temps pour les enfants, la lecture, les activités tous ensemble, les sorties plage multifonctions, la grasse matinée de lutte contre la fatigue et le bidule d'instrumentation numérique pour l'autre bout du monde.

— Pas mal", ai-je admis.

Et nous venions de faire un grand pas en avant côté refinancement.

Après tout, on a tous le temps de ne pas acheter une voiture.

L'histoire des soixante-neuf kilos a aussi été un gros coup de pouce, surtout depuis que nous ne comptions plus en euros, mais en minutes. Soixante-neuf kilos, c'était la limite non négociable fixée par la compagnie aérienne pour tous nos bagages. Nos effets personnels ne devaient pas dépasser un tiers du poids de notre famille. Chaque kilo entamé en supplément était facturé 45 euros. C'était une véritable revalorisation de tous les objets : posséder un sèche-cheveux plus une radio plus une paire de chaussures pour les grandes occasions plus un portable coûtait 250 euros. Par vol.

Et c'est ainsi qu'environ sept mois plus tôt, je m'étais retrouvé assis dans notre appartement au milieu de tous nos meubles, livres, accessoires, souvenirs, ustensiles de ménage et de tous les objets que je n'arrivais même plus à étiqueter. C'est drôle : au cours d'un long voyage, disons d'un million de minutes, personne n'aurait jamais l'idée d'accumuler toujours plus de bagages. Il faut laisser les objets derrière soi, sous peine d'être de plus en plus lourd. Mais dans la vie, ce grand voyage de trente-cinq millions de minutes, on dirait que c'est l'inverse : notre appartement de Bonn était plein à craquer des bagages de toute une vie. Le troisième service à thé hérité de grand-mère. Le bloc à couteaux en teck offert par des amis à Noël. Une collection hétéroclite de photophores posés sur le rebord des fenêtres. Des souvenirs vieux comme le monde, qui n'avaient plus qu'un lien ténu avec leur lieu d'origine. Des habits jamais portés, des livres non lus et des papiers qui s'entassaient à côté des étagères parce que je ne savais pas quoi en faire. Un jour, on se met à construire des rangements parce qu'on a trop de choses. Et forcément, on a besoin d'un appartement plus grand pour les rangements. J'avais aussi des CD en double, des objets cassés qui avaient depuis longtemps été remplacés, et des affaires qui auraient peut-être un jour "de la valeur". Une fois, j'avais compté : nous avions en tout et pour tout vingt-cinq couteaux de table dans le tiroir à couverts. Pour un peu plus de la moitié, j'étais incapable de dire d'où ils venaient. Pourquoi ne pas profiter du voyage à venir pour dire adieu à tous ces objets superflus ?

Les trois premières étapes sont simples. Premièrement : jeter les choses en double. Deuxièmement : les affaires les plus personnelles – le vieil album photo – ont le droit de rester. Troisièmement : les objets utilitaires aussi. Ça n'a pas de sens de se débarrasser de l'épluche-légumes. Mais ensuite ?

Dennis Niebel "Rachat de successions de tous types" était un vrai pro. Il est arrivé dans une fourgonnette jaune poussin, mais élégamment vêtu de noir de la tête aux pieds. "Mes condoléances, a-t-il déclaré en guise d'entrée en matière en me serrant la main avec une mine soigneusement éplorée.

— Personne n'est mort. Je veux juste me séparer de quelques affaires, ai-je répondu avec un grand sourire.

— Ah, on passe au minimalisme. Bonne décision", a-t-il approuvé en me tapotant doucement l'épaule. Je ne voyais pas de quoi il parlait, mais nul doute que ce minimalisme lui permettait de maximiser son chiffre d'affaires. Je l'ai entraîné à travers l'appartement pour lui montrer ce dont j'avais le moins de mal à me séparer. Les costumes.

"Faits sur mesure, sans coussinets anti-auréoles amovibles ?" a-t-il demandé d'un air soucieux. Ils ne valaient "évidemment" rien. Un vieil appareil photo Zeiss Ikon à soufflet m'a rapporté 80 euros et de la place dans mon placard. Depuis qu'un voisin désormais décédé me l'avait offert à l'âge de quatorze ans, je me l'étais trimballé toute ma vie sans jamais m'en servir.

Ensuite, mes montres. Échanger des montres contre de l'argent pour acheter des minutes à notre voyage, c'était une bonne idée, ne serait-ce que pour la symbolique. Nom d'une pipe! Une étincelle de méfiance s'est allumée dans le regard de M. Niebel. Étaient-ce des fausses achetées à Downtown Bangkok?

Non, c'étaient des vraies achetées en duty-free à Londres. Avec facture à l'appui.

La vente s'est conclue rapidement, et pour des sommes modiques. Contre toute attente, j'ai trouvé ça douloureux. Ma Piaget allait nous faire voyager quelques milliers de minutes autour du monde, ce qui était formidable. Mais c'était aussi une perte sèche. J'avais le sentiment qu'il ne m'en restait plus rien.

Les livres? J'ai montré à M. Niebel ma bibliothèque taille réduite, environ mille cinq cents volumes, dont j'avais autrefois tiré une grande fierté. Il s'est approché des étagères en reniflant.

Son premier commentaire a été : "Ah, des livres non-fumeurs. Très bien."

"Alors…" Son regard courait sur le dos des livres. "On prend rarement les ouvrages spécialisés. La science, ça n'intéresse personne, vous savez? Ah, tiens, la littérature, c'est bon. On l'achète au poids, 5 euros par kilo entamé. Avec cette bibliothèque, on devrait arriver à une jolie somme."

En gros, c'était ainsi que je m'étais imaginé la chaîne de création de valeur inversée : le papier imprimé devient un poids qui devient de l'argent qui devient du temps qui devient un voyage autour du monde.

Cet homme mérite chaque centime qu'il est en train de gagner. Nous décidons de faire les choses en grand. "Tant qu'à faire!" approuve M. Niebel avec enthousiasme en filant chercher ses caisses.

Je m'installe sur une chaise pour lui passer les livres. García Márquez, *L'Amour aux temps du choléra*. Florentino attend plus d'un demi-siècle en menant une existence qui n'est pas la sienne. Kundera : insupportable, la scène où Franz se retrouve au seuil de l'appartement vide avec ses valises. Ce genre d'auteurs vaut de l'or, car ils ont beaucoup écrit, et pour les éditions complètes que je tends en petites piles à M. Niebel, il y a un joli bonus.

Le Petit Prince. J'hésite. Un de mes livres préférés. Toutes les histoires défilent dans ma tête. La rose unique, l'éléphant dans le serpent, le petit renard… Je bloque.

"Euh, attendez! Je peux le ravoir?" je demande.

D'un air magnanime, M. Niebel ressort le livre de la caisse. "Parfois, on a du mal, je sais bien", dit-il d'un ton jovial.

Je le tourne et le retourne entre mes mains. Sur la couverture, le petit prince sourit. *L'essentiel est invisible pour les yeux.* Je rends le livre à M. Niebel. Mais cette fois, je me concentre sur le moment où je le lâche.

Rien! Il ne se passe rien. Les histoires sont toujours là. Le roi qui ordonne au soleil de se coucher, les volcans qu'il faut sans arrêt ramoner, la rencontre avec le géographe et avec le vaniteux, le serpent dans le désert. Tout est dans ma tête et dans mon cœur.

Vite, un autre livre. *Tours et détours de la vilaine fille* de Vargas Llosa. Cette histoire m'avait profondément touché. Je lâche le livre. Et encore une fois : tout est toujours là. La cruauté insouciante d'Otilita me serre la gorge. C'est au tour des autres œuvres de Vargas Llosa. M. Niebel me fait un signe de tête pour m'encourager.

Qu'avais-je à perdre? Que perd-on quand on donne un livre dont les histoires nous ont accompagné toute notre vie? C'est peut-être le paradoxe : plus un objet compte pour nous, plus on s'en défait facilement. Et si, à l'inverse, la perte de ma montre Piaget avait été douloureuse, c'était parce qu'il n'en restait rien. À bien y réfléchir, cette découverte était la clef d'une certaine sérénité. Dans mon journal, j'ai écrit : *Les choses dont la perte fait mal ne comptent pas vraiment. Ce qui a de l'importance ne se perd pas. (Peut-être.)* M. Niebel n'arrêtait pas de me serrer la main et de me tapoter l'épaule.

Mais la principale métamorphose avait lieu depuis que nous vivions au jour le jour. Tout avait commencé avec les jolies choses de Phra Thong. Et nos virées régulières dans le paradis de l'enfance. Si les cadres supérieurs étaient autorisés à chahuter ainsi, nous en avions bien le droit aussi. Mais il avait fallu du temps. Un jour, à Yao Yai, pour la première fois, j'étais allé me doucher sur la plage en short et tee-shirt, et j'avais laissé les habits froids et mouillés sécher sur ma peau en roulant à mobylette. Quel plaisir! J'avais mis sept semaines à réussir à faire comme Nina : poser ma tête sur le sable et rester les doigts de pied en éventail. C'est vrai, on s'en met partout dans les cheveux. Et tout ne part pas sous la douche. Mais en contrepartie, on s'enfonce tout doucement dans le sable. Toujours plus profondément, comme un objet rejeté par les vagues et qui s'enlise sur le rivage.

Les claquettes modifient la démarche et le rythme. Si on ne l'accepte pas, on s'esquinte méchamment les pieds. Le "pas d'oppression" s'impose de lui-même.

Autre élément indispensable à cette métamorphose : l'absence de miroir. Quand on n'a pas de miroir, c'est comme si la connexion centrale avec l'ego était interrompue : il ne reçoit plus d'informations, et on oublie tout simplement à quoi on ressemble. Formidable. Je n'avais encore jamais trouvé Vera aussi belle. Les cheveux au vent. Sans maquillage. Ses yeux pétillants de joie dans son visage doré par le soleil. Sans rien de superflu. Pas de bijoux. Les pieds nus. Et les enfants ? Ils avaient enfin l'air des sauvageons qu'ils étaient !

Il est intéressant de voir que les enfants ont beaucoup moins de besoins matériels que les adultes. Au départ, il n'y a en principe qu'une chose qui compte : *maman*. Mais bientôt, les objets importants se multiplient, tandis que leur demi-vie d'utilisation raccourcit. À Bonn, c'était toujours un grand moment de se promener avec Nina dans le magasin de jouets en écoutant ses conseils détaillés.

Pendant notre voyage, cela avait changé du tout au tout. Les rares jouets que nous avions emportés reposaient depuis longtemps dans un sac spécial au fond de la valise à droite. C'était presque par solidarité que nous les trimballions encore avec nous : on ne pouvait pas les laisser "tout seuls" comme ça. En temps normal, les jouets arrivaient du magasin en flux continu, comme le courant des prises électriques. Désormais, les seuls objets que nous rachetions de temps à autre étaient les jetons en plastique et les ballons. Sans ballon, rien ne va plus. Ainsi que de la super-glu pour réparer les rares affaires dont on a vraiment besoin. Quand soixante-neuf kilos doivent voyager pendant un million de minutes, il ne faut pas lésiner sur la super-glu.

Au cours des derniers mois, nous avions également pris l'habitude que les objets viennent nous trouver. Il y a vraiment plus de choses en vadrouille qu'on ne le croirait. Tout ce qui croisait notre route était reconverti en jouet, en mur d'escalade ou en meuble. C'était comme si notre monde était désormais constitué d'épaves. Les silhouettes sombres d'objets non identifiables à l'autre bout de la plage. Peut-être un bout de bateau, un morceau de caisse ou un élément de construction. Réduits à l'état de fragment, ils devenaient soudain inutiles : ils avaient perdu leur fonction et leur emplacement d'origine. Ils étaient emportés par les flots, ballottés sans but et venaient s'échouer au milieu de notre voyage. Là, grâce aux mains ou à l'imagination des enfants, ils prenaient un sens nouveau, devenaient partie intégrante d'une histoire encore inédite. Et puis, après nous avoir accompagnés quelque temps, les objets se perdaient à nouveau dans la nature. Peut-être certains d'entre eux restaient-ils un moment radeau, bateau, maison, pont ou jouet. Mais tôt ou tard, la météo, le temps ou le hasard devait les priver de cette signification. Pour une durée indéterminée, ils retournaient au grand flux des choses sans nom. Dans mon journal, à la liste *Perspectives professionnelles*, j'avais ajouté : *collectionneur de bois flotté*.

Le Prince Palace était tout le contraire d'une épave – tout y était sculpté dans la pierre. Mais la seule raison d'être de ce court séjour était de nous "retaper" provisoirement. Notre vol pour l'Australie était prévu

pour le surlendemain soir, et les services d'immigra-
tion locaux étaient connus pour faire de l'excès de
zèle, à croire qu'ils devaient protéger les portes du
paradis contre une horde de vandales approchant
au galop. Autant éviter d'avoir l'air de sauvages. La
demande de visa pour notre séjour avait été un boulot
intensif, à plein temps et sur plusieurs semaines. Il
fallait fournir des relevés bancaires, ignorer de drôles
de commentaires, présenter des certificats médicaux
et, sur l'une des cent pages et quelques du formulaire,
expliquer nos motivations "personnelles" pour avoir
choisi l'Australie comme destination, et ce de manière
individuelle. Les services administratifs pouvaient
s'estimer heureux de ne pas nous avoir interrogés
séparément. Ils auraient sûrement été surpris de ce
que Nina avait à leur raconter. Quoi qu'il en soit,
nous ne voulions pas prendre le risque d'échouer si
près du but. Vera et moi nous étions promis, le temps
des quelques minutes décisives à l'aéroport de Cairns,
d'avoir au moins l'apparence de gens normaux. D'où
le palace. Avec blanchisserie, articles de cosmétique
divers et variés, miroir dans la salle de bains ainsi
que supermarché géant intégré dans une des tours.
Plusieurs niveaux d'objets soi-disant indispensables
sur lesquels nous avions depuis longtemps fait une
croix. Ce jour-là, ils nous avaient rattrapés – pour
quelques heures.

Pour Nina et Mr Simon, ce n'était rien de plus
qu'un autre monde, un autre terrain de jeux. Sans
se laisser intimider par cette fastueuse pesanteur,
ils avaient aussitôt reconverti tout le palace. Si un
bout de porte cassée sur la plage est un radeau, un
arbre une maison, et une liane dans la forêt le plus
gros python du monde, le gros canapé en cuir dans

le hall d'accueil est clairement un trampoline – à condition que les "gens sérieux en habits noirs", comme Nina appelait les hommes d'affaires, fassent un peu de place. Une reproduction de vase Ming avec un panneau représentant une main barrée en rouge est une cachette idéale. Il est impossible que des plumes de paon ne servent qu'à faire joli, et c'est un heureux hasard que le pouf au bord de la piscine perde ses petites billes en polystyrène. Si, à l'aide d'un tout petit index, on agrandit un peu le trou, le vent fait tourbillonner les billes, et on a bientôt l'impression qu'il a neigé sur la piscine. Quant au robot de nettoyage sous-marin, il aspire les bananes comme s'il n'avait jamais rien avalé d'aussi délicieux de toute sa vie. J'ai vidé un tube entier de super-glu pour des choses que je n'ai même pas racontées à Vera. Et j'ai présenté mes excuses à l'aimable monsieur en uniforme du palace qui m'avait pris à l'écart pour me parler tout bas. Oui, moi aussi je trouvais que, fondamentalement, l'éducation était une bonne chose.

Il n'y avait qu'une ombre à ma théorie de l'épave : Nina était tombée amoureuse du chou. Dès le premier jour, au milieu d'une partie de chat effrénée, elle s'est arrêtée stupéfaite devant le monument.

"Une salade, a-t-elle piaillé avec enthousiasme. C'est une salade?

— On dirait, ai-je sobrement répondu.

— Qu'elle est belle!" Elle a donné à la salade une caresse pleine de respect. "Touche comme elle est lisse!

— C'est un chou en jade, une pierre précieuse qui coûte très cher.

— Je peux le prendre avec moi?

— Soulève-le pour voir."

Nina a tiré sur le colosse, d'abord avec hésitation, puis plus fermement. Rien. Ensuite, elle s'est adossée contre le pied de la salade et a poussé de toutes ses forces. Le chou n'a pas bougé d'un millimètre. Même vingt Nina n'auraient pas pu le porter.

"Tu ne m'aides pas du tout, s'est-elle plainte, le visage cramoisi.

— Je préfère t'aider par la pensée.

— Pff, j'ai encore besoin d'un peu d'entraînement", a-t-elle décrété d'un air têtu. Il en fallait plus pour la décourager.

"Tu penses qu'il rentre dans ton sac à dos?" ai-je demandé, sans obtenir de réponse.

L'après-midi avant notre vol, elle m'a supplié de lui accorder une toute dernière visite à la salade. Je me suis préparé à de longs adieux.

Par chance, il n'y a pas eu de drame – en à peine cinq minutes, Nina était de retour.

"Et la salade? ai-je demandé, surpris.

— Elle reste ici", a-t-elle répondu d'un ton égal. Nina était toujours convaincue qu'un petit *tuk-tuk* serait rentré dans le gros ascenseur de service – et sinon, il restait l'option hélicoptère ou dragon. Mais finalement, ce n'était pas la peine.

J'étais fier qu'elle soit si raisonnable. Dans ma tête, c'était tambours et trompettes. Quel progrès! Ma fille était sur la bonne voie. Tomber, à cinq ans, sur une gigantesque salade en pierre précieuse et être capable d'admettre que ce genre d'objet n'a qu'une utilité très limitée – notre voyage en valait déjà la peine.

"C'est beaucoup trop de bagages, pas vrai? ai-je risqué.

— Non, non, a répondu Nina. C'est juste qu'elle a un goût de poussière."

242 000ᵉ minute
Mossman Gorge (16° 27' S, 144° 22' O)
Le Nord tropical du Queensland,
Australie

PLUS TARD, C'EST MAINTENANT

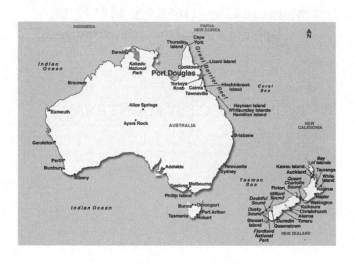

Nous avons effectivement réussi à pénétrer sur le continent australien sans trop faire de vagues. Notre avion avait atterri au milieu de la nuit, et à cette heure-là, même les agents d'aéroport les plus consciencieux n'avaient aucune envie de passer au peigne fin deux créatures absolument épuisées accoutrées de manière étrange ainsi qu'un bébé qui poussait des cris perçants et une petite fille d'humeur batailleuse et prête à toutes les discussions avec un bout de bois flotté à la main et les coquillages les plus précieux du monde dans son sac à dos.

Au bout de cinq heures à attendre que le loueur de voitures australien – autrement dit pas stressé – ouvre son magasin avec une demi-heure de retard pour aller d'abord se chercher un petit café, nous nous sommes mis en route vers le nord. Au cours des trois premiers mois de notre voyage en Thaïlande, à force de passer d'île en île, nous avions changé relativement souvent de logement. En Australie, nous cherchions un lieu où nous poser – provisoirement, bien sûr. Dans la partie la plus septentrionale de la côte est australienne – le Nord tropical comme on appelle aussi cette partie du Queensland –, c'était le début de l'été. Cette région est unique sur tout le continent australien : on y trouve les contreforts de la Cordillère australienne, qui s'étend sur plus de mille kilomètres le long de la côte est. Les nuages qui arrivent de l'ouest du continent se prennent dans ces montagnes et s'y transforment en pluie. Résultat : une forêt humide tropicale extrêmement dense. Juste derrière : un ciel d'un bleu éclatant. Et encore derrière : la plus grande barrière de corail du monde.

En général, une fois arrivés à Cairns, les touristes qui ont commencé à Sydney le traditionnel marathon de la côte est à l'aide des moyens de locomotion les plus variés sont soit très contents, soit très fatigués, et ils continuent rarement leur route vers le nord. Nous avons mis le cap sur Port Douglas, qui s'est avéré être un très bon choix. Nous avons posé nos bagages dans une petite maisonnette sur Morning Close que personne ne voulait louer sous prétexte qu'il avait récemment fallu chasser de la piscine un crocodile mal luné d'un mètre et demi de long et que personne ne savait où il avait élu domicile depuis. Il pouvait avoir atterri dans la cuisine d'un restaurant chic, être toujours en train de rôder dans les parages ou avoir été relâché dans la nature par un écologiste au grand cœur – quoi qu'il en soit, il n'était plus là. Bref : notre maisonnette n'était qu'à quatre cents mètres de la plage, et Nina avait constaté avec ravissement que là-bas aussi, quand on avait "beaucoup de chance", comme elle disait, on pouvait croiser des crocodiles en liberté. Sur le terrain de jeux de Solander Boulevard, il y avait un panneau, installé exprès à hauteur de hanche pour que les enfants le voient : *Be aware of the crocodiles* – Attention aux crocodiles ! Tant pis pour les jeux sans surveillance. Au mépris de tous les dangers, nous avions donc accepté de louer la maison de Morning Close, à prix réduit et "sans engagement". Pour l'agence immobilière, nous étions les occupants idéaux. Si le crocodile ne revenait pas, au bout des quatre ou cinq mois que nous comptions passer sur place, de l'eau aurait coulé sous les ponts, et les prochains locataires payeraient de nouveau plein pot sans se douter de rien.

Nous passions une bonne partie de nos après-midi dans le gigantesque parc animalier de Port Douglas. Nina avait fait deux découvertes : un pass annuel oublié et un trou dans la boîte en bois où étaient stockés les granulés pour les animaux. Tout le monde était gagnant – à part la société qui gérait le parc. Ma mission consistait à rester assis sur un banc l'air de rien en sifflant dès que quelqu'un approchait. Ainsi, tout en sifflotant à intervalles réguliers et, pour un regard extérieur, de manière assez gratuite, j'avais beaucoup de temps pour lire. Grâce à sa prodigalité sans limites, Nina était bien partie pour décrocher le titre de meilleure gardienne d'animaux de tout l'univers. Nul doute que les kangourous et les émeus parleraient encore à leurs petits-enfants de l'époque bénie où la petite fille blonde faisait la pluie et le beau temps. Pas besoin de plus pour combler de bonheur les intéressés.

Notre deuxième activité favorite était de partir en expédition dans la forêt tropicale : en une dizaine de minutes, nous étions au parking de Mossman Gorge. Puis il suffisait de s'enfoncer sur une centaine de pas dans le Daintree National Park pour se retrouver plongé dans un monde d'arbres géants aux proportions démesurées avec des racines massives hautes comme des murs, des lianes entortillées les unes dans les autres, des figuiers étrangleurs qui enserraient leurs voisins de leurs tentacules mortels, des rainettes et des champignons fluorescents dans la pénombre qui donnaient l'impression que leur inventeur avait pris une substance dont il ne faut pas abuser. Les branches ployaient sous le poids des fougères qui poussaient dans la cime des arbres. Il y avait des hordes de fourmis géantes, les derniers spécimens du casoar, cet oiseau géant menacé d'extinction et qui ne sait pas voler à la tête d'un bleu chatoyant, et des plantes carnivores. Pour Nina, tout cela était la preuve incontestable que les chiens volants n'avaient rien d'aberrant. Au milieu de cette profusion de vie serpentaient des fleuves dont l'eau fraîche était si pure qu'on aurait sans doute pu la boire. Ici, l'eau, la ressource la plus précieuse d'Australie, se jette en cascades dans les remous de bassins aux reflets bleu-vert, ondule au pied de gigantesques falaises polies par le courant et déferle sous des troncs d'arbres géants avant d'aller se perdre dans la végétation embuée. Sur cette planète, les forêts vierges faites pour les enfants se comptent sur le bout des doigts – et je sais de quoi je parle –, mais celle-ci est un pur bonheur. Parmi toutes nos aventures, ces expéditions remportaient un franc succès : jusqu'à la rive lointaine du torrent fougueux, dans les profondeurs de la forêt inconnue, derrière les mystérieuses montagnes, jusqu'au pays des arbres géants et des *magic whirlpools*. Dans certains de ces bassins naturels creusés dans la roche, on peut même piquer une tête, en plein cœur de la forêt tropicale. Et comme ils sont magiques, on en ressort toujours avec une faim de loup, sur quoi de délicieux sandwiches, fricadelles et cuisses de poulet apparaissent comme par enchantement sur notre nappe de pique-nique. Ce tour de passe-passe faisait – du point de vue des enfants – partie intégrante de l'aventure.

Ce jour-là, il y avait des petits pains en forme de losanges avec du fromage de chèvre, des tomates et des mangues fraîches au menu. Il faisait un temps parfait, une petite brise soufflait, mais les températures étaient encore assez douces pour que nous n'ayons pas froid après notre baignade vivifiante, et les moustiques ne se mettraient pas au travail avant une heure. L'eau dégoulinait de mes cheveux jusque sur le sol. Un moment de détente idéal. Profiter. Ne rien faire. Ne penser à rien.

"Qu'est-ce que tu veux faire plus tard? me demande Nina.

— Hmm?" Je suis en train d'essayer de faire tenir des tranches de tomate en équilibre sur mon petit pain, ce qui réclame toute mon attention.

"Quand tu seras grand! Qu'est-ce que tu voudras faire?" insiste Nina.

Comme à tous les enfants, on lui demandait sans arrêt ce qu'elle voulait faire plus tard. C'est une question qu'on commence à leur poser environ quinze ans avant qu'ils prennent leurs premières vraies décisions. À croire que les adultes sont en manque de naïveté et d'idéalisme. Ensuite, le sujet n'est plus abordé. Mais c'était typique de Nina. Dans sa bouche, ces questions pouvaient surgir n'importe quand, sorties d'un nuage géant de bain moussant, chuchotées dans l'obscurité d'une nuit agitée, à la dernière seconde d'une conversation téléphonique déjà achevée, à la caisse du supermarché où l'hôtesse enregistrait les articles deux fois plus vite que je n'arrivais à les mettre dans les sacs. Et chaque fois, elles me prenaient au dépourvu, comme ce jour-là, par un après-midi ensoleillé, au beau milieu de la forêt humide du Nord tropical du Queensland.

D'abord retourner la question. Histoire de gagner du temps : "Et toi ?

— Pompier, évidemment. Et je veux voler."

Nous nous entraînions régulièrement à voler : je la jetais le plus haut possible pendant qu'elle essayait de déployer ses "ailes", ce qui n'était pas évident car elle n'avait pas beaucoup de temps dans les airs. Mais cette histoire de pompier, c'était nouveau.

"Pomp*ière* ? je suggère.

— Oui." Mais elle ne perdait pas le nord. "Dis-moiii !

— Euh, il faut d'abord que je réfléchisse."

Oui. Que voulais-je faire plus tard, quand je serais grand ? C'était une question à effet rétroactif. Car j'étais déjà grand. Enfant, j'aurais répondu tout de suite. Du tac au tac. D'aussi loin que je m'en souvienne, j'avais toujours rêvé de faire le tour du monde. Je voulais voguer sur les différents océans, gravir la cordillère des Andes et l'Himalaya, partir en expédition dans les neiges éternelles de l'Alaska, dans la forêt amazonienne et dans le désert. Je devais à tout prix voir les Sept Merveilles du monde, découvrir des pays exotiques : Bornéo, l'Égypte, le Japon, et bien sûr aussi l'Australie, le pays sans horizon, pour rencontrer les Aborigènes. "Je veux faire tout ça !" avais-je déclaré un beau matin à mon grand-père maternel, qui m'avait déposé dans un coin de bac à sable pour tirer sur sa cigarette Roth-Händle.

"C'est pas un métier", avait-il grommelé en guise de réponse. Visiblement, les châteaux en Espagne n'étaient pas son truc. Papi Hans était ajusteur-monteur, il avait passé sa vie à trimer au fin fond de la Ruhr, en partie sous terre, il était de la génération de la guerre. Mamie disait toujours que la Russie l'avait changé, puis il y avait eu la bombe sur la petite maison de Herne, et pour finir la musique qui lui avait pris son fils unique – et voilà que son petit-fils lui chauffait les oreilles avec les Merveilles du monde. Il savait ce que c'était de ne rien avoir à manger pendant des jours et de ne pas pouvoir se payer d'habits chauds. L'essentiel, pour lui, c'était d'avoir un métier qui rapporte de l'argent. Un gagne-pain. "Qu'est-ce que tu veux faire comme *métier*, petit ?

— Faiseur de tour du monde", avais-je timidement répondu. Force m'était d'admettre qu'aucun nom de métier correct ne me venait à l'esprit. Mais je voulais que papi Hans comprenne que j'étais aussi sérieux que lui. En réalité, je n'avais aucune envie d'être toujours par monts et par vaux, l'existence des navigateurs et des explorateurs dans les livres m'avait toujours paru épuisante : Humboldt, Livingstone, Shackleton – ils n'avaient pas la vie facile. De mon côté, j'avais l'intention de rester un bout de temps dans ces pays, d'apprendre à connaître les coutumes et les traditions exotiques, de nouer des amitiés, de vivre des expériences aussi étranges que possible – mais toujours belles. J'avais eu beau me creuser la tête, je n'avais rien trouvé de mieux que "faiseur de tour du monde". Si j'avais eu à l'époque une liste de métiers possibles, c'est sans doute ce que j'y aurais écrit en tout premier.

"Ça n'existe pas", avait maugréé mon grand-père en écrasant, de son pouce bruni, son mégot de cigarette sur le cadre en bois du bac à sable, et la discussion avait provisoirement été close. Un jour ou l'autre, il se serait sans doute dit que j'avais dû revenir à la raison, et il m'aurait reposé la question. Mais il était mort avant. J'avais fini par renoncer à trouver un nom correct pour mon métier de rêve, ce qui l'aurait sans doute encore plus énervé que moi.

C'est drôle : quand j'étais enfant, j'avais une idée très précise de ce que je voulais, mais aucune chance de réaliser mes rêves. Ensuite, pendant mes études, j'avais une énergie phénoménale, mais pas un sou en poche. J'avais tout de même réussi à prendre un semestre d'avance pour que Vera et moi puissions partir plusieurs mois en Amérique du Sud. Ensuite, à l'époque où j'étais spécialiste des tropiques (j'étais alors persuadé d'avoir trouvé le métier qu'il me fallait), je passais quatre-vingt-dix pour cent de mon temps à rédiger des articles et des dossiers de candidature sous les néons de mon bureau à l'institut de Bonn. On mettait des semaines à remplir un dossier pour passer la même durée à voyager dans l'année, à condition de consacrer ensuite au moins le septuple de ce temps aux publications. Puis j'avais décroché le gros lot : la bourse du Programme des Nations unies pour l'environnement, et je passais ma vie aux quatre coins du monde – Genève, Rome, Nairobi –, sauf qu'à la fin de la conférence, il me restait rarement plus d'une demi-journée pour aller "faire quelques visites". C'est sans doute pour cette raison qu'un bon tiers des collections d'histoire naturelle proviennent d'un cercle de cent kilomètres de rayon autour de l'aéroport le plus proche : parce que les chercheurs n'arrivent pas à aller plus loin. Parmi les doctorants de l'institut de Bonn, il y a une blague qui passe de génération en génération : un ange vient voir deux chargés de recherche et leur chef. Chacun d'eux a le droit de faire un vœu.

Le premier chargé de recherche demande à être sur une île tropicale avec sa petite amie, et son vœu est exaucé. Le second chargé de recherche demande à être dans un refuge de montagne enneigé avec ses potes, et son vœu est exaucé. Et le chef? Il demande à ce que les deux soient de retour au labo après la pause déjeuner.

Plus tard, à l'époque où je travaillais comme expert pour les Nations unies, j'avais enfin de l'argent, mais je n'avais plus le temps de rien. Et quand je serai vieux, j'aurai sans doute le temps et l'argent nécessaires, mais plus l'énergie. Au lieu de me battre pour mes rêves, je me battrai pour ma santé.

Le meilleur moyen de ne jamais réaliser ses rêves, c'est d'attendre le jour où on aura tout en même temps. La force, la santé, l'argent, le temps et l'imagination. J'avais réussi la prouesse de remettre mes rêves à plus tard sans même le remarquer. Bien sûr, j'avais des objectifs professionnels : une chaire de professeur ou un poste longue durée aux Nations unies, et un jour j'aurai la maison de mes rêves – non, pas au bord de la mer, mais peut-être avec un bout de jardin – et la voiture rouge brillant de mes rêves, avec deux semaines de vacances de rêve en club. Pour mes amis, c'était la même chose. Mais les vieux rêves? Ils n'étaient plus d'actualité. Même pas le temps d'une bulle de savon. *Plus tard*. Plus tard, bien sûr que je le ferai. Mais il faut être réaliste! Et être réaliste, c'est tout miser sur le plus tard. Sauf que ce plus tard, ce n'est pas n'importe quand. C'est le jour où on a tout en même temps. Assez d'argent pour ne plus avoir à s'en inquiéter. Rien que pour ça, en partant du principe qu'on gagne au loto, il y a environ une chance sur soixante-quinze millions. Ensuite, il faut être en pleine santé, et au même moment, ce qui doit faire une chance sur trois cents millions. Il ne faut pas non plus avoir de responsabilités qui nous retiennent chez nous : les proches malades, les ados en plein mélodrame amoureux et ce genre de choses sont à proscrire. On arrive, disons, à une chance sur cinq cents millions. Et pour finir, malgré tout le fric qu'on est censé gagner, il faut encore avoir du temps pour soi – ce qui signifie que les métiers plus ou moins respectables ne sont pas envisageables, ce qu'on se garde bien de dire aux jeunes de dix-huit ans au moment de l'orientation professionnelle. On a donc de bonnes chances de devoir trouver un nouveau boulot, dans la mafia ou la finance de préférence, et sans tarder. Et comme tout ça doit se produire en même temps, la probabilité que les astres s'alignent enfin est d'environ une sur un milliard. Sachant que le plus bête dans tout ça, c'est qu'une vie ne comprend à tout casser qu'environ trente mille jours. Si on choisit d'être réaliste et de continuer à attendre, il risque donc de s'écouler pas moins de 33 333 vies avant *que le bon jour arrive enfin et que le plus tard* commence.

Comment en étais-je arrivé là ? Difficile à dire. Vivre, c'est comme faire un dessin sans gomme, m'avait un jour dit Anna Amsel, et parfois, j'imaginais ma feuille. Dessus, il y avait des rubans et des gribouillis qui ne voulaient rien dire, des sens uniques, des angles morts, beaucoup de magnifiques passages, des zones hachurées en noir quand je n'avançais pas ou que je me plaisais un peu trop sur place. Il y avait des impasses tentantes ou confortables. Et à partir d'un certain point, les chemins se multipliaient. J'avais tellement investi dedans que je ne pensais même plus à corriger le tir. Dans le cas d'un plan de carrière, il s'agit plutôt d'une peinture par numéros : une chose en entraîne une autre. Mais le résultat n'avait pas grand-chose à voir avec mes rêves. Et parce que la feuille sur laquelle on trace sa route est délimitée, il n'y a bientôt plus de place pour ces derniers. Pourquoi n'y figuraient-ils pas ? C'est peut-être ça, le problème : on oublie de prendre le temps de coucher ses rêves sur le papier avant de se lancer. Comme pour les stupides to-do lists où manquent les choses importantes.

Puis Nina était née, et mes chemins s'étaient comme arrêtés net, surtout les lignes tracées d'avance et toutes les voies rapides. *Désolé, mais ça ne va pas être possible.* J'avais d'abord eu l'impression d'être arrivé en bout de course. Et ensuite, alors que je n'y croyais plus : la sortie d'autoroute qu'après tant d'hésitations nous avions fini par prendre par amour pour Nina s'était révélée être un raccourci. Plus tard, c'est maintenant. Recommence ton dessin ! Qu'est-ce que tu veux faire ? Qu'est-ce que tu veux être ? Peu après l'idée du million de minutes lancée par Nina, dans ma tête, j'avais commencé à coucher mes rêves sur le papier, d'abord seulement quelques points timides, mais désormais, ils étaient là. J'avais une petite fille qui avait soif d'aventures, une femme qui m'accompagnerait avec joie jusqu'au bout du monde et un bébé toujours partant tant qu'on le laissait faire la grasse matinée. Nous avions économisé une voiture familiale et l'abri qui allait avec. Et nous savions que la vie normale n'était de toute façon pas pour nous. Qu'est-ce qu'on attendait ?

Dessiner ces quelques points, c'était rêver. Autre ment dit : réaliser. Car au fond, rêver et réaliser sont une seule et même chose. Dans mon journal, j'avais écrit :

1 million de minutes =

1 000 000 / (24 × 60) = 694 jours = environ 2 ans

Face aux arguments tout à fait réalistes avancés contre nos rêves par nos familles et amis, nous avons dû remuer ciel et terre. Voici la recette des plus grands rêves :

Je suis allé voir ma chef de l'époque pour lui dire : "Écoute, il faut qu'on parle." Vera s'est occupée des photos de passeport, sur lesquelles les enfants n'ont pas le droit de sourire. J'ai expliqué aux grands-parents inquiets qu'au fond, ce n'était qu'un genre de "vacances prolongées". Puis nous avons fait vacciner les enfants contre au moins onze trucs et demi sans en discuter avec qui que ce soit. C'est mieux que ce soit le médecin qui tienne le bébé pendant la piqûre, sinon il se sent trahi. Pas de tarif enfant ? Ah bon. Bien sûr qu'ils ont des couches là-bas. Ou un équivalent. Non, le cheval à bascule ne mourra pas de faim. Le Vomex est hyperefficace contre les vomissements. La retraite ? C'est clair, ça ne va pas arranger nos affaires. On trouve même des pompes à venin d'occasion. Bien sûr que je t'enverrai une carte ! Deux pantalons maximum. J'ai fait imprimer mon adresse e-mail à l'intérieur des tee-shirts des enfants, ça me fait tout drôle. Venir nous voir ? Quand vous voulez ! Une deuxième paire de lunettes pour Nina. Elles sont un peu trop grandes ? Oui, c'est fait exprès, pour quand elle va grandir. Toi aussi, tu vas me manquer. Des globules homéopathiques multifonctions ? Parfait ! Ce truc ? Je te l'offre, je crois que je n'en ai plus besoin. Non, la caisse de médicaments, c'est vraiment juste en cas d'urgence.

De la super-glu ? Indispensable ! Maintenant, il y en a avec pinceau applicateur, c'est beaucoup plus précis. Indice 60, sérieusement ?

Au bout d'environ cinquante-cinq jours à temps plein, nous avions bien avancé dans la réalisation de nos rêves. Je n'aurais jamais cru qu'un jour les to-do lists deviendraient mes amies, mais celles-ci ont été les plus belles de ma vie. Elles étaient intitulées : *Le voyage*. Ou : *Île déserte*. Ou encore : *Vallée des géants*.

Jusqu'à la dernière seconde avant que notre avion décolle, j'ai cru que ce qu'on appelle la réalité allait finir par nous rattraper. Mais l'avion a cahoté sur la piste, encore et encore, avant de s'envoler. Et nous voilà. Au milieu de la forêt tropicale du Queensland. En train de vivre notre rêve.

"C'est ça, que je veux faire !" Les mots sont sortis tout seuls et un peu trop fort, parce que je viens seulement d'en prendre vraiment conscience.

"Hmm ?" C'est au tour de Nina d'avoir perdu le fil. Tandis que je méditais sur ma vie, elle s'est penchée sur une colonne de fourmis avec des milliers d'ouvrières et les a fait dévier de leur trajectoire. Les fourmis n'ont pas encore trouvé ses pieds. Et qui sait où cette sortie d'autoroute va les conduire.

"Tu m'as demandé ce que je voulais faire plus tard…

— Oui, dit-elle, toujours absorbée par les fourmis.

— Tu vois, je veux faire ce qu'on fait en ce moment. On est ici et on a tout notre temps, on a la forêt tropicale et on fait toutes ces expéditions, on va plonger au récif et se promener dans les montagnes, on découvre de nouvelles choses, Simon apprend

à marcher sur la plage. J'ai toujours voulu être…"
Le revoilà : le mot manquant pour ce que je voulais
faire plus tard. Au sens strict, actuellement, je suis
chômeur. Papi Hans se retournerait dans sa tombe.
"Ce que je veux, c'est ça, là."

Nina me comprend de toute façon. C'est ce qui
est bien.

"Ah bon", dit-elle d'un ton laconique avant de dévier
une autre partie de la colonne de fourmis. Pour elle,
ma révélation va de soi. Elle ne peut pas savoir que
j'ai mis des décennies pour en arriver là. À ses yeux, il
serait parfaitement incompréhensible que quelqu'un
renonce sur le long terme à faire ce dont il rêve.

"Il faut encore qu'on fasse la cérémonie !"
réclame-t-elle.

Pour rire, je lui avais promis que nous ferions
semblant d'avoir découvert un nouveau monde et
d'en prendre solennellement possession. Sauf que je
ne suis pas du tout d'humeur. Je suis encore un peu
retourné par toutes mes réflexions. Ce n'est pas tous
les jours qu'on se rend compte qu'on est en train de
vivre le rêve de sa vie.

"D'accord." Je monte sur une souche d'arbre, je
brandis les mains vers le ciel dans un geste théâtral
et j'ouvre la bouche.

"Attends !" m'interrompt Nina. Elle grimpe à son
tour sur une souche. "Voilà, c'est bon ! Je vous donne
un discours", dit-elle en me montrant du plat de la
main. Mr Simon pouffe de rire.

"Aaalors. Voyons. Nous voilà. Nous avons atteint
le nouveau monde. Notre voyage dure depuis des
mois." Je me rends compte que mon discours rigolo
me met dans un drôle d'état. Je n'ai pas du tout envie
de faire le pitre.

"Nous avons nagé dans des torrents tumultueux, traversé des forêts périlleuses, franchi les sommets de la brume lugubre." J'en fais volontairement un peu trop pour amuser la galerie. Mais je n'arrive pas à me défaire de cette drôle d'impression. Je suis complètement déboussolé. Je dois me racler la gorge.

"Nous avons vécu tellement de choses." Je prends une profonde inspiration.

"Nous avons tant laissé derrière nous pour faire ce grand voyage sur des terres inconnues." Ma gorge est nouée pour de bon. Mon regard croise celui de Vera.

"Et nous sommes parvenus jusqu'ici." Je souris. Ma poitrine se serre.

"Loin de tout!" J'essaye de me ressaisir, mais mes phrases sont de plus en plus courtes. Je n'aurais pas cru que ça puisse me prendre comme ça. Au milieu de ce discours ridicule. Vera se lève pour venir me voir.

"Mes chers, mes fidèles…" Je cherche le mot qui ne m'est encore jamais venu. "Mes chers…

— Aventureurs? propose Nina.

— C'est ça."

320 000ᵉ minute
Port Douglas (16° 29' S, 144° 22' O)
Le Nord tropical du Queensland,
Australie

"PÊCHEUR, PÊCHEUR,
L'EAU A QUELLE PROFONDEUR?"

"Tu crois que j'y arriverai un jour?" Nina était étendue sur la pelouse de l'Anzac Park au bout de la Wharf Street de Port Douglas. Elle avait de l'herbe et du sable fin et clair partout, sur le tee-shirt, dans les cheveux, toute la moitié gauche de son visage était poudrée et les larmes y dessinaient de minces rigoles.

"Allez, mets-toi debout", dis-je en lui tendant la main. Puis je m'aperçois que je la dorlote un peu trop, car il ne s'est rien passé de grave, et j'ajoute aussitôt d'un ton entraînant : "Relève-toi si t'es une Nina!" Avec cette phrase empruntée à l'ancienne nourrice de Nina, Gabi, j'arrivais généralement à lui arracher un sourire quand tout le reste ne fonctionnait plus depuis longtemps. Gabi est un amour de femme, et c'est une fan du FC Schalke 04. Question chutes, ce club de foot s'y connaît. Si j'avais bien compris les récits pleins de nostalgie de Gabi, ces mots avaient été prononcés dans le virage sud du stade de foot de Gelsenkirchen, alors que les gars avaient deux buts à zéro dans la vue, qu'il pleuvait des trombes d'eau et qu'il ne restait que dix-huit minutes de jeu. En temps normal, cette phrase magique avait l'effet d'un pansement pour l'âme. Mais ce jour-là, rien à faire. Sous un soleil radieux, Nina était le désespoir incarné.

L'Anzac Park se trouve à la pointe nord de Port Douglas et débouche sur une grande péninsule de forme presque circulaire qui est entourée par la mer sur trois côtés et bordée par une longue chaîne de hauts palmiers et par quelques autres arbres. C'est vers l'intérieur des terres que se trouve le terrain de jeux. Tout autour de nous, il y avait des enfants en train de chahuter, des hommes qui faisaient des barbecues, des mères avec leurs poussettes, quelques employés de bureau qui s'accordaient une petite pause avec leurs cravates dénouées, les incontournables surfeurs adolescents sur leur planches cirées avec des groupies alcoolisées et des boissons qu'il vaut mieux siroter une fois le soleil couché – du moins si on veut vraiment surfer –, pas beaucoup de touristes.

Nous passions nos journées là-bas, sauf entre 18 h 15 et 18 h 30 : c'était l'heure où des centaines et des milliers de chauves-souris et de roussettes quittaient la ville à tire-d'aile pour rentrer dans leurs forêts et cavernes. On avait alors de bonnes chances de se prendre sur la tête quelque chose de mouillé et qui tombait du ciel. Dès notre quatrième jour à Port Douglas, nous nous étions retrouvés aux premières loges de ce spectacle. Lorsqu'elle avait aperçu les bestioles, Nina était en train de jouer avec un autre enfant sur une cage à poules. Elle s'est aussitôt tournée vers le petit garçon. *Flying foxes*, lui a-t-il répondu en haussant les épaules. En anglais, les roussettes s'appellent "renards volants". J'ai tressailli, et avant même que j'aie pu détourner innocemment les yeux, la question a fusé.

"Papa, ça veut dire quoi, *fox*?" Elle voulait faire une dernière vérification avant de passer aux choses sérieuses.

"Théoriquement : renard", ai-je bégayé.

Elle m'a jeté un regard scandalisé. "Tu as perdu! s'est-elle écriée. Les renards, c'est des chiens, nan ?" Son visage affichait une expression triomphante.

"Théoriquement, les renards sont de la même famille que les chiens, oui." Quelque chose me disait que je n'allais pas m'en sortir aussi facilement.

"En allemand, les roussettes s'appellent *Flughunde* – chiens volants", ai-je poursuivi. En la voyant écarquiller les yeux comme des soucoupes et prendre une profonde inspiration, je me suis empressé d'ajouter : "Ce ne sont pas de *vrais* chiens.

— Et pourquoi ?"

Je me suis creusé la tête. Si mes souvenirs étaient bons, sur le plan phylogénétique, les chauves-souris n'étaient que lointainement apparentées aux canidés. Mais ce n'était pas une explication valable.

"Les roussettes sont plutôt de la famille des chauves-souris."

Nina a haussé les sourcils. Pour couper court à la leçon sur les souris volantes qui s'annonçait, j'ai faiblement ajouté : "Mais les chauves-souris n'ont pas grand-chose à voir avec les souris. Pas plus qu'avec les chiens, en tout cas."

Elle m'a simplement ri au nez : "Et demain, c'est le jour des chats volants, rien que pour papa!"

Je m'apprêtais à sortir une réplique du style "C'est comme ça" ou "Fais-moi confiance", mais à ce moment-là, je me suis souvenu des chats-huants avec leur plumage rayé qui font partie de la famille des chouettes et volent d'arbre en arbre dans les forêts d'Eurasie. Nous n'étions sans doute pas au bout de nos surprises. Je me suis mordu les lèvres, et mon temps de réponse était déjà écoulé. Nina a fait volte-face en pouffant de rire et est retournée grimper sur sa cage à poules. Elle n'était jamais rancunière.

Ce jour-là, nous avions rendez-vous au parc avec des amis. Will s'était, comme toujours, confortablement installé sur des rochers qui faisaient office de sièges et observait l'agitation estivale sur la pelouse tandis que Chris était occupé à tendre sa *slackline* entre deux palmiers sans abîmer leur écorce. Non loin de là, Jesse et Robby répétaient leur spectacle pour le marché d'artisanat du dimanche suivant. Parfois, les sons du hang de Jesse venaient nous chatouiller les oreilles.

L'un de nos jeux favoris était une version adaptée de "Pêcheur, pêcheur, l'eau a quelle profondeur?" Le but était de franchir l'"océan" de quinze mètres de long qui séparait la cage à poules de deux palmiers, et ce de différentes manières aussi inventives que possible. Nous venions de le faire en sautant à cloche-pied, la fois d'avant en rampant, et la fois encore d'avant en crabe. Chez nous, il n'y avait pas de chat. À part peut-être Mr Simon. Il avait appris à marcher sur Four Mile Beach, à Port Douglas, et à la grande indignation de Nina, il lui arrivait désormais de s'incruster et de venir dans ses pattes alors qu'elle s'escrimait à se déplacer selon la consigne. C'était un jeu auquel nous nous étions mis à jouer spontanément, mais j'avais sauté sur l'occasion, et depuis, je "proposais" régulièrement une partie. Si je participais, j'avais de bonnes chances d'entraîner Nina, l'air de rien, dans une série d'exercices de motricité. Où, si ce n'est ici, aurait-elle le temps de faire les milliers de tentatives dont elle avait besoin plus que les autres ? J'y tenais vraiment.

Il y avait tout de même une ombre au tableau, car ces exercices gâchaient souvent l'ambiance et se terminaient régulièrement dans les larmes, comme ce jour-là. Nina était très tenace, et quelque part, c'est elle qui était à l'origine de cet entraînement intensif. Mais comme tous les enfants, elle avait ses limites. Elle était assise à côté de moi à sangloter. À mi-chemin, alors qu'elle était en train de sauter à cloche-pied, elle était tombée pour la troisième fois et avait fini par renoncer.

Vera s'était approchée de nous, avec Mr Simon dans les bras. Elle m'a dit à voix basse : "Je crois qu'elle en a assez.

— On ne fait que s'entraîner. On va réessayer encore une fois", ai-je répondu.

Vera n'était pas d'accord. "En vrai, c'est votre jeu ou encore un de tes projets ?"

Je me suis senti agressé. Elle n'avait sans doute pas complètement tort.

"N'importe quoi.

— Tu l'as bien encouragée."

Une voix a retenti dans mon dos : "Je ne vais jamais y arriver !"

J'en avais presque oublié que Nina était assise derrière moi dans la poussière.

"Je ne deviendrai jamais pompier, hein ? Jamais !" Maintenant que Vera était là, Nina savait qu'elle avait le droit de redoubler de désespoir.

Je me suis mordu les lèvres. Sans penser à mal, notre voisin avait raconté à Nina tout ce que les pompiers devaient savoir faire. Pour exercer ce métier, il fallait avoir une forme olympique, et même chose pour entrer dans la police. Du coup, Nina s'était mis en tête qu'elle devait faire de l'escalade, glisser sur la barre de pompier du terrain de jeux, courir vite, porter des objets lourds et ainsi de suite. À croire que son avenir professionnel se jouait sur cette pelouse.

Cette histoire de pompier me rendait malade. Nina n'était même pas capable de voir en trois dimensions. Quand elle voulait allumer une bougie, elle brandissait l'allumette (les longues, évidemment) à trois centimètres de distance de la mèche en attendant patiemment qu'elle s'embrase. Et il y avait toute la liste de termes grecs que les médecins employaient à son sujet… Sans compter qu'elle aurait transformé la moindre intervention d'urgence en un spectacle de cirque inoubliable. "Dégagez la piste ! Aujourd'hui, nous vous présentons : notre brigade de pompiers unique au monde, avec bâche de sauvetage magique qui fait trampoline, bataille d'eau haute pression, explosion du tuyau-serpent géant, concours de déguisements et démonstration pyrotechnique improvisée. Petites saucisses grillées et craies à dessin pour tout le monde. Venez en prendre plein la vue !" Non. Il n'y avait aucune chance que ce rêve se réalise un jour.

J'ai articulé un "Attendons de voir". Je ne veux surtout pas la priver de ses rêves. Et je préfère qu'elle apprenne à se battre plutôt que de baisser trop vite les bras. Que pouvais-je répondre à Vera ?

"On peut réussir plein de choses à condition de se battre", ai-je dit en lui jetant un regard de défi. Mais Vera me connaît, et elle savait que je n'étais pas dans ma phase la plus réceptive.

"Qu'est-ce que vous diriez d'aller continuer votre combat tous les deux au Café Origin pour que Nina boive un chocolat ? Sarah et moi, on va préparer le pique-nique ici, et quand vous reviendrez, on pourra manger", a-t-elle proposé.

Après un coup d'œil à Nina, qui avait instanta-
nément retrouvé sa bonne humeur à la mention du
chocolat, j'ai grommelé : "OK, c'est peut-être une
bonne idée de faire une pause." J'ai fait exprès d'insister
sur le mot "pause". En réalité, j'étais bien content de
m'être fait avoir, mais ce n'était pas la peine de trop
le montrer. Quand les rêves de Nina risquaient de
lui rester à jamais inaccessibles, j'avais du mal à gérer.

Nous sommes donc partis en traînant des pieds
à l'Origin, notre QG, qui faisait partie des lieux
emblématiques de notre été. La perspective du café
et du chocolat rendait nos pas plus légers. Pour moi,
l'Origin est l'un des endroits les plus sympas de la
côte est : l'équipe et les clients y sont toujours de
bonne humeur. Glenn, qui s'est autoproclamé *barista*,
réussit le tour de force de faire un café au goût chaque
fois différent et souvent parfaitement improbable,
alors qu'il en fait toute la journée et n'a qu'une sorte
de grains sous la main. Tous les matins, il prend
yeux fermés une petite gorgée de sa première tasse
et décrète avec satisfaction que, cette fois, le café a
exactement le goût prévu. Le chocolat, en revanche,
est on ne peut plus fiable : il est tellement chocolaté
que les cuillères y restent plantées et que les enfants
auraient donné cher pour vivre à l'Origin.

Quoi qu'il en soit, nos pas nous y ramenaient sans
arrêt et comme par hasard, alors que le café était
situé un peu à l'écart et qu'il n'y avait aucune raison
de passer par là. C'était aussi là que j'écrivais mon
journal, lisais la presse et me liais peu à peu avec les
gens du coin. Les habitués étaient le meilleur atout
de l'Origin. J'avais fait la connaissance de Christy,
qui gagnait sa vie en tirant les cartes aux gens pour
leur donner des conseils. En Australie, les salaires

sont bien une fois et demie plus élevés qu'en Alle-magne, ce qui est aussi valable pour la profession de médium. Deux tournées extralucides par jour (l'avenir était en supplément) suffisaient à Christy pour mener un train de vie confortable. Parfois, et même si elle me l'avait strictement interdit, j'écou-tais discrètement ses séances. Quand j'entendais les histoires que les gens lui déballaient, je me disais qu'elle avait bien mérité cet argent. Ensuite, il y avait Ron, un instructeur de vol un peu taciturne qui débarquait au café au pas de l'oie, sans un mot ni un regard, pour disparaître derrière son journal. Mais pour mon anniversaire, Vera m'avait offert un vol en ULM avec lui, et malgré mes véhémentes protestations, Ron m'avait laissé le volant à quatre cents mètres de hauteur pendant deux moites et interminables minutes de pure terreur sans que nous y laissions notre peau. Depuis, il s'était visiblement pris d'affection pour moi, et il nous arrivait même d'échanger quelques mots à l'Origin.

C'était en général l'après-midi que passait Sabrina, la sublime cuisinière venue du Portugal qui rêvait depuis toujours de faire à manger à des gens qui avaient *vraiment* faim. Pendant des années, elle avait dû se contenter des touristes fortunés des hôtels de luxe, et ces gens-là ont souvent nettement plus d'ego que d'appétit. Mais depuis peu, sa fille comblait enfin tous ses désirs. Lou avait toujours faim et ne boudait pas son plaisir. Elle s'était aussi arrogé le titre de pre-mière petite amie de Mr Simon. Elle devait trouver qu'il avait de beaux yeux. Tous les deux, ils ont passé un certain nombre d'après-midi à s'échanger des moules pour pâtés de sable, sachant que pour une petite fille de un an à moitié portugaise, et à la grande surprise de Mr Simon, le bécotage faisait partie intégrante d'une amitié digne de ce nom. Les voir ensemble me faisait penser à mes atermoiements d'adolescent. Juli Schipp avait été la première fille à qui – à l'âge avancé de seize ans – j'avais demandé, avec des phrases compliquées et emberlificotées, si, sur le papier, ce ne serait pas une bonne idée que nous, en partant du principe que, et dans l'absolu. Juli n'était pas une novice en bécotage, et elle avait tout de suite compris. Contrairement à moi, elle savait aller droit au but : "Nan."

L'attaque de bisous à la portugaise était une méthode nettement plus efficace : Lou s'approchait à quatre pattes de son partenaire de jeux, lui tendait un moule et, dès qu'il était concentré sur autre chose, pressait fermement son petit museau contre le sien, jusqu'à ce que, faute d'autres échappatoires, Mr Simon se laisse tomber en arrière. J'étais ravi de les voir faire à deux l'expérience de la vie.

Celle qui n'allait pas du tout avec le café, c'était Heloise la jalouse, comme nous l'appelions. Elle possédait dans le centre-ville un café-librairie qui ne marchait pas très bien et dont l'accès était interdit aux chiens, aux chats et aux enfants ainsi qu'elle me l'avait expliqué en fulminant la fois où Nina avait eu le culot de prendre précautionneusement un livre sur une étagère. Alors qu'on voyait bien que c'était un livre pour adultes. Heloise était prête à tout pour percer le secret de l'ambiance toujours au top de l'établissement de Glenn, qui tenait, selon elle, à sa recette de café inexistante. Mais elle avait beau aller régulièrement se tapir avec son gobelet au fond de l'Origin, y trempant les lèvres d'un air méfiant, secouant la tête, reprenant une petite gorgée, elle refusait tragiquement de comprendre que, pour passer du bon temps avec les gens, il faut d'abord les apprécier.

Jim, blond, bien bâti, hâlé par le soleil et doté d'un humour irrésistible, était tout le contraire de Heloise. Il avait fait des belles touristes russes sa spécialité, programme explicite auquel il se consacrait plusieurs jours de la semaine non sans un certain succès. L'Origin était son refuge : il y fixait son dernier rendez-vous avant de passer à l'acte, et à cette occasion, il ne manquait jamais de montrer combien il était ami avec toutes les personnes présentes. Et il faut dire que c'était un type adorable, toujours le mot pour rire les rares fois où il venait seul, et serviable avec ça. Sauf le jour où nous lui avions demandé s'il ne pouvait pas, pour une fois, aller s'asseoir près de Heloise la jalouse : là, il s'était troublé. C'était trop demander. Surtout qu'elle n'avait pas "l'air russe".

Et puis, il y avait "le pauvre monsieur".

Il me semblait l'avoir déjà vu plusieurs fois, attablé sur la terrasse de Grant Street, mais nous n'avions jamais entamé la conversation. Il n'avait pas spécialement retenu mon attention. Mais cela devait radicalement changer ce jour-là, où il a fait à l'Origin une entrée particulièrement remarquée. J'ai entendu la musique avant de le voir approcher. Il conduisait un tricycle pour handicapé avec une drôle de remorque et se dirigeait tout droit vers la table à côté de la nôtre. Le moteur électrique bourdonnait selon différentes fréquences en fonction de la vitesse. Son visage était marqué par le temps, mais il avait des traits fins et délicats avec des yeux étonnamment brillants. Un petit sourire aux lèvres, il a prudemment manœuvré son tricycle en direction de la table voisine en se frayant, avec précaution et détermination, un large passage à travers les chaises que les clients avaient laissées traîner.

L'arrivée à la table était un petit exploit sur mouchoir de poche : en avant, en arrière, un peu plus près, encore en avant, en arrière, et c'était plus ou moins bon. Il devait avoir une radio portable dans sa remorque, car l'une des chansons absurdes des Monty Python se mêlait aux tubes diffusés par Glenn dans le café. À deux mains, Nina a attrapé ma tête pour la coller contre son visage, ce qui était certainement la manière la moins discrète d'être discrète, et elle m'a chuchoté : "Le pauvre monsieur !"

Manifestement, il fait partie des meubles. La plupart des habitués le saluent d'un sourire amical, et après quelques minutes, sans qu'on lui ait rien demandé, Glenn vient poser devant lui un gobelet sur un plateau. Un signe de tête franc et avenant accueille son "Salut, Rob ! Comment va la vie ?"

Sauf que son plateau donne du fil à retordre au dénommé Rob : il n'arrive pas à le mettre en face de lui, car la table qui vient d'être essuyée est encore humide et le plateau n'arrête pas de glisser. Rob observe la scène avec un sourire, comme si ce n'était pas son bras qui s'escrimait par à-coups.

"Le pauvre monsieur, répète Nina un peu plus fort parce que j'ai volontairement ignoré son premier commentaire.

— Je crois qu'il s'appelle Rob, je réponds un peu sèchement.

— Lui non plus, il ne pourra pas être pompier."
Quelle journée…

"Nina, écoute-moi. Tu sais marcher. Tu sais faire plein de choses. Il faut juste que tu t'entraînes beaucoup, et ça va le faire." Je m'efforce de prendre un ton encourageant.

"Et si je n'y arrive jamais ?

— Parfois, on ne réussit qu'après avoir raté plein de fois", je tente. Mais ce n'est pas franchement convaincant.

Alors j'ajoute : "Et puis, tu pourras toujours être la meilleure gardienne de zoo du monde, pas vrai ?" en lui donnant un petit coup de coude. Je ne suis pas peu fier de cette pirouette. Et de fait : un petit sourire se met à flotter sur ses lèvres avant d'être de nouveau chassé par les soucis. Cette histoire risquait bien de devenir un problème récurrent. Au moins, l'arrivée du fameux chocolat a ramené un semblant de satisfaction.

Quelques jours plus tard, alors que Nina et moi sommes installés sur Four Mile Beach à jouer au Uno avec un jeu qui ne comporte plus que trente-quatre des cartes originales et environ dix-neuf jokers improvisés en feuilles de badamier, ce qui rend la partie beaucoup plus fluide, nous entendons à nouveau le bourdonnement du tricycle électrique, mêlé à des bribes de Tom Waits. Puis Rob apparaît sur la berge.

"Oh ! Le pauvre monsieur ! Qu'est-ce qu'il fait ici ? demande Nina.

— Il ne s'appelle pas « le pauvre monsieur ». Il s'appelle Rob, je réplique d'un ton sans appel. Je te l'ai déjà expliqué plusieurs fois. Alors dis « Rob » s'il te plaît !

— Le pauvre monsieur s'appelle Rob", rétorque Nina avec entêtement.

Rob nous fait joyeusement signe de la main. Ces derniers temps, nous l'avons souvent croisé. Le moteur électrique peine à escalader la berge. Jusqu'à ce que la roue avant bascule sur le côté et s'enfonce dans le sable. Terminus pour Rob, je pense. Mais il ne s'arrête pas là. Il se met à genoux. Par terre. Je m'aperçois qu'il a attaché une sorte de chiffon autour de ses genoux pour ne pas se les écorcher. Il fait le tour de son tricycle à la force de ses bras et tire vigoureusement sur l'épaisse armature en aluminium de sa remorque. C'est un genre de char à voile. L'engin doit peser au moins vingt kilos. Le souffle court, Rob en sort un genre de bâche ou de tente. Comme le vent n'arrête pas d'enrouler la toile autour de lui, il disparaît presque dedans. Les cordes accrochées dessus s'emmêlent dans le char, mais à force de patience, Rob parvient enfin à mettre un peu d'ordre dans ce méli-mélo battu par le vent. Il ne s'agit pas d'une tente, mais d'une de ces grandes voiles de kite. Rob finit par s'asseoir sur le sable.

Nina me regarde avec de grands yeux sans rien dire. Rob pose le cerf-volant plié sur ses genoux. Il enfonce ses deux poings dans le sable, presque jusqu'aux poignets. Puis il s'éloigne du buggy à reculons avant de se rasseoir par terre. Et de replanter ses poings dans le sable. Ses muscles se dessinent sous son tee-shirt. Nouvelle impulsion vers l'arrière. Trente centimètres – un pas. Ou comment appeler ça ? Rob laisse une marque dans le sable. Tous les trente centimètres, deux empreintes de poings, et dans l'intervalle, une rigole creusée par ses jambes. On dirait presque les traces de tortues géantes que nous trouvons parfois sur la plage le matin. Une autre impulsion. Je suis fatigué rien qu'à le regarder. N'importe quel prof de fitness se serait déjà effondré sur le sable en pleurant. Mais Rob lutte contre la pesanteur avec calme et obstination.

Les lignes de la voile font bien quinze mètres de long. C'est une distance qui semble insurmontable.

Pêcheur, pêcheur, l'eau a quelle profondeur ?
On n'en voit pas le fond.

Nina ne dit toujours rien, mais elle se blottit contre moi. Il faut cinq bonnes minutes à Rob pour réussir à tendre les lignes et à déplier soigneusement la toile à proximité de l'eau. La voile est posée dos au sol. Et il s'écoule encore un petit moment avant que Rob parvienne enfin à se glisser sur le siège du buggy et à caler tant bien que mal ses jambes dans les boucles sous le guidon. Avec sa poitrine qui se soulève à toute vitesse, Rob tire prudemment sur les lignes jusqu'à ce que le vent gonfle la toile. Pour finir, la voile se déploie. À vue de nez, elle doit faire dans les cinq mètres carrés, et sans ceinture de trapèze, ce genre d'engin doit être difficile à manier. Le char se déplace de quelques centimètres en direction de la mer. Rob se bat contre la barre sur laquelle sont fixées les lignes. Une secousse traverse son buste nerveux, et il avance de plusieurs mètres. Encore une secousse, cette fois plus forte, la voile dessine une sorte de huit dans le ciel. L'engin accélère, passe devant nous, vire de bord vers l'intérieur des terres et prend de la vitesse. Toujours plus vite. Les roues se mettent à cogner, et la voile siffle dans les airs, le sable jaillit de part et d'autre. Toujours plus vite, et Rob file à toute allure, plus de cinquante kilomètres-heure. Parfois, on dirait que le char ne touche plus le sol : dans les virages, il bascule dangereusement sur deux roues pour ralentir avant de repartir de plus belle.

Nina ne dit toujours rien. À mon grand étonnement, depuis que nous avons aperçu Rob sur la plage, elle n'a pas prononcé un mot. Pour elle, c'est un genre de record. Sur le chemin du retour : silence. Mais plus nous approchons de la maison, plus ses pas s'accélèrent.

Lorsque nous arrivons sur la terrasse, elle se précipite immédiatement dans la cuisine, et elle s'exclame enfin : "Maman! On était avec Rob!

— Qui est Rob? demande Vera en se tournant vers moi.

— Le pauvre homme", dis-je d'un ton laconique.

Vera me jette un regard interrogateur. Mais je n'ai pas le temps de fournir plus d'explications. Nina n'a pas entendu ma remarque, et elle continue à babiller avec excitation : "Rob est un pilote de course! Avec un cerf-volant. Il est incroyable. Il sait quasiment voler! Sur un tricycle. Vraiment! On était à la plage et on jouait au Uno, et là…"

J'ai refermé la porte de la terrasse, et la voix excitée s'est tue. À travers la vitre teintée, je voyais Nina plantée devant Vera en train de gesticuler, à lui raconter dans les moindres détails l'événement de la journée.

Au bout d'un moment, la porte de la terrasse s'est ouverte, et Vera est venue s'asseoir près de moi.

"Et maintenant? a-t-elle demandé.

— Comment ça?" Je savais bien ce qu'elle voulait dire.

"Maintenant, elle veut *quand même* devenir pompier à tout prix.

— Je sais. Mais c'est bien qu'elle comprenne que ça vaut la peine de se battre pour ses rêves, non?"

J'étais complètement désemparé. Je n'étais pas programmé pour ça. Je savais me battre. Et depuis toujours. À l'institut, quand quelque chose n'était soi-disant pas possible, j'étais incapable de m'y résoudre. Et si notre voyage avait abouti, c'était entre autres parce que, malgré un chemin semé d'embûches, nous n'avions pas baissé les bras. Mais j'étais aussi conscient que mon esprit combatif me jouait parfois des tours.

Ce soir-là, j'ai ouvert mon journal et je suis retourné quelques pages en arrière. Le passage n'était pas loin… Là, *Les aventureurs,* et un peu avant : *Ça vaut la peine de se battre pour ses rêves!* Dans la marge d'à côté, j'ai écrit : *Toujours?* Et ensuite, coincé entre deux lignes : *Et si un rêve ne peut pas se réaliser?*

322 000e minute
Port Douglas (16° 29' S, 144° 22' O)
Le Nord tropical du Queensland,
Australie

ROB ET LA LÉGÈRETÉ DE L'ÊTRE

En observant Rob monter sa voile, je m'étais promis de lui dire combien j'avais été impressionné. J'en profiterais peut-être pour lui raconter l'effet que cette scène avait eu sur Nina. Au fond, c'était d'elle qu'il s'agissait. Quoi qu'il en soit, je comptais faire un détour par l'Origin ce matin-là. Par chance, Nina avait voulu aller tôt au centre aéré : c'était son anniversaire, et elle attendait avec impatience la petite fête prévue avec les autres enfants. Nous étions contents de lui avoir trouvé ce centre à Port Douglas, d'abord parce qu'un tuyau d'arrosage y faisait office de douche extérieure – certains jours, les températures grimpaient bien au-dessus des trente degrés –, mais aussi parce que Mr Simon avait également le droit de venir s'il en avait envie. Les enfants s'étaient rapidement fait leurs premiers amis, parmi lesquels Lou. C'était particulièrement important pour nous, car lors de notre voyage en Thaïlande, ils avaient rarement eu l'occasion de jouer avec d'autres enfants.

Alors que j'étais en route pour l'Origin, mon projet m'a soudain semblé curieux. Je m'étais persuadé que ça ferait plaisir à Rob. Mais personne ne venait me voir, moi, pour me féliciter d'être monté sur un vélo. Ou était-ce autre chose qui me poussait à y aller ?

Bref, maintenant, il est trop tard pour faire demi-tour – toute la clique m'a déjà aperçu. Glenn me fait un petit signe tout en nettoyant une table. Lorsque j'entre dans le café, Christy me lance un regard d'avertissement, ce qui doit signifier qu'elle est en entretien avec un client. À ses côtés est assise une femme aux cheveux courts et tout blancs qui est déjà venue s'épancher la semaine dernière. À croire que le monde est plein de gens qui en cherchent d'autres pour vider leur sac.

Rob est là aussi. Je m'installe à la table d'à côté. Comme à son habitude, il a garé son tricycle près de lui. Il est en train d'essayer d'attraper son gobelet. Quelques gouttes de café se renversent sur sa main aux mouvements saccadés. Sourire. Lorsqu'il trempe les lèvres dans son gobelet, un grommellement satisfait s'élève de son côté. Le café goutte jusque sur sa cuisse avant de dégouliner lentement le long de sa jambe. Je n'arrive pas à détourner les yeux. C'est à peine supportable de voir cette goutte de café couler sur quelqu'un. Ça me stresse : je réprime tant bien que mal l'envie de prendre une serviette pour l'essuyer. Soudain, je me rends compte que Rob m'observe depuis le début. Il n'est qu'à un mètre et demi de moi. Quels yeux il a! D'un turquoise étincelant. "Bonjour", dit-il avec un drôle d'accent, et ses yeux se mettent à pétiller. Une infinité de petites rides de rire se dessinent. Lorsqu'elles disparaissent, je vois que la peau est plus claire dans les interstices. Malgré l'air avenant de Rob, j'ai l'impression d'avoir été pris en faute. Mon "Bonjour, Rob" sort un peu trop vite.

Il ajoute quelques mots. Je ne l'ai encore jamais entendu parler. Je ne vois pas ce que ça pourrait être d'autre que "Comment allez-vous?", même si ce n'est pas vraiment ce qu'on entend. Il étire les voyelles, et il mange les consonnes entre elles.

"Bien, merci. Et vous?" Je lui fais un signe de tête appuyé, pour qu'il ne se fatigue pas à me serrer la main.

"Très bien, merci!" Il me tend quand même le bras. Sa paluche enveloppe la mienne comme celle d'un enfant. Et pourtant, j'ai d'assez grandes mains. Ses yeux pétillent toujours, à croire qu'ils n'arrêtent jamais. Sa poignée de main est phénoménale. Quand j'étais petit, je descendais à la cave où la sciure restait accrochée aux chaussettes et où il régnait une merveilleuse odeur de colle et de bois, et je glissais ma main dans l'étau de grand-père. Puis, de ma main libre, je tournais prudemment la manette jusqu'à ce que les losanges des mâchoires métalliques s'impriment dans le gras de mon pouce. J'ai l'impression que tout, chez ce type, est immense : sur ses biceps athlétiques, on voit chacun de ses muscles. Je repense à lui la veille, en train de planter ses poings dans le sol. L'étau se desserre. Je lui refais un signe de tête tout en vérifiant que je peux encore bouger tous les doigts de ma main droite.

"Comment vous appelez-vous?" demande-t-il poliment. C'est là que je me rends compte que je ne me suis même pas présenté, alors que je l'ai appelé par son prénom. Il n'a pas l'air de s'en être formalisé.

"Wolf, enchanté", dis-je. Je suis encore intimidé, et pas franchement à mon aise. Dans ma tête, j'ai deux niveaux de pensées en simultané, et je n'ai jamais été multitâche. Le mieux que je puisse faire, c'est un absurde "*What are you doing* – Qu'est-ce que vous êtes en train de faire?" qui sort tout seul de ma bouche. Mon Dieu. Que répondre à ça ? Rob me jette un regard interrogateur et éclate de rire. Il se met à tousser, et sur le coup, j'ai peur que la toux ne l'emporte. Mais le rire finit par s'imposer.

"Je crois… que je suis en train de boire mon café." Puis il s'esclaffe, s'étrangle de plus belle et, d'un geste saccadé et comme au ralenti, me donne de son poing géant une bourrade sur l'épaule, tout doucement, sans quoi il m'aurait envoyé valser au bas de ma chaise. La glace est brisée, Rob m'a délivré de ma stupide timidité. Sa légèreté est à la fois troublante et irrésistible. L'espace d'un instant, j'oublie que, la veille au soir, il était en train de se traîner dans le sable centimètre après centimètre : l'image n'est plus là. Nous échangeons un regard. Et à mon tour, je me mets à rire de moi. Ça fait du bien.

À compter des premiers signes indiquant que quelque chose n'allait pas, un étrange malaise non identifiable, il ne s'est écoulé qu'une demi-heure avant que la paralysie commence à gagner ses jambes. Comme chaque jour, Rob était sorti en bateau et naviguait dans les eaux autour de Port Lincoln, à quinze bons milles marins de la côte, tout au sud de l'Australie. C'était un matin clair et ensoleillé, comme aujourd'hui. Houle modérée. Le virus était sans doute dans son organisme depuis quelques jours sans que Rob l'ait remarqué – le temps d'incubation n'est que de cinq jours : si on n'est pas médecin et qu'on ne réagit pas à temps, on n'a aucune chance de s'en sortir. Rob était pêcheur. Ce jour-là, un jour comme les autres, il a été pris de vertiges de plus en plus violents, et les autres membres de l'équipage ont commencé par le chambrer. Lorsque, à peine trois heures plus tard, ils l'ont enfin débarqué sur la terre ferme, il n'était déjà plus capable de tourner la tête et ses mains ne répondaient quasiment plus. L'encéphalite virale avait attaqué les connexions nerveuses du tronc cérébral et commencé par là son irréparable œuvre de destruction. Au cours des douze heures suivantes, Rob avait perdu le contrôle d'une partie de son corps, ainsi que son métier de pêcheur, sa source de revenus et tous ses projets d'avenir.

Le récit de Rob ne dramatise rien. Et il n'est pas non plus spécialement lapidaire. C'est un compte rendu factuel de lointains événements.

"C'est toi qui as posé la question, me dit-il avec un petit sourire en voyant la tête que je fais. Ne te laisse pas abattre… On est au soleil et on profite de cette journée."

La phrase résonne à mes oreilles. On n'y entend que le soleil, cette belle matinée et la brise légère. L'histoire du pêcheur qui a tout perdu du jour au lendemain n'a laissé aucune trace dans sa voix. J'attrape mon gobelet. Plongés dans nos pensées, nous passons un petit moment à siroter nos cafés. Puis je me rappelle pourquoi je suis venu m'asseoir près de Rob. De quoi prendre un peu de distance avec son histoire.

"On t'a vu, hier. Je voulais te dire que j'ai été vraiment impressionné par ta manière de déployer la voile.

— Merci, c'est gentil." Il sourit. Puis il me regarde droit dans les yeux. C'est curieux : sur son visage, il n'y a aucune tentative de pose. D'habitude, quand quelqu'un joue son rôle favori, il y a comme une vitre teintée entre lui et nous, mais pas cette fois.

Au contraire, j'ai le sentiment qu'il me laisse lire en lui comme dans un livre ouvert.

"Tu voulais me poser une question ? dit-il en souriant.

— En fait, non." Je suis un peu déstabilisé, car je viens de me demander ce que je suis venu faire ici. Sur le ton de l'autodérision, j'ajoute : "C'était juste pour te dire à quel point j'ai été impressionné. On t'a vu te battre, centimètre après centimètre.

— Se battre, c'est important…", dit-il pensivement.

Oui, voilà. C'est ce que je veux dire. Il faut se battre pour ses rêves. Ne pas baisser les bras. Enfin, je l'entends de la bouche de quelqu'un qui sait de quoi il parle.

"… mais ce n'est qu'un petit bout du chemin", poursuit-il. Je me suis réjoui trop vite.

"Hmm", fais-je dans ma barbe. Je n'ai aucune idée d'où il veut en venir.

"Après avoir perdu mon ancienne vie, j'ai passé plus d'un an à me battre pour la récupérer. Des milliers de séances de rééducation, du matin jusqu'au soir. Tu imagines un peu ?"

Je hoche la tête. Oui, je ne vois que trop bien de quoi il parle.

"À la fin, j'étais complètement crevé et frustré. À force de me battre, je n'étais même plus capable de rire. Il n'y avait plus de légèreté dans ma vie."

Je hoche de nouveau la tête. J'ai beau n'avoir qu'une vague idée de là où il va, quelque chose en moi freine déjà des quatre fers.

"J'ai dû arrêter de me battre. Mes rêves d'avant étaient perdus pour toujours. La mer, c'était ma vie. Et aujourd'hui, je ne suis même pas capable de nager." Il me regarde. Pour la première fois depuis que je l'ai rencontré, son visage est grave.

"OK, je comprends", dis-je même si ce n'est pas vrai. Puis je me reprends : "Mais hier, quand même : si tu ne t'étais pas battu, tu n'aurais pas volé, pas vrai ?

— Se battre, c'est hisser les voiles. Comme moi hier sur le sable", dit Rob. Il retrouve enfin son rire. "Mais pour voler, il faut surtout du vent !"

Je continue à hocher la tête, incapable de réagir autrement.

"Je ne peux pas me battre pour récupérer mon ancienne vie. Le vent ne dépend pas de nous. Il ne va pas souffler plus fort sous prétexte qu'on se bat, qu'on l'espère ou qu'on l'attend…" Il scrute mon visage. Mon état d'esprit n'est sans doute pas difficile à deviner. Sa voix se retire.

"À propos de vent." Il se tourne vers les palmiers de l'autre côté de Grant Street. C'est un mouvement de centenaire. Les feuilles s'agitent sous les bourrasques. "C'était une sacrée conversation… Il faut que j'y aille. Si tu veux, on continue cette discussion une autre fois ? Aujourd'hui, c'est *side-shore*, le vent souffle parallèle à la plage ! On doit déjà avoir dix-sept nœuds, les conditions idéales pour une sortie !" Ses yeux se remettent à briller, comme ceux d'un enfant qui reçoit un cadeau.

"Le café, c'est pour moi", dis-je tandis qu'il commence à préparer son tricycle. La radio s'allume, ce sont les nouvelles locales du Nord Queensland. "Wolf, *take care* – prends soin de toi !" Poignée de main en étau.

Même après qu'il a tourné au coin de Grant Street, j'ai continué à suivre Rob du regard. Tout ça ne me plaisait pas du tout. Quelque part, je me sentais un peu pris en faute – j'ai repensé aux pensées moroses qui m'assaillaient parfois quand je jouais avec Nina. Et à ses larmes à elle à l'Anzac Park. C'était l'inverse de la légèreté de Rob. Notre conversation me rappelait un autre souvenir désagréable : la dispute dite "des biscuits chinois" que j'avais eue à Bonn avec Anna Amsel, environ deux ans avant notre voyage. C'était encore l'époque où je m'escrimais à vouloir imposer ma conception de la vie alors que tous les éléments étaient contre nous. Je m'étais précipité chez elle : après tout, c'était une pro. Sa réponse avait été aussi peu à mon goût que ma conversation avec Rob. Elle m'avait parlé des deux voies du bonheur : on pouvait essayer d'adapter la réalité à ses rêves. Une solution aussi prometteuse que laborieuse. Visiblement, j'étais expert en la matière. Ou bien, on pouvait faire l'inverse et adapter ses rêves à la réalité. Y avais-je déjà réfléchi ? Les spécialistes du bonheur avaient découvert qu'avec la seconde méthode, on était nettement plus "satisfait" de sa vie. En revanche, être heureux ne s'envisageait pas sur le long terme. Le bonheur est un peu comme ces minuscules particules d'atomes – bosons de Higgs, Hops et autres quarks – que les physiciens cherchent désespérément parce qu'elles n'existent même pas vraiment. Ça va, ça vient. Je m'étais mis en colère pour de bon. Ces stupides spécialistes du bonheur, qui me tapaient déjà depuis un moment sur le système. Je les voyais comme des individus repus de satisfaction qui passaient leurs journées à feuilleter des catalogues Manufactum périmés en buvant de la tisane aux orties et en offrant aux autres des biscuits chinois aux conseils incompréhensibles. Exactement comme tous ces pseudo-bouddhistes qui poussent partout comme des champignons et vous rebattent les oreilles avec le "lâcher prise". Écoute, il faut juste que tu "lâches prise". Ce n'est pas compliqué : "OK, à partir de maintenant, mon plus grand rêve, c'est une glace esquimau." Et hop : tout le monde est content. Pour les autres rêves, il suffit de bien lâcher prise. Anna Amsel avait dû toucher le même point sensible que Rob ce jour-là.

Je le savais bien : ce n'est qu'après avoir accepté de renoncer à mener une vie normale à Bonn que nous avions pu envisager de partir. En ce sens, le "lâcher prise" avait effectivement joué un rôle. Sur ce point, d'accord... Mais se la couler douce et revoir nos attentes à la baisse n'allait pas régler les problèmes de Nina. Le meilleur exemple, c'était les métiers qu'elle rêvait de faire, comme devenir pompier. S'il y avait le moindre espoir de ce côté-là, rien ne se concrétiserait tant que nous resterions à attendre que le vent ou la chance tourne en notre faveur. Prendre son mal en patience en buvant de la tisane aux orties. Et au fait, bonne chance...

Mon gobelet était froid et à moitié vide. J'ai réglé la note pour Rob et moi, et je me suis mis en route. Je devais me ressaisir, car le programme du jour était chargé en préparatifs d'anniversaire. Il y aurait un gâteau pour le goûter : faute de talents culinaires, je n'étais pas réquisitionné en cuisine, mais pour le soir, nous avions prévu un feu de camp – une activité suffisamment archaïque pour que je prenne naturellement les choses en main. Avec un peu de chance, ramasser du bois sur la plage me permettrait de me défouler. Vera avait prudemment fait remarquer qu'il était strictement interdit de faire du feu là-bas et qu'en tant que nouveaux venus, nous ferions peut-être mieux de respecter les règles. Et c'est ainsi qu'avait eu lieu le premier vote dans l'histoire de notre famille avec la participation de Mr Simon en personne. Comme Nina, en ce jour particulier, disposait de trois voix, nous l'avions emporté à pas moins de cinq contre un. C'est ça, la démocratie. Avec l'aide des enfants, j'ai donc ramassé une bonne quantité de bois. Les immenses bases foliaires des palmiers brûlent au moins aussi bien que le petit bois de la Basse-Rhénanie, et les noix de coco fibreuses sont également un combustible formidable.

Puis le grand moment est arrivé : la fête de Four Mile Beach pouvait commencer. À la tombée de la nuit, nous avons allumé le feu. C'était magnifique. Nous avions concocté un délicieux repas : pommes de terre et filets de poisson mariné au thym et à l'ail en papillote, bananes rôties au miel, les incontournables petites saucisses, du pain frais – c'était divin. Chris, Sabrina et Lou étaient de la partie, ainsi que nos voisins et quelques autres amis, nous avions mis de la bonne musique. Bientôt, la nuit s'est déployée sur Port Douglas comme un manteau sombre. Ce sont d'abord les maisons de Solander Boulevard qui ont disparu, puis les palmiers autour de nous, et pour finir, on aurait pu croire qu'avec notre feu, nous étions les seuls êtres humains sur une petite planète de sable qui suivait sa trajectoire dans l'obscurité de l'univers.

Mais d'un coup, nous nous retrouvons cernés de tous les côtés par de monstrueuses silhouettes. Deux gigantesques camions de pompiers de la brigade de Port Douglas et de Mossman sont garés au tournant du boulevard avec leurs gyrophares allumés. "*Step back* – Reculez!" me hurle une voix. Je lève les yeux. Cinq pompiers en uniforme, dont trois en combinaison renforcée, nous encerclent d'un pas raide, avec casque et protections sur la poitrine et les tibias. Ils ont surtout l'air de monstres sortis de la série *Predator*. Mr Simon s'égosille comme un perdu. Partout, des voix grésillent à la radio. Des lampes de poche s'allument : deux hommes arrivent en traînant de lourdes caisses avec toutes sortes d'instruments, un tuyau enroulé me tombe juste sur les pieds. L'un d'entre eux a un gigantesque récipient rempli d'une solution d'extinction sur le dos, il doit bien y avoir quarante litres en train de clapoter à l'intérieur, pas l'idéal par cette soirée à la chaleur tropicale : il fait rarement moins de vingt-cinq degrés la nuit, sans compter les dix degrés supplémentaires du feu de camp. De manière générale, la situation est loin d'être idéale. J'attrape Nina par le bras, l'écarte de quelques mètres du feu, et je jette un coup d'œil du côté où Vera et Sabrina s'étaient tranquillement installées. Elles ont déjà mis Mr Simon et Lou à l'abri. Les deux petits poussent des cris perçants à l'unisson.

Nina aussi est épouvantée. Je vois bien qu'elle ne comprend absolument pas ce qui se passe sous ses yeux. Ce n'était pas ce qu'elle avait imaginé. Encore une expérience interculturelle d'exception. Mais cette fois, nous ne pouvons nous en prendre qu'à nous – ou plutôt, à nous sauf Vera. J'ai affreusement mauvaise conscience, et je suis inquiet. Nous sommes en train de fêter l'anniversaire de Nina. C'est en son honneur que nous avons allumé ce feu.

Les hommes se mettent à asperger les flammes de mousse à air comprimé. De petits morceaux de mousse volent dans les airs. Encore une chose qui est mouillée et qui tombe du ciel : voilà ce qui me traverse l'esprit, mais ce n'est vraiment pas le moment. Des papillotes et des bouts de branches incandescents touchés par le jet roulent dans tous les sens, des étincelles jaillissent.

L'un des monstres en combinaison de protection s'approche de nous et relève sa visière. En dessous apparaît un visage. "Vous n'avez pas le droit de faire du feu ici, dit l'homme d'un ton cinglant.

— Ah bon? Je ne savais pas, désolé." Sur la plage sont plantés une vingtaine de panneaux représentant un feu barré d'une croix épaisse, et le plus proche doit se trouver à quelques mètres de distance, juste à côté de ceux qui mettent en garde contre les crocodiles et les méduses. L'homme est sur le point de me faire son petit laïus, mais il s'arrête net et me regarde en haussant les sourcils et en pinçant les lèvres.

"D'accord, je suis vraiment désolé", dis-je à toute vitesse. Ce n'est pas le moment de faire l'idiot.

Par chance, il éclate de rire : "Bien essayé!" lance-t-il avec un accent à couper au couteau avant de retourner à son devoir.

Nouvelle tentative, donc. Il faut bien que je sauve la fête : "C'est un tout petit feu." C'est fou qu'ils rappliquent avec tout leur attirail pour si peu. Tout ça pour ça.

La réplique ne se fait pas attendre. Dieu merci, l'homme semble avoir de l'humour. "Un tout petit feu pour un bon gros exercice trimestriel." Il fait un grand sourire. "Sans ça, cette histoire aurait pu vous coûter cher."

Je lâche d'un ton penaud : "Je suis vraiment désolé." Puis une dernière tentative : "C'est la fête d'anniversaire de ma fille. Elle voulait un feu de joie."

L'homme se fige.

"Oh, ça alors! Je vois." À ma grande surprise, il n'y a pas d'ironie dans sa voix. "C'est vrai?"

Je hoche la tête. Pour un pompier d'un mètre quatre-vingt-quinze en combinaison à plaques Kevlar, il est beaucoup plus sensible que je ne l'aurais cru.

Il réfléchit brièvement.

"Comment s'appelle ta fille? me demande-t-il.

— Nina."

L'homme se dirige d'un pas raide vers l'une des caisses que les hommes ont traînées jusque-là. Il fouille un instant dedans, et un mégaphone rouge pétant fait son apparition. Je sursaute quand il le met en marche. L'engin siffle et crépite sur toute la plage. "Nina, les pompiers ont besoin de ton aide."

On doit l'entendre jusqu'à l'Anzac Park. Deux autres pompiers arrêtent de s'agiter dans tous les sens pour lui jeter un regard perplexe. Il leur fait signe que tout va bien.

Nina se tourne vers moi, complètement déstabilisée. Elle a déjà le visage cramoisi d'excitation.

"Oui, hum, tout à fait!" je bégaye. J'ai sans doute l'air aussi perdu qu'elle. Par mesure de précaution, je jette un dernier regard au pompier. Qui me rassure d'un clin d'œil. Puis il refait signe à Nina : "Nina, viens par ici! Vite, on a besoin de toi."

J'en rajoute une couche : "Allez, vas-y! C'est ton anniversaire, après tout!"

Le visage de Nina perd progressivement son air confus. Elle titube jusqu'au pompier, d'abord lentement parce qu'elle est excitée et que, dans ces cas-là, elle tient encore moins bien sur ses jambes, puis avec toujours plus de détermination. Lorsqu'elle arrive près de lui, un grand sourire illumine déjà son visage. L'homme lui donne une gigantesque paire de gants et un objet laqué de rouge qui ressemble à une grosse pelle à neige. Elle est la seule à pouvoir jeter du sable d'extinction sur le brasier, et c'est une opération délicate. Non, pas contre le vent… oui… comme ça!

"Merci à toi, Nina! Quelle chance que tu sois là." Nina s'active comme si sa vie en dépendait. Le manche de la pelle fait presque deux fois sa taille, et les doigts vides du gant pointent dans toutes les directions. "Tu t'en sors comme une chef!"

Si on la laissait faire, elle jetterait tout le sable de Four Mile Beach sur le feu de camp d'un mètre carré.

Sur la fin du trajet pour rentrer à la maison, je dois porter Nina. Elle s'est endormie dans mes bras. Je ne me rappelle pas la dernière fois que c'est arrivé. Mais c'est parfait comme ça. Rien ne doit s'interposer entre la fête des pompiers et le sommeil. Lorsque je la pose sur son lit, son corps est léger comme une plume. Un sourire se dessine sur son visage. Autour d'elle, de petits tas de sable s'amassent dans les plis du drap. Ses mains sont poisseuses à cause de la résine sombre des branches que nous avons ramassées pour le feu. Ses cheveux blond clair sont en bataille, quelques mèches sont plaquées sur ses tempes. Le tee-shirt avec une étoile est plein de flocons de cendre, et le tout sent le feu de bois. Nina soupire tout bas dans son sommeil. Qui sait de quoi elle rêvera cette nuit? Je la recouvre d'un drap et éteins la lumière. En passant la porte, je me retourne une dernière fois.

"Bonne chance!" dis-je dans l'obscurité. Le vent du dehors agite doucement les rideaux aux fenêtres.

630 000e minute
Wallaby Creek Festival
Cape York Peninsula (15° 28' S, 145° 15' O)
Queensland, Australie

PEACE & FREEDOM, ETC.

"Ces touristes… Franchement, on devrait avoir pitié d'eux! Ils passent leur vie enfermés dans leur bureau, à respecter les règles à la lettre… Puis ils vont s'acheter des miettes de liberté au rabais à l'agence de voyages, ils se font une petite virée je ne sais où, et ils ne se sentent plus. Et après ça, hop, retour à la case départ, dans leur petit panier bourgeois. C'est une cage dorée, tu vois?

— Ouais.

— Trop de conformisme, tu vois? Rien à voir avec la vraie liberté, mec. C'est du vent. Complètement petit-bourgeois, tu comprends?

— Ouais, mec.

— Et coincé comme pas permis… Soumis jusqu'à la monogamie! Mec, crois-moi! La soumission absolue. Même Morx l'a dit.

— La soumission totale.

— Et il ne sait même pas fumer correctement…!"

Ricanements hystériques des deux hommes.

"Ouais, mec. Il te reste un peu de matos sur toi?"

La première voix était celle de Rocky, le chef incontesté – et d'autant plus imbu de lui-même – de tous les hippies itinérants du Queensland. Par conséquent, la seconde voix devait être celle de son jeune disciple

Rainbow, même si, jusque-là, on l'avait tellement peu entendue que je n'en aurais pas mis ma main à couper. Rainbow était du genre renfermé sur lui-même, du moins quand Rocky tenait le crachoir, ce qui était à peu près toujours le cas. Et même si ça ne faisait pas plaisir à entendre, l'identité de l'homme que les deux autres venaient de proclamer "petit-bourgeois le plus soumis de l'année" ne faisait pas de doute : c'était moi. Ma bourde avec la pipe remontait à moins d'une heure. En même temps, où aurais-je appris à utiliser correctement un "calumet de la paix nord-américain venu d'un authentique Indien Navajo" sans faire roussir les plumes de l'"authentique aigle des rochers canadien"? Non content d'avoir fait forte impression à l'assemblée contemplative réunie autour du feu de camp, j'avais répandu une odeur de corne brûlée et mis la pagaille dans toutes les vibrations positives. Lorsque, après ça, la discussion s'était orientée sur le thème de l'amour libre, j'avais décidé de prendre la tangente. Il fallait changer quelque chose chez Mr Simon – c'était toujours une excellente excuse. Et le hasard avait voulu que les deux autres choisissent le même fourré que moi, sauf qu'ils se trouvaient de l'autre côté et à quelques mètres de distance. Comme une araignée Huntsman de très mauvaise humeur et grosse comme une paume de main avait élu domicile dans les toilettes mobiles les plus proches, ce buisson avait, en dépit du bon sens, été reconverti en bloc sanitaire. Pour m'être trouvé au mauvais endroit au mauvais moment, j'étais devenu, à la faveur de l'obscurité, le témoin de leur jugement sans appel sur ma personne.

Je trouvais ce premier prix du "touriste conformiste" plutôt amusant car, encore un an plus tôt, c'était de "marginaux" qu'on nous traitait. Mais des marginaux inoffensifs, pas comme les vrais trouble-fêtes ou les gens qui n'aimaient pas le foot. Nos projets de départ avaient été accueillis avec une incompré-hension pleine d'indulgence, et pour finir, on nous avait bon gré mal gré souhaité bonne chance, non sans nous ordonner de faire attention à nous et de rentrer entiers.

Notre marginalisation nous avait menés jusqu'à Cape York, la pointe nord de l'Australie, même si nous n'avions pas l'impression d'être en marge de quoi que ce soit, mais plutôt en plein dedans. Au cœur de mondes nouveaux. Bref : la distance qui nous séparait de ce que Rocky appelait mon "petit panier bourgeois" était désormais, en termes de kilomètres, supérieure au rayon de la Terre, sachant qu'en termes d'aventures et de chocs culturels, je me trouvais déjà dans un lointain univers parallèle.

Notre "petite virée" avait commencé environ qua-torze mois plus tôt. Ce qui était suffisamment long pour changer non seulement de cadre de vie, mais aussi de temporalité.

Au bout de six semaines, notre rythme quotidien avait commencé à se décaler. Et au bout de trois mois, il allait pour nous de soi que, le matin, les enfants dormaient aussi longtemps qu'ils en avaient envie et que, le soir, ils restaient plus longtemps debout que nous n'aurions voulu l'admettre devant nos amis restés à la maison. Dans l'absolu, nous avions de moins en moins la notion du temps : il n'y avait plus de rendez-vous auxquels il fallait arriver à l'heure. Et il n'y avait jamais aucune obligation de faire vite. Pas d'oppression !

Au bout de quelques semaines, j'avais perdu ma capacité à estimer l'heure avec précision. Qui portait désormais ma Piaget ? Et puis – sans doute au bout d'environ deux mois –, j'avais fini par ne plus avoir le jour de la semaine en tête : rien ne différenciait un mardi d'un vendredi ou d'un dimanche. On n'allait pas au travail ni à l'école, c'étaient les vacances sept jours sur sept et le soleil était toujours au rendez-vous. Pour finir, au bout d'à peu près neuf mois, c'étaient les dates qui étaient devenues floues. "On est le combien aujourd'hui ? Je crois qu'on est encore en novembre." Nous avions pris l'habitude de nous laisser porter par le temps comme par la mer. C'était un autre ingrédient indispensable à ma métamorphose : l'absence de montre !

Notre "cage dorée" était alors une Ford Falcon déglinguée, de couleur bleue, datant de 1996, un combi aux airs de paquebot avec la cylindrée la plus anti-écologique au monde. Nous avions fait l'acquisition de "Falco" à Port Douglas pour partir en excursion dans les hauts plateaux alentour, dans le Daintree National Park et sur la côte autour de Cape Tribulation. Ce type de véhicule est très apprécié aux antipodes : les Australiens peuvent y charger au choix des moutons ou des briques à en écarter les pneus arrière. Les couples d'amoureux en vacances qui n'ont pas envie de se faire chasser des parkings publics par la police ni de payer 65 dollars par nuit pour une place sur les campings au "tarif imbattable" de la côte est peuvent passer la nuit en toute discré-tion – mais complètement allongés – dans l'obscurité du coffre. C'est pour cette raison que ces voitures sont en temps normal hors de prix, et il existe même une catégorie spéciale de trafiquants qui descendent régulièrement la côte est chargés non de poudre blanche, mais de toute une flotte de Ford Falcon pour que ces véhicules puissent ensuite reprendre leur longue et pénible route vers le nord. Nous étions par conséquent convaincus que la nôtre, acquise pour la modique somme de 2 800 dollars australiens, était une super affaire, jusqu'à ce que notre ami Will, l'air vaguement honteux, attire notre attention sur les étranges traces de rouille présentes sur l'ensemble des éléments métalliques de l'habitacle. Et de fait, même l'allume-cigare était complètement rongé de l'intérieur, la charnière de la boîte à gants était d'un rouge sombre friable, et les rails des sièges avaient l'air d'avoir été volés dans une tombe datant de l'âge du bronze. Dans le Queensland, c'est à ce genre de phénomènes qu'on reconnaît à coup sûr les voitures qui, lors de la dernière inondation en date, ont eu le malheur de se trouver garées sur les parkings les plus convoités à deux pas de la plage. Mais Will ne voulait pas être rabat-joie : il s'écoulait généralement un certain temps avant que le sel attaque les éléments critiques du circuit électronique. La dernière inondation ne remontait pas à si longtemps que ça. Cela dit, l'inconvénient majeur des voitures inondées était que le processus de destruction était aussi inexorable que la mort elle-même.

En espérant qu'au moment du raz-de-marée il n'y avait pas eu de moutons ni de couple dans le coffre, nous avons joyeusement traversé le nord du Queensland au volant de notre épave sur roues. Grâce à une bonne dose de super-glu, nous avons réussi à sauver provisoirement les meubles.

Comble du luxe bourgeois, nous avions, en vue de notre participation au Wallaby Creek Festival, complété notre équipement par l'achat d'une tente semi-ouverte accompagnée de matelas autogonflants. Ces derniers avaient également été acquis à un prix avantageux dont la raison nous est apparue dès le premier gonflage : il n'y avait pas de bouchons sur les valves. Et nan, il n'y en avait plus d'autres au garage, ainsi que le vendeur, interrogé après coup, nous l'avait assuré à plusieurs reprises d'un ton aimable mais ferme. Je partageais ces deux matelas rapla-plas d'environ quarante centimètres de large et à la consistance de carton humide soit avec une grande fille qui ne voulait surtout pas dormir, soit avec un petit garçon qui voulait dormir à tout prix mais n'y arrivait pas. En ce sens, la question de savoir si les pierres ou les racines me gênaient moi aussi pour dormir restait donc théorique.

Autour de notre refuge se trouvaient des centaines d'autres tentes et de t3 aux couleurs passées de l'arc-en-ciel produits par un fabricant de voitures allemand d'une grande popularité. Le Wallaby Creek Festival dansait depuis quelques jours. Je m'étais rendu compte que cet événement était le pendant de la formation pour cadres de Phra Thong, mais sans cadres et sans formation. Ici, la plupart des gens avaient clairement fait l'impasse sur l'étape PDG. Du point de vue des ressources humaines, on était plutôt dans la catégorie "marginaux".

Le festival battait son plein avec d'autant plus d'insouciance. Le spectre professionnel représenté allait des *slackliners* professionnels, acrobates, magiciens, jongleurs et coureurs sur circuit aux musiciens et joueurs de tambour en passant par les sculpteurs sur bois, les vendeurs de bois flotté (dire que ce métier existait déjà!) et les fabricants d'instruments. Tous se consacraient, avec sérieux et passion, à la chose qui comptait le plus dans leur vie – mais seulement quand ils en avaient envie. Cela ne les empêchait pas d'avoir le sens des affaires : le sol était jonché de chapeaux où ces bons vivants se jetaient mutuellement de l'argent. Les objets exposés relevaient presque tous d'une catégorie inédite et n'avaient aucune fonction apparente : un immense et chatoyant marché de l'inutile, composé d'attrape-rêves, de bandeaux pour cheveux, de bijoux à base de matériaux disponibles sans passer commande, pas de matériel électronique et pas un objet semblable à un autre, seulement des pièces uniques, tissées, taillées, modelées ou imaginées. Mais l'endroit le plus attrayant à mes yeux était sans l'ombre d'un doute le stand de chocolats d'une femme prénommée Rosalynd. Elle rachetait les ratés de toute l'industrie du chocolat australienne et les écoulait par centaines de kilos sur des festivals pour un bénéfice non négligeable.

Nina et Mr Simon étaient aux anges d'avoir fait la connaissance de Rosalynd, car elle était tellement douée en affaires qu'elle pouvait se permettre de couvrir de chocolats les gens qui, à défaut d'argent, avaient des cailloux et des bâtons au fond des poches, le cœur plein d'espoir et l'estomac dans les talons. Et oui, Nina pouvait l'appeler "Rosalyndi", aucun problème. Dans mon journal, en bas de la liste intitulée *Perspectives professionnelles*, j'avais ajouté : *dealer de chocolats cassés*.

Dans l'ensemble, je trouvais que je ne m'en sortais pas trop mal au Wallaby Creek Festival : c'était le premier festival de ma vie, car j'avais passé mon enfance entre la collection d'accessoires et la trappe du souffleur du Deutsche Oper am Rhein, et dans l'esprit de mes parents, les festivals sans Mozart étaient bons pour les marginaux. Et ce alors même que le grand Mozart passait, aux yeux de ses contemporains, pour un punk scandaleux, une sorte de marginal musical de la pire espèce.

Mais Rocky avait eu le nez creux : il avait flairé en moi un homme qui refusait encore et toujours de suivre l'idéologie dominante. J'avais la chance d'avoir les cheveux trop courts pour en faire des dreadlocks – même la version débutante –, et il se trouve que j'aime bien me laver les cheveux. Je ne disposais d'aucun talent manuel, je n'étais même pas capable de tisser un panier plat ou un attrape-rêves, et en temps normal – ou du moins avant –, j'exerçais une activité rémunérée traditionnelle. J'avais même été fonctionnaire, ce qui, pour Rocky, signifiait que j'avais vendu mon âme à Méphistophélès en personne.

Et pour finir, il y avait cette histoire de liberté. Qui n'était pas négociable, pas plus pour les marginaux que pour les petits-bourgeois.

Mon premier contact avec Rocky et sa conception proprement révolutionnaire de la liberté remontait à environ deux heures. C'était notre dernière soirée au festival.

Quand les grandes scènes se taisaient, de petits groupes se formaient un peu partout, autour des feux de camp et des musiciens. Les premiers exerçaient sur Nina une attraction irrésistible qui ne datait pas de sa rencontre avec les pompiers. Au milieu d'un groupe de hippies installés autour d'un feu où grillaient des brochettes de légumes, un homme au physique avantageux était en train de jouer avec talent les chansons favorites de ses grands-parents à la guitare. Les Stones, les Eagles, Cat Stevens, Jimi Hendrix. En prime, Nina avait aperçu Rosalyndi parmi eux, et elle avait décidé que notre famille passerait là sa dernière soirée.

Mais pour être accepté parmi ses ouailles, il fallait d'abord obtenir la bénédiction de Rocky. Il s'agissait sans doute possible du mâle alpha : les autres personnes qui, à l'exception du guitariste, étaient de sexe féminin ou indéterminé faisaient office de disciples. Rocky ressemblait à Moïse dans la célèbre adaptation cinématographique des *Dix Commandements* avec Charlton Heston et avait à peu près le même âge, avec une robe blanche ondoyante, une barbe grise et blanche qui lui tombait sur la poitrine, des sandales brunes à la Jésus, des mains et une poitrine à la pilosité généreuse semées d'imposants lapis-lazuli, ainsi qu'une canne avec une spirale sculptée sous le pommeau. Ce monument de kitsch était couronné par un bandeau bleu qui ceignait sa chevelure. Rien n'est plus bourgeois que la tentative de ne pas l'être.

Mais dès la première seconde, Nina avait trouvé Rocky grandiose. À ses yeux, il incarnait une autorité naturelle. Aussi parce qu'elle était subjuguée par sa manière de s'exprimer.

"Sois le bienvenu, honorable ami. Approche, et offre-nous la lumière de ta présence."

Ce sont les premiers mots que j'entends de sa bouche lorsque nous arrivons près du feu.

Je lui dis que je suis moi aussi ravi de faire sa connaissance.

Il souffre par ailleurs d'un strabisme prononcé : ses yeux partent dans tous les sens. Lorsque je prends la peine de suivre son regard, le mien atterrit très précisément sur les seins de Vera. Je secoue la tête, mais l'attention de Rocky est bien focalisée. Une chose est claire : l'homme a du goût, et même à un âge vénérable, il sait apprécier les bonnes choses.

Dans ma tête, je pense : Bien joué, Moïse.

"Et qui avons-nous donc là?" Il s'adresse directement à Vera, et sans lui laisser le temps de lever les bras, il la serre dans les siens – ce qui, sur le plan du langage corporel, donne une certaine impression d'unilatéralité. Sa longue barbe blanche rebique sur les épaules de Vera et se dresse dans les airs. Sa robe blanche flotte au vent.

Mais en guise de réponse, on entend soudain : "Moi, c'est Nina", et deux petits bras étreignent une des jambes de Vera et l'ondoyante robe blanche de Rocky. Nina manque parfois de distance par rapport aux étrangers. Mais souvent, son intuition est bonne. Quand on a le parler et l'allure d'un châtelain du IIe siècle, on est forcément quelqu'un de bien.

Tandis que mes deux femmes sont toujours collées à Rocky, Mr Simon avance d'un pas chancelant vers le barbecue pour se planter devant avec les yeux brillants. Je me dépêche d'intervenir avant le larcin annoncé car les petits morceaux de légumes sont brûlants. Et je ne suis pas certain que Mr Simon soit conscient que ce qui, quand on a très faim et pas beaucoup d'expérience de la vie, ressemble à du poulet grillé n'est malheureusement que le repas à base de légumes de végétariens convaincus. En apercevant des tranches d'aubergine recouvertes de fromage fondu sur le feu, je me dis que les végétariens n'ont pas la vie facile : alors que les carnivores les considèrent comme sectaires, les véganes les trouvent mous du genou… Bref.

Les hippies sont confortablement installés sur des glacières, des caisses de bière et des couvertures. L'introduction idoine ne se fait pas attendre.

"Et voyez donc : notre amie Vera. Et son jeune accompagnateur." Rocky s'approche de moi dans un bruissement. Il prononce ces derniers mots comme s'ils étaient entre parenthèses. Il a de nouveau les bras libres et les brandit vers le ciel comme si l'heure était venue de déclamer les dix commandements.

Je jette un coup d'œil à Vera. Elle roule un peu des yeux, mais elle sourit : tout va bien. Elle s'en est sortie toute seule.

"Je vous en prie, honorez-nous de votre inestimable présence. Dans la brève existence qui est la nôtre, il faut savoir s'ouvrir à l'amitié", poursuit Rocky qui regarde Vera tout en tapotant du plat de la main la place à côté de lui.

"Et moi, c'est Nina", lance Nina pour la deuxième fois, ce qui est étonnant. En temps normal, elle est nettement plus sur la réserve. Avec agilité, elle s'agenouille à l'endroit désigné par Rocky et s'empare de l'ourlet de sa robe : "C'est une jolie jupe que tu as là", dit-elle en caressant le tissu avec admiration. Vera s'installe à côté d'elle avec un grand sourire.

"Quelle paix il y a dans l'air", dit Rocky avec un regard inspiré dans le lointain. L'homme au physique avantageux auquel ses parents, dix-neuf ans plutôt, ont donné le prénom prophétique de Rainbow agite une allumette près d'une pipe surdimensionnée bardée de plumes brunes. Selon moi, c'est surtout une forte odeur de haschich qu'il y a dans l'air. Mais Rocky ne semble parler que par métaphores. Rainbow commence à tousser et, à force, il renverse une bouteille de bière dont le contenu se répand dans l'herbe sèche et déjà jaunie. La dernière pluie doit remonter à plusieurs semaines.

"Désolé", dit Rainbow en lançant un regard de chien battu à Rocky, qui l'absout d'un geste magnanime.

La pipe passe de main en main et arrive jusqu'à moi – qui réussis à tirer tellement fort dessus qu'une des plumes du dessous se met à fumer – avant d'être récupérée aussi sec par les disciples Aniston et Harmony, si j'ai bien compris les noms. Pour finir, une très jeune femme qui pourrait être la petite-fille de Rocky et s'est présentée avec un grand sourire en disant : "Je suis la Shanti de Vienne" la tend à Rocky. Ce dernier la remercie d'un langoureux baiser sur la bouche sans lâcher un seul instant ses ouailles des yeux. Comme un loup qui doit toujours être sur ses gardes.

J'apprends que Rocky est un très bon ami de Morx et Angels, comme il les appelle. Karl Marx, en particulier, est presque systématiquement du même avis que Rocky, qu'il soit question de la qualité de l'herbe qui est ici consommée sans modération ou de l'amour libre. Ce dernier thème semble avoir été l'un des chevaux de bataille de Karl Marx. Du moins, si l'on en croit le bon copain de Morx, Rocky. Et comme Marx et Engels, à Cape York, n'ont pas spécialement pignon sur rue, il trouve toujours du monde pour écouter ses histoires. De fait, Rocky Ier est sans doute le premier apôtre du matérialisme historico-dialectique et de l'amour marxisto-libre à Cape York. Si les souvenirs que j'ai de mes études d'histoire sont bons, l'amour libre n'a pas vraiment porté chance à Marx. Il a fallu que son ami Engels, qui était nettement plus fortuné, se charge de reconnaître l'enfant naturel que Marx, qui était solidement marié, avait fait à sa gouvernante dans le placard à balais. C'était le seul moyen d'éviter que l'amour libre ne fasse trop de rififi au sein du ménage Marx. Après tout, Marx avait une doctrine à élaborer, et s'il avait été forcé de subvenir aux besoins de cet enfant, il aurait sans doute dû laisser tomber les œuvres de l'esprit pour aller mettre les mains dans le cambouis. Mais je garde pour moi ce genre de détails malvenus – ils n'ont pas leur place dans cette douce et paisible soirée d'été à l'atmosphère décontractée.

D'après Rocky, Morx aurait bien compris que l'union exclusive de *deux* personnes – il insiste sur le mot "deux" comme s'il était en train de raconter une blague – n'était qu'une invention capitaliste. Tout en lançant un clin d'œil complice à Vera, Rocky met une bourrade à Shanti avant de déclarer que, sous le couvert du mariage, les hommes ont pendant des siècles opprimé les femmes en les traitant comme leur propriété. C'est Morx qui aurait fait cette découverte en premier. Lui et Angels auraient alors lancé en RDA une communauté holistique unique en son genre où l'amour aurait librement circulé entre les individus. Tout simplement. Le visage illuminé, Rainbow est suspendu à ses lèvres et opine régulièrement du chef d'un air convaincu. Je crois qu'en plus d'être aussi beau qu'elle, Rainbow est aussi cruche que Blanche-Neige, du moins avec une certaine quantité de paix dans les poumons.

Et Rocky de poursuivre : depuis lors, fini la sou-mission! Clin d'œil aguicheur à Vera, puis regard méfiant de mon côté. Rainbow tire sur les cordes de sa guitare, Harmony et la Shanti de Vienne l'ac-compagnent en chantant à voix basse. C'est *Hotel*

California : *"You can check out any time you like, but you can never leave."*

"Évidemment, il faut d'abord se libérer totalement", reprend soudain Rocky tout en mâchonnant une aubergine grillée. Cette fois, je ne suis pas certain que ce soit une métaphore. Il n'est pas impossible que les clins d'œil coquins soient pour lui un pas essentiel sur le chemin de la libération mentale. "La liberté, c'est la volonté de se défaire des conventions sociales, déclare Rocky d'un ton docte. Comme d'un tee-shirt dont on n'a plus besoin."

Je me disais bien.

C'est grâce à Rosalyndi que l'atmosphère se détend : elle est allée chercher une caisse de chocolats dans sa voiture, et elle les distribue sans compter. La bonne parole n'a pas l'air de l'intéresser plus que ça. Je ne suis pas certain qu'elle fasse partie des ouailles de Rocky, même si son look colle parfaitement avec le reste des disciples.

Après avoir pris une grosse bouffée de pipe et son courage à deux mains, Rainbow tousse : "Janice a dit que la liberté, c'est quand on n'a plus rien à perdre." Quand il parle, de petits nuages sortent par à-coups de sa bouche.

Shanti apporte aussi sa pierre à l'édifice : "Mais la liberté, c'est pas juste de pouvoir faire ce qu'on veut?" C'est aussi simple que ça. Harmony opine du chef avec enthousiasme.

"Et qu'est-ce que la liberté pour notre jeune ami ici présent?" lance alors Rocky d'un ton de défi en tendant vers moi une main armée de lapis-lazuli.

"De ce que je vois ce soir, la liberté est quelque chose de très subjectif, intervient Vera en me lançant un regard d'apaisement.

— Quelqu'un veut encore du chocolat?" s'empresse de demander Rosalyndi.

Je me dis que cette histoire de quête de la liberté est un problème fondamental. Comment la liberté peut-elle être la même pour le carriériste de Curitiba et pour l'homme de Cro-Magnon? Pour le marxiste et pour le trader en matières premières agricoles, pour le hippie invétéré et pour le conducteur de Passat Comfortline, pour le titulaire de compte épargne logement et pour le bourlingueur chronique? Ou est-ce que chacun a sa définition de la liberté? Ce ne serait pas satisfaisant… La discussion de ce soir serait bien plus intéressante si sa fonction première n'était pas de légitimer l'amour libre à la Rocky et si la moitié des personnes présentes n'était pas défoncée.

Je me contente de murmurer : "Peut-être que la liberté, c'est de pouvoir manger tranquillement du chocolat le soir au coin du feu." C'est une main tendue vers Rocky. Qui se solde par un échec retentissant.

"Morx ne serait pas de cet avis", lance-t-il en brandissant son index dans les airs. Manifestement, il n'est pas vraiment nécessaire que je prenne part au "dialogue".

"D'après Morx…", reprend-il aussitôt, et là, les mots sortent tout seuls de ma bouche : "Tolstoï va aller libérer Mr Simon de sa couche pleine de merde."

La phrase fait l'effet d'une bombe. Rocky me gratifie d'un regard perplexe. Vera pouffe de rire. Harmony s'étrangle avec son aubergine, Rainbow avec la fumée. À croire que c'est chronique chez lui. Malgré ses protestations, j'attrape Mr Simon sous le bras.

"Je ne veux pas aller au lit!" piaille Nina en une fraction de seconde au milieu du silence gêné. Encore une petite liberté : rester debout aussi longtemps qu'on veut.

"Encore cinq minutes, lui dit Vera en me faisant signe avec un sourire. Je rassemble nos affaires, OK?

— Ça marche, je pars devant", dis-je avant de me diriger d'un pas lourd vers la tente sous les cris perçants de Mr Simon. Je devais le changer avant de le mettre au lit. Les moustiques et moi avions encore une longue nuit devant nous. Et c'est ainsi que je m'étais retrouvé malgré moi à épier Rocky et Rainbow de l'autre côté du fourré.

Le lendemain matin, alors que nous cahotons à bord de notre cage dorée sur les pistes poussiéreuses de Mulligan Highway en direction de Port Douglas pour ne pas rater la fête d'anniversaire de Sabrina, Nina sort comme par magie un paquet rouge entouré de deux cordelettes de chanvre teintes en bleu d'une serviette roulée en boule.

"J'ai un grand secret avec moi, dit-elle fièrement. C'est Rosalyndi qui me l'a donné pour vous." Elle a dû garder le paquet comme un trésor toute la matinée, car au moment de ranger les affaires, personne n'a rien remarqué. Mais quand j'y repense, on ne l'a pas beaucoup entendue ce matin.

En ouvrant le paquet, je découvre quatre grosses plaquettes de chocolat au lait et aux noix de macadamia d'un centimètre et demi d'épaisseur à moitié fondues. Mes préférées.

"Elle est trop gentille, hein?" s'écrie Nina avec enthousiasme.

Il y a aussi un petit papier rouge que je déplie. D'une écriture ouvragée, quelqu'un a écrit :

La liberté est toujours celle de ceux qui pensent autrement ☺

Love, Rosa

690 002ᵉ minute
Cottage de Ruby
Denmark (34° 57' S, 117° 21' O)
Australie-Occidentale

DE LA TERRE. DES BRIQUES. UN TOIT

- 50 à 75 bonnes pelletées de terre
- 25 gouttes de sueur
- ½ sac de ciment de 20 kilos
- 30 minutes ou 9 chansons
- 4 fricadelles
- 1 gros seau d'eau bien rempli
- du sang
- du soleil

Australie-Occidentale, terre d'abondance... Pour un ingénieur en infrastructures européen – ou même allemand –, l'aménagement de la côte sud de l'État fédéral d'Australie-Occidentale entre Augusta et Albany laisse à désirer. En direction du nord, les habitants auraient bien mille cinq cents kilomètres pour eux. Mais ils s'établissent tous sur une mince bande de quinze kilomètres le long de la mer, et ce n'est pas un hasard. Sur Google Earth, on dirait presque qu'un matin capricieux, une grosse vague a définitivement rejeté sur le rivage d'une île immense un tas de maisons miniatures, de petites voitures, de maquettes de routes et de carrefours en plastique. Et que, comme les vagues suivantes étaient trop courtes de quelques millimètres pour ramener tout ce fatras dans la mer, les jouets sont tout simplement restés en vrac sur place, à Walpole, Peaceful Bay, Denmark et Albany. Entre ces colonies, il y a quelques plages inhabitées de plusieurs kilomètres de long et une ribambelle de parcs nationaux. La nuit, quand on longe la côte en bateau, il arrive qu'on ne voie aucune lumière pendant des heures – la terre et l'obscurité se fondent dans une solitude parfaite. C'est dans ce décor que le *Great Southern Ocean* – Grand Océan austral –, comme les Australiens le nomment avec respect, se fracasse avec une indomptable sauvagerie contre les falaises rocheuses à pic, en un tonitruant feu d'artifice d'air et d'eau. L'écume jaillit à une telle hauteur que des arcs-en-ciel se créent : le sol vibre, et à vingt mètres des falaises, les gens n'osent déjà plus approcher.

Nous louions un petit cottage sur Mount Shad-forth Road au cœur de Denmark, à une centaine de mètres du seul feu de signalisation du coin. Les propriétaires avaient laissé la maison telle que leur grand-mère, morte en 2009, avait choisi de l'amé-nager au début des années 1960. Mais il y avait un jardin. Durant ces mois d'été, le ciel et la luminosité étaient incroyables – ici, le monde entier est baigné de clarté, comme si on l'avait allié dans un creuset à de la lumière liquide. Quand, le matin, j'entrouvrais les lourds et sombres rideaux, les rayons fendaient la pièce plongée dans l'obscurité comme une lame. Dehors : une multitude de taches de lumière en train de danser, irisées, sur les feuilles argentées des arbres, s'y reflétant des dizaines de milliers de fois, comme si des centaines de boules discos étaient suspendues dans le ciel. Et même les rares fois où le temps se couvrait, une paire de lunettes de soleil n'était jamais de trop, sous peine de se retrouver avec des courbatures au visage à force de plisser les yeux.

Denmark est une ancienne colonie de bûcherons située au bord du fleuve du même nom qui débouche, à l'une des extrémités du village, sur la vaste baie de Wilson, séparée du reste de l'océan par des barrières de sable naturelles pendant une partie de l'année. Maintenant que les bûcherons sont partis depuis longtemps, il y a cent fois plus de niaoulis noueux que de personnes qui peuplent les rives de la Denmark River.

Ici, on vit avec les moyens du bord, simplement, pieds nus : les hommes se sont repliés sur eux-mêmes, au milieu d'une nature supérieure mais patiente. Le soir, ils s'installent à des tables de cuisine grossières dans leurs maisonnettes grinçantes. Ici ou là, au milieu de la forêt de contes de fées autour de Denmark, brille une fenêtre derrière laquelle ils sont attablés entre eux à jouer aux cartes ou à se creuser la tête en se demandant comment régler enfin la facture du nouveau réservoir d'eau et quoi semer dans le troisième parterre à gauche.

À Denmark, le concept d'*earthyness* est essentiel. C'est un mot intraduisible qui vient de *"earth* – terre*"*. En théorie, plein de choses peuvent être *earthy* : par exemple, une maison est d'autant plus *earthy* qu'elle se niche dans son environnement toute de guingois, faite de bric et de broc, comme ensorcelée, presque à l'image des cavernes de hobbits dans la Comté. Avec deux ou trois coups de pinceau, un vélo équipé d'une corbeille de fleurs et de chauffe-guidons tricotés main peut parfaitement être considéré comme *earthy*, tout comme une fête où il y a des pommes grillées toutes ridées au lieu de frites, du violon au lieu de techno et de la cannelle au lieu de coke. Au fond, Denmark est l'opposé de Perth sud, cette ville branchée gangrenée par la drogue où vivent les représentants autoproclamés de la bonne société australienne. Être *earthy*, c'est échanger de la nourriture : un des voisins a des tomates à ne plus savoir qu'en faire derrière sa grange, un deuxième a enfin pêché son premier lieu noir, bien trop gros pour une seule famille, le moût de raisin d'un troisième est prêt, et un quatrième a dû abattre un arbre, un superbe jarrah rouge, tellement dur que, quand on attaque le tronc, on dirait que la hache s'enfonce dans un bloc de verre. On troque aussi des conserves de courges au vinaigre contre des cuisses de kangourou. De bon matin, au croisement de Millar Street et de South Coast Highway, des objets qui seront certainement utiles à d'autres font régulièrement leur apparition. Une demi-palette par-ci, quelques seaux par-là, un vieux vélo – on peut aussi glisser un peu d'argent sous un fil tendu autour d'un arbre. Je crois que personne ne sait qui finit par sauver les billets détrempés et déjà tout flagadas. Parfois, les nouveaux riches viennent stationner leurs yachts pour les vendre, mais ces bateaux rouillent sans que personne en veuille. Dans les environs, on trouve plusieurs stands de légumes sans surveillance où il suffit de jeter l'argent dans des boîtes de conserve. Nina trouve ça très dangereux, car de méchants voleurs pourraient faire main basse sur toutes les mangues. Enlacer occasionnellement les arbres est considéré comme *earthy*, et quand on est une femme, on peut le faire sans susciter le moindre commentaire. Parfois, dans la forêt de Denmark, on donne des pièces de théâtre où les feuilles parlent. "Logique", a déclaré Nina d'un ton laconique lors du premier spectacle auquel nous avons assisté.

Du côté de Beveridge Road, il y a la tente rouge où les femmes "saignent en paix" tandis que d'autres femmes leur préparent un bouillon de légumes revigorant. J'ai un peu de mal à comprendre le principe, mais c'est sans doute parce que je n'ai jamais eu de douleurs de règles. Une bonne partie de la population est alimentée en électricité par une gigantesque éolienne qui se trouve à proximité d'Ocean Beach et que la communauté finance, histoire de ne pas se fatiguer avec les grandes compagnies.

La philosophie de vie à Denmark nous parlait beaucoup, surtout parce que nous avions dans nos bagages Mrs. Earthy en personne. Quand on arrive, grâce au tour dit "de la flaque renversée", à transvaser en moins de cinq sauts bien placés le contenu intégral d'une flaque à l'intérieur de bottes en caoutchouc, on gagne vite des points auprès des enfants *earthy* des voisins. Comme les poches de veste de Nina faisaient office de terrariums portables, toute personne raisonnablement âgée savait qu'elle s'occupait avec autant de soin des lombrics solitaires du Berridge Park (poche gauche) que des cloportes du parking du fabuleux Mrs. Jones Café (poche droite, car il y avait une fermeture éclair). Dès qu'il s'agissait d'animaux, on pouvait s'en remettre à elle les yeux fermés. Elle savait où se trouvaient les araignées les plus venimeuses et où étaient cachés les nids d'oiseaux, et avec Mr Simon, elle stockait sous la véranda tout un arsenal d'objets parfaitement *earthy* dont nous ne devions et ne voulions pas connaître l'existence. D'autres amitiés n'ont pas tardé à voir le jour sur le terrain de jeux du Berridge Park, où il y avait toujours du monde, parce que quelqu'un qui connaissait la vie avait construit des barbecues en brique publics juste à côté.

Un beau jour, on nous a apporté des graines de tomates et des pommes de terre ratatinées à planter. Nous étions devenus – à notre petite échelle et pour un temps limité – des habitants de Denmark. Ont bientôt suivi des invitations à partager un barbecue dans le parc en question et à venir faire des gaufres à la fête de l'école de la forêt locale.

Denmark est un petit village, et c'est ainsi que nous avons fait toutes sortes de découvertes radicalement nouvelles pour moi. Comme le fait que la terre et les gens étaient étroitement liés. Là-bas, il y a comme une toile de relations dont, en tant que petit nouveau, je devinais seulement l'existence sans réussir à y voir clair. On aurait dit que tout était lié à tout et tout le monde avec tout le monde. Comme si les gens étaient enracinés non seulement dans la terre mais aussi les uns avec les autres. Ils n'avaient que leurs terres à la bouche. Le thème de *"our land* – notre terre" – et de ce qu'on en faisait était tellement récurrent que, parfois, j'avais l'impression que l'Australie-Occidentale était un vaste terrain que ses fiers habitants s'étaient réparti entre eux. Quand je rencontrais quelqu'un, en particulier un homme, j'avais souvent l'impression que, malgré ses manières cordiales, il restait sur son quant-à-soi, comme si j'étais un inconnu surgi de nulle part qui aurait poussé le portail de son jardin. Je devais parcourir le long chemin qui menait jusque chez lui sous le regard de l'homme planté sur le seuil de sa maison. Il n'était pas forcément méfiant. Mais son attitude indiquait clairement que cette terre que je foulais était la propriété familiale, et pas un no man's land sans nom où chacun était libre d'aller et venir. En Australie-Occidentale, pour la première fois de ma vie, j'ai eu le sentiment de voir des gens défendre leur pré carré.

Le territoire des citadins – quand ils ne vivent pas en location, auquel cas ils n'ont nulle part où s'enraciner – commence au mieux dans l'entrée de leur logement. Mais ici, il commence dès le moment où on quitte la rue pour emprunter le petit chemin caillouteux, là où la boîte aux lettres plantée de travers et couverte de poussière rouge annonce, comme un avant-poste militaire : "Tu entres sur la propriété des Male, des Johnson ou des White." La terre est le pendant matériel de la famille, elle sépare l'intérieur de l'extérieur, ce qui est autre de ce qui est nôtre, l'inconnu du familier. Et la terre est ce qui perdure en silence malgré les coups durs de l'existence. J'ai eu beau me faire de nombreux amis là-bas, j'étais certain d'une chose : tout étranger y resterait un invité, jusqu'au jour où il planterait un piquet sur son propre lopin de terre.

Cette histoire de terre et de ses gens continuait de me trotter dans la tête, et j'ai fini par en parler à Joe. Sa femme et lui avaient récemment acheté un bout de terrain et commencé à construire.

"Chez vous, la terre est quelque chose d'essentiel, pas vrai ? ai-je demandé.

— Qu'est-ce que tu veux dire ?

— Je ne sais pas vraiment, ai-je répondu avec un grand sourire. On dirait que c'est un gros truc pour vous. Chez nous, en Allemagne, en tout cas dans les villes, on ne parle quasiment jamais de la terre. Nous avons des comptes épargne, des maisons mitoyennes, des jardins sur rue… Mais le sol en tant que tel n'a pas d'importance."

Joe restait silencieux.

"On dirait aussi que cette terre est un lien entre les habitants du village. Comme si vous aviez une sorte de… réseau de racines qui vous reliait. C'est possible? ai-je insisté.

— Hmm, peut-être que le coup des racines n'est pas complètement faux, a dit Joe d'un air songeur.

— On pourrait aller prendre un café un de ces jours pour que tu me parles de ça?"

Joe a réfléchi un moment. Puis il m'a demandé : "Tu as quelque chose de prévu mardi? J'aimerais bien te montrer un truc."

Non, je n'avais rien de prévu mardi. Et lundi et mercredi non plus. C'était l'avantage. J'avais seulement du temps, jusqu'à tomber sur quelque chose que j'avais envie de prévoir. Il fallait prendre de bonnes chaussures, des habits de travail, si j'avais ça sous la main, une thermos de thé. OK.

Le mardi, à 7 heures, nous nous sommes retrouvés sur un terrain appartenant aux parents de Joe. Tout au fond, quelqu'un avait fait un trou, du matériel de chantier traînait un peu partout.

"Qu'est-ce que tu vois, là?" Joe désignait l'emplacement où je me tenais.

J'ai baissé les yeux vers mes chaussures. De la terre, avec beaucoup de sable : un jour, il y avait eu la mer à cet endroit. Avec quelques cailloux. Par mesure de précaution, j'ai levé les pieds pour vérifier que je n'avais rien loupé de capital. Mes semelles ont laissé des traces de quadrillage sur le sol.

"Un tas de terre? ai-je répondu avec hésitation.

— Exactement, a dit Joe d'un air satisfait, comme si j'avais résolu une énigme. La terre. Ma terre." Du bout de la chaussure, il a rassemblé un peu de sable. "C'est la terre de mes ancêtres. Allez, au boulot."

Il me donne des instructions précises sur ce que je suis censé faire, remplit un compresseur d'essence à l'aide d'un bidon vert et met l'engin en route. C'est bruyant. Un tuyau relie le compresseur à une bétonnière, un lourd mastodonte d'acier dont le tambour gainé de ciment démarre en grinçant.

Joe prend deux bêches : une pour lui, une pour moi. Il cherche l'emplacement où je me tenais à l'instant. "Regarde bien", dit-il en enfonçant le plus profondément possible sa pelle dans la terre sableuse quadrillée par mes semelles. Dans les bonnes bêches, l'arête supérieure du fer est aplatie pour qu'on puisse y appuyer le pied. Sans ça, quand on passe aux choses sérieuses, on se ruine les semelles en quelques heures. Les premières pelletées atterrissent dans le tambour avec un bruit sourd, comme si une cloche fêlée essayait de sonner. Puis vient le crépitement de la terre contre la terre qui couvre tout juste le vacarme du compresseur, et de temps à autre, on entend un gros caillou cogner dans le tambour.

"Trente-cinq pelletées pour commencer." Il me laisse faire. C'est suffisant pour être sacrément hors d'haleine.

"Avant le ciment, il faut d'abord mettre l'eau pour que ça ne fasse pas trop de poussière… Comme ça." L'eau coule du seau jaune et taché jusque dans le tambour. Puis Joe va chercher un sac de ciment de vingt kilos dans la grange et enfonce un couteau à palette triangulaire dans le carton. La moitié du sac suffit pour une charge. Effectivement, ça fait une poussière terrible, et le ciment dépose un mince film sur mes bras trempés de sueur. Ça crisse dans la bouche, pas comme à la plage : c'est beaucoup plus fin, presque comme si on mâchait du dentifrice. J'aime l'odeur unique du ciment humide. Elle me rappelle le chantier détrempé par la pluie où j'allais me réfugier quand j'étais petit en me faufilant au milieu des tiges télescopiques rouillées qui soutenaient le gros œuvre gris. À la fin, le ciment doit correspondre à environ quinze pour cent de la matière, sans quoi elle ne tient pas. Le hic, c'est le ciment : c'est la seule chose qu'on doit acheter pour transformer la terre. Et l'argent, le commerce, les grandes surfaces, l'industrie, la dépendance viennent y mettre leur grain de sel. Mais un tout petit grain seulement. À part ça, ce n'est qu'une histoire de terre.

Tandis que la bétonnière rugit dans son coin, Joe me montre dans la grange un lourd moule en tôle ondulée et rivetée. Il est composé de cinq rangées divisées chacune en cinq compartiments rectangulaires. En tout, le moule fait environ deux mètres de large pour un mètre cinquante de long. Comme il n'a pas de fond, on voit la bâche que Joe a glissée dessous. Par endroits, le métal est plus clair et lisse. Joe vaporise prudemment de l'huile dessus pour éviter que la matière n'attache trop sur les bords.

Et là, on entre dans le vif du sujet, à savoir la consistance de la matière. Joe est parfaitement concentré. Il faut faire bien attention à la quantité de terre et d'eau qu'on ajoute. Si le mélange est trop liquide, par exemple parce que la terre est encore humide de la pluie de la nuit passée et qu'on n'en a pas bien tenu compte dans ses calculs, il va durcir très lentement et rester mou pendant des heures à l'intérieur du moule. Et c'est toute la production qui se retrouve bloquée. Si, au contraire, le mélange est trop sec, par exemple parce qu'on a renversé trop d'eau en apportant le seau, il y a un risque qu'une partie de la matière reste collée contre la tôle. Ce n'est pas comme les petits moules en plastique pour pâtés de sable qu'on peut cogner un bon coup sur le sol pour bien les vider. Au contraire : il faut y aller avec précaution, à l'aide d'un treuil, tout doucement. Il faut pouvoir se fier au mélange.

Encore dix pelletées. Et dix autres. J'ai des éclaboussures de ciment durcies sur le visage et dans les cheveux, comme des balanes sur un rocher. Nina me féliciterait. Je me suis retourné un ongle : d'un coup d'incisive, j'arrache le bout tordu et je le crache dans le tambour. Je me suis écorché la phalange du majeur droit en pelletant parce que je n'arrête pas de me prendre le fichu volant qui permet de faire basculer le tambour de la bétonnière. Je viens de me cogner pour la troisième fois : la douleur aiguë due à la surprise de la première fois a laissé place à une douleur plus sourde. De petits grains de poussière et du sang bleuté se sont glissés sous les franges de peau d'un blanc laiteux. Comme le sang s'est coagulé, les pores de ma peau entre le majeur et l'annulaire sont piqués de rouge foncé. Un instant, je repense à Wolf, le carriériste de Curitiba. Il n'avait aucune raison de saigner : j'étais soigneusement emballé comme dans du papier bulle dans mes costumes sur mesure stérilisés, et plus j'avais de succès, plus j'étais intouchable – non : plus j'étais insensible. Il ne faut pas prendre les choses trop à cœur…

Depuis que j'étais en vadrouille avec les enfants, les choses avaient changé du tout au tout. C'était vrai aussi pour les blessures : les enfants et moi n'arrêtions pas de nous faire mal – au genou, au coude, aux mains en tombant par terre… Pour les bouts de doigts, il y avait les couteaux, les ciseaux, les ampoules. Les phalanges se faisaient coincer, et quand on allait trop vite, c'était le menton ou la nuque qui prenaient.

La douleur cogne dans mon doigt. Une blessure est si vite arrivée quand on fait les choses au lieu d'y réfléchir. J'ai aussi une énorme ampoule sur la paume de la main gauche, rose et grande ouverte, dont s'écoule un liquide salé. Sous ma main, le manche en bois de la bêche est déjà taché.

Joe fait signe que le mélange est prêt. "Excellent", dit-il simplement.

Nous renversons le tambour, et la terre devenue matière glisse dans une brouette à deux roues de la taille d'une grosse pelleteuse. J'essaye d'abord de la pousser tout seul vers le moule. Tout mon corps se plie autour de ma colonne vertébrale tendue comme une baguette sous pression. La monstrueuse brouette se contente de basculer lentement de quelques centimètres vers l'avant avant de retomber dans le petit trou creusé dans le sol par ses pneus tout-terrain bombés. Elle me force à faire un pas en arrière. À deux, ça passe. Joe est un solide gaillard.

C'est curieux : avant, à l'époque du carriériste de Curitiba, je me voyais comme un "faiseur". Je raturais les éléments de mes to-do lists à un rythme effréné. Nous diffusions des publications et des informations à tour de bras. Mais quelque part, les résultats restaient impalpables : ce n'était que des mots imprimés sur le papier. C'était pour cette raison que j'avais pris un poste d'expert, parce que j'espérais que les conclusions scientifiques permettraient de prendre des décisions qui permettraient d'obtenir des résultats concrets. Un nouveau parc national. Une station de recherche. Trois hectares de forêt tropicale épargnés par les tronçonneuses. De quoi payer une nouvelle jeep aux rangers. Des ateliers de travail pour les populations locales. Une clôture. Mais nous ne faisions que brasser du vent. Par moments, j'avais l'impression d'être déconnecté de la réalité, déraciné, exsangue. Nous, les faiseurs, qu'avions-nous vraiment *fait*? Comparé, par exemple, à une matière *earthy* à l'odeur de ciment qui colle aux cheveux?

"Qu'est-ce que tu fais?"

Je n'ai pas entendu Joe arriver. "Rien", dis-je en me remettant à pelleter.

C'est bientôt le meilleur moment. Il faut répartir uniformément la boue lourde et épaisse dans les compartiments. Le crissement du métal contre le métal est atroce, jusqu'à ce que la bêche se prenne dans un pli de la tôle : chaque fois, c'est un choc douloureux pour le poignet. Chacun des compartiments, trente-cinq centimètres de long, vingt centimètres de largeur et de hauteur, doit être soigneusement rempli. Si des bulles d'air se forment, les briques risquent de casser. Nous plantons donc frénétiquement nos bêches dans chaque compartiment tandis que la matière durcit. C'est le moment où la transpiration s'en mêle. Elle me dégouline du nez et des aisselles le long du bras en gouttes laiteuses qui restent un instant accrochées à mon coude avant d'aller se mélanger à la terre.

Joe arrête de planter sa bêche et rompt le silence. Une fois n'est pas coutume. Il pointe son gant vers une goutte sur mon nez.

"Tu es en train de t'enraciner", dit-il simplement.

Puis vient le moment magique : la transformation. Avec précaution, Joe tire sur la poulie à laquelle le moule est accroché. Pendant un bref instant, il ne se passe rien. La corde se tend, les poutres grincent, puis la tôle se détache de la matière dans un bruit de succion. Tout doucement. Comme si un petit enfant soulevait un peu son moule dans le bac à sable pour admirer son œuvre. Mais en beaucoup plus sérieux.

Et les voilà.

"Alors, qu'est-ce que tu vois ? demande Joe avec enthousiasme tout en écartant le moule qui se balance dans le vide.

— Des briques, de très belles briques !" dis-je. C'est sorti tout seul. Ces briques sont vraiment belles. Elles sont lisses et géométriques, et elles sont disposées avec une régularité inouïe à l'endroit précis où, quelques instants plus tôt, nous avons déversé un gigantesque tas de boue sur le moule. Vingt-cinq pièces, soigneusement alignées. Mais surtout, c'est nous qui les avons faites. Elles n'ont pas été achetées. Et elles viennent du sol sous mes pieds. De la sueur de mon front. Il faut absolument que j'en parle dans mon journal ! Au cours des premières semaines sur l'île de Phra Thong, j'avais commencé une liste de jolies choses. Ou plus précisément : de choses qui viennent du cœur. Je devais à tout prix y ajouter : *faire des briques*.

"Exactement !" Dans la voix de Joe, on entend le même enthousiasme que pour la boue quelques instants plus tôt. "Des briques de terre, pour être précis."

Il époussette le sable sur son pantalon. "Maintenant, on va charger les briques d'hier. Notre discussion n'est pas tout à fait terminée", dit-il en souriant avant de se diriger vers le fond de la grange. Y sont disposées vingt-cinq autres briques, qui ne sont plus grises d'humidité mais déjà couleur ocre. Autrement dit : elles ne sont pas tout à fait prêtes. Les briques en terre doivent sécher au moins seize heures, en fonction de la météo, avant de pouvoir être empilées et transportées. Et au bout de quelques jours, on peut les utiliser.

Avec précaution, nous chargeons les palettes en bois à l'arrière du Toyota Hilux de Joe. À présent, j'ai mal au dos, mal aux biceps, mal à la nuque. Formidable. L'endroit où ils construisent se trouve sur Honey Possum Crescent Road. Le pick-up s'engage sur le terrain en cahotant. La maison est en train de prendre forme.

Des centaines de briques en dessinent le plan. Plusieurs murs m'arrivent à la taille, et au fond, certaines chambres sont déjà sorties de terre. Pour faire une maison, il faut environ sept mille briques.

"Et maintenant?" Joe n'a pas besoin d'aller plus loin. Sa question est évidemment rhétorique.

"Votre maison, dis-je.

— Notre maison en briques de terre, répond-il fièrement. Et ce n'est qu'une toute petite partie du réseau de racines, comme tu dis. Cette chambre, je l'ai faite avec un ami, et les machines sur l'autre terrain sont à lui. Sa femme et lui sont en train de construire là-bas, ils ont des gamins adorables. Peut-être qu'ils joueront avec les nôtres, dans la chambre de gauche. La semaine prochaine, ce sont tes briques qui iront sur le mur de fond. Ta sueur, la terre, nos amis... Ici, on va cultiver des légumes, et là bas, c'est le verger : les Young vont nous donner huit plants. Le tronc de ce gigantesque karri devrait nous permettre de tenir le premier hiver."

Je hoche la tête. Tout est vraiment lié à tout.

"On va prendre un café? propose-t-il.

— Refaisons d'abord une fournée, si tu veux bien", dis-je.

710 544e minute
École Steiner de Golden Hill
Denmark (34° 57' S, 117° 21' O)
Australie-Occidentale

JEU D'ENFANTS

"Nous pourrions éventuellement faire une exception."

Respirer à fond. Jusque-là, tout se passait comme sur des roulettes. Il faut dire que, quand on débarque de nulle part – autrement dit : d'un voyage de près d'un an et demi –, vouloir inscrire sa fille au jardin d'enfants "à titre d'essai", mais seulement pour "environ trois jours par semaine" et "de préférence pour quelques heures par jour" n'a rien d'évident.

Le directeur de l'école Steiner de Golden Hill avait écouté tranquillement le charmant discours de Vera avant de déclarer que, dans certains cas, il était possible de s'arranger.

"Vous pourriez nous en dire plus sur les objectifs pédagogiques du prochain semestre?" ai-je demandé.

Vera m'a discrètement jeté un coup d'œil perplexe. Le directeur en a fait autant, mais plus franchement.

"Juste les grandes lignes", me suis-je empressé d'ajouter. J'aurais pu m'épargner cette question : c'était digne d'un parent surprotecteur. Il s'agissait pour nous avant tout de mettre Nina en contact avec d'autres enfants. À Port Douglas, de jolies amitiés enfantines avaient ainsi vu le jour. En ce sens, la question des objectifs pédagogiques était loin d'être prioritaire…

Mais j'étais stressé. Après ce long voyage, le jardin d'enfants nous apparaissait comme une option franchement exotique. Tout sauf évidente. Et puis j'avais d'autres raisons tout à fait personnelles d'être nerveux.

"Chez nous, les objectifs pédagogiques sont assez individuels, a dit le directeur d'un ton enjoué. Laissons à votre fille le temps d'arriver, puis on verra."

Vera a hoché la tête d'un geste appuyé en me regardant droit dans les yeux : "Bonne idée.

— Bien sûr, ai-je renchéri.

— Évidemment, il est in-dis-pen-sable pour nous d'établir une relation de confiance avec les parents, a repris le directeur en me lançant un regard lourd de signification. C'est l'alpha et l'oméga. Il faut d'abord apprendre à se connaître."

Nous avons convenu que Nina ferait une première semaine d'essai au jardin d'enfants. Et qu'elle commencerait dès le lendemain. La présence des parents était plus que bienvenue.

Nous avons marché d'un pas lourd jusqu'à la voiture sans échanger un mot. C'est le genre de discussions qu'il vaut mieux avoir entre quatre yeux. Mais dès que nous avons pris Scotsdale Road, Vera a ouvert le feu.

"Des objectifs pédagogiques ? a-t-elle dit avec un grand sourire. Tu me donnerais les grandes lignes des objectifs pédagogiques de notre voyage ? Fais une phrase, pour voir. Qui commence par « Notre voyage… »!

— J'ai fait une rechute, ai-je murmuré.

— Carriériste de Curitiba ?

— Petit nouveau de Waldorf de Korschenbroich…"

Elle m'a regardé d'un air interrogateur. Les écoles Steiner-Waldorf et moi, c'était toute une histoire.

Jusque-là, j'avais refoulé ce souvenir dans le tréfonds de ma mémoire : la dernière fois que j'avais mis les pieds dans un établissement de ce type, à l'âge de quatre ans, dans l'excitation et l'enthousiasme de mon premier jour au jardin d'enfants Waldorf de Korschenbroich, un gamin avec un important besoin d'encadrement m'avait, lors d'un entraînement anti-agression, frappé la tête avec un camion de pompiers en métal sous le regard compréhensif de l'éducatrice jusqu'à ce qu'on doive m'évacuer de l'établissement en sang et que ma mère embauche "Mlle Jessica" comme nourrice. Je lui ai fait le récit de cet événement fondateur avec autant de sens dramaturgique que l'habitacle de la voiture le permettait.

"Tu ne crois pas que ça commence à dater ? a demandé Vera.

— C'est aussi à cause de l'Atlantide", ai-je maugréé. Et c'était vrai. Au cours des derniers jours, j'avais fait quelques recherches en ligne sur le programme scolaire des écoles Steiner, et j'avais fait des découvertes étonnantes. Notamment que les hommes venaient de l'Atlantide. Bien sûr, les chats-huants existaient, et on avait récemment trouvé des papillons caniches au Venezuela, mais cette histoire d'Atlantide allait trop loin pour moi. Notre théorie de l'évolution tenait la route, il y avait des fragments de crâne en Afrique de l'Est, et j'avais étudié l'histoire pendant quelques années. C'était précisément pour cette raison que, lors de notre premier entretien avec le directeur, j'avais voulu savoir si ce genre de sujets était abordé dès le jardin d'enfants.

Au moins, vu la manière dont l'entretien à l'école Steiner s'était passé, nous savions qui accompagnerait notre petite fille lors de sa semaine d'essai sur la colline dorée. Le lendemain matin, nous nous sommes mis en route – c'est une Nina particulièrement excitée qui est montée en voiture avec moi. Il faut préciser que le jardin d'enfants de Golden Hill est sans doute l'établissement scolaire qui a le plus beau cadre au monde, à égalité avec l'école allemande du Cap. Le nom de Golden Hill n'est pas usurpé – l'école est composée de maisonnettes *earthy* et construites avec amour situées sur un terrain vallonné des plus pittoresques : un petit fleuve serpente entre les bois, les jardins potagers, les pâturages à moutons et les terrains de jeux, le tout baigné dans la lumière chaude d'un soleil méditerranéen.

Après de brèves salutations pas trop timides, la secrétaire de l'école a envoyé Nina rejoindre les autres enfants dans la magnifique salle de jeux circulaire. À son invitation, je suis allé m'installer sur un canapé dans un coin en attendant que la maîtresse ait du temps pour moi. Je voulais écrire dans mon journal deux ou trois réflexions que je m'étais faites récemment.

Mais bientôt, un doux bruissement me tire de mes pensées. Une femme vêtue en violet de la tête aux pieds et d'une humeur visiblement radieuse se dirige vers moi. Elle approche à grands pas du canapé et, au moment où je me dis qu'elle va me foncer dedans, elle se fige devant moi avec sa poitrine ondoyante. À la main, elle tient un objet mou de couleur rose que je n'arrive pas à identifier. D'un coup, je suis aux aguets.

Elle plonge son regard dans le mien. Avec un accent sans pareil, comme si elle était à la fois la reine d'Angleterre et l'archange Gabriel, elle me dit d'un ton magnanime : "Yvette.

— Wolf. C'est un plaisir de faire votre connaissance!"

La créature nommée Yvette me toise alors que ma main est suspendue dans les airs. À croire que j'ai oublié une étape d'un rituel de salutation secret indispensable à la suite des événements. Je retiens mon souffle, regarde ma main, puis son visage. Un indice sur ce que je suis censé faire? Me lever? Est-ce qu'on se lève en Atlantide?

Mais au moment où je me décide à le faire, elle prend ma main, hoche la tête d'un air songeur et me dit avec un sourire indulgent : "Ah, Wolf…" Elle pose sur moi un regard plein de sagesse. "Notre directeur m'a prévenue que tu venais aujourd'hui. Bienvenue à toi! Il est essentiel pour nous d'établir une relation de confiance avec les parents."

Je me sens passablement mal à l'aise, d'autant plus qu'elle tient encore ma main, mais j'essaye de faire bonne figure.

"Wolf", répète-t-elle, et son regard se perd brièvement dans le lointain. Elle a les plus grands yeux que j'aie jamais vus. Puis elle lève la main gauche avec le machin rose et ouvre les doigts au ralenti. À voir son expression, il ne fait aucun doute que sa main contient la solution à tous les problèmes que je n'ai pas résolus au cours des deux dernières décennies. J'aperçois une pelote de laine rose vif qui doit faire un demi-kilomètre de long.

Elle la dépose précautionneusement sur la table devant le canapé. Avec un silence lourd de signification, elle me regarde un moment dans les yeux avant de prononcer les mots suivants : "Wolf. Je te prie de faire une balle à partir de cette laine."

Mon regard a dû trahir la perplexité dans laquelle sa demande me plonge.

"À peu près de cette taille", dit-elle en montrant sur une étagère en bois à côté de moi un objet qui ressemble à une boule rose et jaune grosse comme un pamplemousse.

Les yeux de nouveau plongés dans les miens, elle ajoute que c'est "*so relaxing* – très relaxant". Je me demande évidemment pourquoi elle pense que j'ai besoin d'une activité *so relaxing*. Et ce après un an et demi à me la couler douce.

Mais sans attendre de réaction de ma part, elle retourne – non, elle flotte – jusqu'à sa place à l'autre bout de la pièce. Une fois arrivée là-bas, elle se met à fredonner une chanson apaisante qui, vu la situation, fait tout sauf m'apaiser. Elle se balance doucement d'avant en arrière. Les yeux toujours rivés sur moi.

Je fixe la laine en me demandant si je dois protester et quels arguments seraient les plus accessibles à la créature nommée Yvette. Il y aurait par exemple le fait que c'est le premier jour de Nina ici et que j'aimerais bien voir comment elle s'en sort chez les Steiner. Pas d'entraînement anti-agression au programme ? Mais mon souhait pourrait être interprété comme l'expression d'un ressentiment latent – comme si quelque chose clochait avec les gens d'ici, avec le jardin d'enfants, voire avec le vénérable Rudolf. Utiliser mon journal comme prétexte serait sans doute moins équivoque mais pourrait me valoir le reproche de me défiler devant l'effort et la difficulté.

Je ne veux pas compromettre ma fille : elle est censée fréquenter ce jardin d'enfants pendant au moins quatre mois. Une certaine bienveillance de la part des éducatrices lui serait sans doute utile.

J'opte donc pour l'*open-mindedness* – l'ouverture d'esprit –, qui, avec l'*earthyness*, est une autre vertu des Denmarkiens, et je décide d'accepter la mission qui m'a été confiée avec tant d'aimable fermeté. Je prends un bout de laine en main et j'attends une révélation. C'est doux et pelucheux. Faute d'inspiration, je décide de me plier à l'exercice et de me concentrer sur mon objectif. La balle sur l'étagère qui est censée me servir de modèle est parfaite. Consistance ferme, forme symétrique, surface lisse. Pour voir, je la laisse tomber, et à ma grande surprise, la chose, non contente d'avoir l'air d'une balle, se comporte aussi comme telle. Elle rebondit sur le sol. Ce qui, pour de la laine, est physiquement impossible… Ce doit être le résultat d'une métamorphose d'ordre divin à partir d'environ un kilo de laine emberlificotée.

La perfection du modèle ne me facilite pas la tâche. La créature me fait dignement signe de m'y mettre. De ses mains, elle mime le geste de dérouler la laine dans les airs. Une main est en lévitation au centre, telle l'étoile fixe dans le système solaire Steiner. L'autre tourne autour comme une planète tandis qu'un fil virtuel glisse entre le bout de son pouce et de son index.

Fugitivement, je me dis qu'il s'agit soit d'un authentique rite initiatique, soit d'un test psychologique, soit (plus vraisemblablement) d'une combinaison des deux. La balle que je suis censé confectionner dira tout de moi. Comme ces tests de Rorschach où, quelle que soit la forme de la tache d'encre, je vois systématiquement certaines parties bien précises du corps féminin. Je veux dire, ce sont quand même toujours… Bref. Sous l'influence de Nina, puis de notre voyage, j'ai développé une imagination débordante et élargi mon horizon. Mais quand même : c'est dingue tout ce que les autres voient. Des papillons et une branche fourchue couverte de poils ? Mais bien sûr… Un piano avec un paon dessus ? Comme il est soi-disant possible de déduire tout un tas de trucs des interprétations, surtout dans leur ensemble, j'ai toujours refusé de révéler mes associations d'idées à qui que ce soit.

Mais aujourd'hui, il n'y a pas d'échappatoire. Qu'est-ce que ma balle unique au monde dira de ma santé mentale, de mon état émotionnel, de mes influences prénatales, voire de mes convictions politiques ? Si ça se trouve, enrouler la laine n'importe comment est le signe d'une absence de structure, d'une aptitude défaillante à la vie. Rudolf devait savoir ce qu'il faisait en inventant ce test. Et la femme violette, Yvette, est sans doute une liseuse de balle en laine extrêmement expérimentée.

Au bout d'une dizaine de minutes, j'y regarde de plus près. Ce qui commence à se former entre mes mains est très clairement un dé. J'essaye de dissimuler mon ouvrage en pliant un peu le genou et en me penchant légèrement dessus. Le tout avec un sourire censé être *so relaxed*. Je mets les bouchées doubles et décide d'enrouler la laine en diagonale. Je pense à Gandhi qui, pendant les négociations pour l'indépendance de l'Inde, avait rendu fous les représentants de la Couronne britannique, raides comme des piquets et tendus comme pas permis – du genre à se sentir nus sans cravate autour du cou –, en passant les séances de pourparlers à tripoter son fichu rouet. Tout le monde était à bout : c'était le destin de millions de personnes qui se jouait. Cela dit, s'il avait été en train de faire une balle en laine, ça n'aurait sans doute pas été mieux, et le drapeau de l'Inde aurait aujourd'hui une drôle de tête.

Ces réflexions font passer le temps. Au bout de dix autres minutes, je me retrouve avec un œuf flanqué de deux ailerons latéraux dans la main. J'arrête d'enrouler la laine, et je m'accorde une petite pause. Au bout d'un moment, je me rends compte que quelqu'un est en train de se racler la gorge non loin de moi.

Je lève les yeux. Une ravissante petite fille d'environ six ans, aux traits asiatiques, est plantée devant moi. Son collant est troué au pied gauche, et deux orteils en dépassent. Elle déclare avec gravité : "C'est une petite balle."

La petite fille me regarde droit dans les yeux, l'air d'attendre une réaction. Comme rien ne vient, elle reprend d'un ton sévère : "Nous, on fait des grosses balles." Elle me regarde de nouveau, pleine d'espoir.

Je devrais être content qu'une petite fille donne si généreusement à ma chose le nom de "balle". Un grand pas en avant ! J'hésite à dire quelque chose de gentil pour détendre un peu l'atmosphère.

Mais comme si j'étais borné ou à moitié sourd, la petite fille répète aimablement, en détachant chaque syllabe : "On fait de plus grosses balles que ça." Puis, en guise d'explication : "Tu vois." Et dans les airs, elle esquisse les contours d'une plus grosse balle. Elle y met beaucoup d'application et refait plusieurs fois son geste. Avant qu'elle se mette à m'expliquer que ma balle est plus petite qu'une grosse balle, et qu'une plus grosse balle doit par conséquent nécessairement être plus grosse que la mienne, je m'empresse d'enrouler une autre longueur de fil autour de ma chose.

Le visage de la petite fille s'éclaire.

Un autre tour.

Elle hoche la tête d'un air encourageant. Visiblement rassurée quant au fait que je suis capable d'accomplir ma mission par moi-même, elle retourne en sautillant vers les autres enfants.

Soulagé, je me renverse dans le canapé. Je ne peux pas m'empêcher de penser à la chanson de AC/DC *Big Balls* : *"I've got big balls, I've got big balls, they're such big balls."* L'espace d'un instant, je suis tenté de me mettre debout sur le canapé pour brailler le refrain dans toute la salle de jeux. La pièce serait sans doute condamnée pour les soixante-dix-sept prochaines années et ne serait rouverte qu'après de longues séances de pendule et de parlementations. Je laisse donc tomber l'idée. Je ne veux pas mettre Nina dans l'embarras en la forçant à raconter qu'elle n'a jamais croisé ce méchant monsieur de sa vie.

Je louche du côté d'Yvette. Elle est en train de plier placidement des carrés en soie de toutes les couleurs en carrés encore plus petits lorsque la porte de la salle de jeux s'ouvre et qu'une armoire à glace en bleu de travail se fraye prudemment un chemin à travers les jouets en bois qui traînent un peu partout. C'est John, on s'est déjà vus deux ou trois fois. Je sursaute, et je planque ma chose en laine entre mes cuisses. En croisant mon regard, il me lance : "Salut, Wolf, comment ça va ?

— Oh, très bien, merci", dis-je en essayant de lever les pouces. Malheureusement, la laine se prend dans mes manches, et deux nœuds sortent de la masse. On dirait que je suis en train de ligoter mes propres jambes.

John regarde mes cuisses d'un air interrogateur :
"C'est une belle journée, pas vrai ?"

C'est très gentil de sa part. Il aurait aussi pu dire :
"Chacun son truc", ou quelque chose comme ça.

En temps normal, il est rarissime que je pique un
fard. "Je suis en train de faire du rangement", dis-je
le plus sérieusement possible, et avec un sourire que
rien ne justifie, les jambes toujours collées l'une contre
l'autre, j'agite la main au-dessus du coin canapé.

Ce coup d'éclat me vaut de la part de John une
sorte de hochement de tête songeur, accompagné
d'un haussement de sourcils et d'un pincement de
lèvres, qui signifie clairement qu'il n'y a vraiment
pas de quoi hocher la tête. Mais il faut dire qu'il a
une plaque de quarante kilos entre les mains, et il
se contente de conclure : "Eh bien, bonne chance",
avant de repartir en trottinant vers la femme violette.

Je respire enfin. Puis je louche du côté de Nina.
Pour la première fois depuis plus d'une demi-heure.
Je constate avec soulagement qu'elle fait partie d'un
groupe de cinq gloutons perdus dans les montagnes.
Les animaux forment une chaîne, pour que seul l'un
d'entre eux risque d'être mangé par les monstres des
neiges. Rouges comme des tomates, ils se faufilent
avec des chuchotements angoissés sur la crête. Les
monstres peuvent surgir n'importe quand. Ils sont à
leur merci au milieu des montagnes enneigées où le
vent hurle autour des sommets verglacés. Hier encore,
tout cela n'était pas encore inventé, et demain, ce sera
déjà oublié. Mais pour le moment, le reste du monde
n'existe plus. C'est le paradis des jeux d'enfants : il n'y
a rien d'autre que l'instant présent.

Soudain, je comprends. C'est à ma question sur
les objectifs pédagogiques que je dois l'exercice de

la balle en laine. Je vois bien ce qu'apporte une journée au jardin d'enfants, même sans objectifs pédagogiques axés sur les compétences avec documentation contextuelle à l'appui. Comme quand les enfants sont dans leur monde et s'amusent tels des petits fous sans que personne évalue quoi que ce soit. Je voudrais dire que tout cela n'est qu'un terrible malentendu post-traumatique. *Excusez-moi, je peux tout vous expliquer.* Je pourrais même dire que j'ai dans mon journal une liste de jolies choses qui viennent du cœur. Sauf qu'on n'a jamais de seconde chance de faire une première impression. Désormais, la balle en laine est mon seul espoir de rétablir l'alpha et l'oméga de la confiance. Je continue donc à enrouler mon fil avec détermination. Maintenant que j'ai compris que le sens de l'absence d'objectif est de comprendre que le sens n'a pas d'objectif, c'est beaucoup plus facile.

Au bout d'une vingtaine d'autres minutes d'extrême concentration, quelque chose de nouveau prend forme. Cela n'a qu'une vague ressemblance avec une balle : il va falloir tricher. J'essaye de rattraper le coup en planquant les bosses et les plus gros nœuds. Sur un des côtés, il y a un bout de fil qui dépasse, et je commets une erreur impardonnable. L'erreur du mois, pour ainsi dire. Je tire prudemment sur le fil, et aussitôt, de nouvelles boucles apparaissent. Plus j'essaye de les rentrer dans la balle, plus le fouillis s'installe. Je glisse le petit doigt dedans et je l'enfonce tout au fond. Compresser la laine de toutes ses forces ne sert à rien. La chose est de plus en plus informe. Ce n'est pas de la pâte à modeler.

Pour finir, je me retrouve avec les mains en feu et un truc qui ressemble à une vache hyperlaxe flanquée de trois bouts de jambes et d'un pis plein de lait et surdimensionné. Manque de chance, les boucles des tuyaux de traite se trouvent sur le dos de la vache. On est à deux doigts de l'explosion.

Avec inquiétude, je cherche du regard la petite fille qui m'a donné ses précieuses instructions. Mais elle vient d'être attrapée par un monstre des neiges et n'a rien suivi de mes malheurs.

Puis mes tourments prennent fin. Yvette flotte jusqu'à moi et me prend mon truc des mains. Elle lève la chose vers la lumière de la fenêtre derrière moi.

L'heure est venue. Je m'attends à un petit laïus sur la gratuité du moment présent.

"Une balle est une balle, non?" dis-je à toute vitesse avec mes gros sabots pour la devancer. L'essence philosophique du moment gratuit en soi, pour ainsi dire.

Le sourire aux lèvres, elle tourne et retourne ma balle entre ses mains.

"Je dirais plutôt qu'une vache est une vache, répond-elle avec un clin d'œil. Enfin, ce n'est qu'un jeu, pas vrai?"

Tout juste. Mon essence est une vache. Au moins, l'école m'est désormais beaucoup plus sympathique. Si Yvette est capable de reconnaître ma vache, elle devrait comprendre Nina sans problème. Et il n'y a pas de camion de pompiers en métal dans les parages. Quant à cette histoire d'Atlantide, eh bien… Je suis sûr que Nina serait ravie d'apprendre que l'île d'Atlantide est le berceau de l'humanité et des gloutons. Encore un univers parallèle. Et puis, à Golden Hill, des fées viennent régulièrement faire un tour en classe – que demander de plus?

À notre retour à la maison, après cette matinée riche en événements, nous trouvons Vera installée sur la véranda avec Mr Simon. S'ensuit une description haute en couleur de la dure vie des gloutons. Mr Simon est très impressionné. Il ne veut surtout pas aller là-bas ! Une fois la tempête de mots calmée, c'est à moi. Alors que je m'apprête à parler cerclature du carré, Nina lance : "Aujourd'hui, papa a fait une vache rose !"

Je hoche la tête. Il n'y a pas à tortiller sur ce point.

"Et alors, tu as identifié les objectifs pédagogiques ? demande Vera en pouffant de rire.

— Yep, dis-je d'un ton assuré. Un voyage est un rêve qui est une aventure qui est la vie qui est un voyage.

— Je savais que tu comprendrais, dit Vera.

— Un jeu d'enfants !"

790 122e minute
Au vieux pont du chemin de fer
Denmark (34° 57' S, 117° 21' O)
Australie-Occidentale

LE PAYS DES VRAIS MECS

Parmi les femmes qui vont en Australie, nombre d'entre elles ne rentrent jamais vraiment. Et sans l'avoir vu venir. Le voyage était censé durer quatre à six semaines, pendant la pause intersemestrielle ou les congés posés pour rattraper les heures supplémentaires. Mais voilà que ces femmes, prenons par exemple Steffi W. de Fribourg, rentrent avec six jours de retard et les joues rouges. Leur vol aurait été retardé. Ces femmes sont rayonnantes comme jamais, et elles finissent par cracher le morceau : elles ont fait la connaissance de Mat, Dan ou John. Mat, Dan ou John est propriétaire d'un bon bout de terrain situé quelque part sur une côte "incroyable", sachant qu'en Australie, tout est situé sur une côte plus ou moins incroyable. Les amis allemands intrigués voient apparaître sur son smartphone un bel homme en chemise de flanelle à carreaux sur fond de ciel bleu. On dirait au moins Jeff Bridges ou Paul Walker, sauf qu'en vrai, ce n'est pas une star de cinéma. Ce serait "trop stressant". À la place, l'homme fait un métier manuel. Mat, par exemple, construit des maisons à partir de tous les matériaux possibles et imaginables, mais il sait presque tout faire, y compris disparaître au fond de l'énorme bloc-moteur de son pick-up

Dodge. "C'est comme si c'était fait", dit-il, et le plus souvent, c'est vrai. Aucune séance d'UV ne permettra jamais d'avoir sa couleur de peau. Et pas la peine de suivre un régime : l'homme se dépense en travaillant. L'ancien camarade de classe de Mat, Dan, exerçait comme avocat à Perth et avait un bel appartement plus bas, à Cottesloe. Puis son père était tombé malade. Quelqu'un devait s'occuper des vignes : quarante hectares de sauvignon blanc et des plants de syra du côté de la Frankland River. Une fois le papier journal retiré, les bottes en caoutchouc du vieux étaient à sa taille, et il arriverait bien à faire démarrer le tracteur. Mat viendrait tôt le matin, avant 8 heures : il lui devait bien ça car Dan lui avait un jour sauvé son permis de conduire. L'alcootest n'était pas recevable parce que la police avait oublié d'allumer le gyrophare.

Si Dan, Mat et les autres, qui se donnent géné-ralement du "*boy* – mec" ou du "*mate* – mon pote", ont le cœur sur la main, ils ne sont pas franchement bavards. Dans l'ensemble, les Australiens n'ont pas grand-chose d'italien : je crois qu'ils ne sont pas très portés sur le mélodrame. Si Roméo Montaigu, par exemple, avait été australien, il serait allé voir le comte Capulet sur sa véranda, l'après-midi, une fois son travail terminé, il aurait donné une petite tape à l'énorme chien hargneux, remonté les manches de sa chemise à carreaux rouges et blancs trempée de sueur, posé son chapeau sur la table et ouvert deux des pale ales sorties du congélateur en disant : "*Man, I think I really like your daughter* – Écoute, je crois que ta fille me plaît vraiment."

Et si la méthode directe n'avait pas fonctionné – mettons que le comte soit un immigré d'Europe du Sud et que les rayons du soleil n'aient pas encore eu raison de ses vieux réflexes prises de tête –, Rommy, comme on l'appelait au village, aurait laissé en plan les quatre canettes de bière restantes en se disant qu'il était temps que le comte boive un truc correct et, après une attaque de bisous typiquement australienne, il aurait flanqué une Juliette tout sauf indécise à l'arrière de son pick-up. Ils auraient donné quelques coups de klaxon mais sans trop s'attarder, car le comte à tendance *drama queen* aurait déjà été en train de retourner la maison à la recherche de cartouches pour fusil à deux coups. Puis ils auraient crié : "À la prochaine, vieux !" et quitté la propriété des Capulet sur les chapeaux de roues, tout droit vers le soleil couchant, et quelques milliers de kilomètres plus loin, à l'autre bout du continent, ils auraient commencé une nouvelle vie.

Avec les hommes comme John, Mat et Dan, les Allemandes ont la cote, presque autant que les Suédoises. Comparées aux Françaises, certes plus féminines, mais tellement difficiles à comprendre, les Allemandes passent pour moins compliquées et plus directes. Ce n'est pas en se languissant de Paris chaque soir, à l'heure bleue, qu'on gère deux hectares de terres, comme Dan me l'avait un jour confié après m'avoir entendu monologuer un peu trop longtemps et sans aucune objectivité sur Sophie Marceau. Je ne sais pas combien de fois mes potes australiens m'ont chaudement félicité d'avoir "ferré" Vera ("*Well done, mate* – Bien joué, mon pote") ou demandé l'air de rien si elle n'avait pas quelque part une sœur qui envisagerait, un beau jour, de venir nous voir.

Vera et moi voyagions dans un pays de mariages mixtes. L'entente germano-australienne, en particulier, fonctionne du tonnerre sur le terrain, à des milliers de kilomètres de l'Institut Goethe le plus proche. Mais d'autres pays, du Canada au Japon, voient aussi des Australiens ravir le cœur de leurs filles. Et parce qu'à Denmark il y a une flopée de Mat, de Dan et de John, ce petit village est comme une assemblée permanente des Nations unies particulièrement fructueuse.

Grâce à John, j'ai assisté en direct à la méthode australienne, efficace sans trop en faire. Après avoir étudié l'électrotechnique à la Curtin University, John a lancé un petit business avec son frère cadet : des barbecues fabriqués à la demande. Il faut savoir qu'en Australie, comme en Afrique du Sud, le barbecue est une activité sacrée. À tous les coups, des propositions d'inscription au patrimoine culturel de l'Unesco ont déjà été déposées – après tout, les boulangers allemands y sont bien arrivés avec leur pain dur à s'y casser les dents. Au départ, John et son frère ne roulaient pas sur l'or avec leurs barbecues, mais ils n'étaient pas à plaindre. Et depuis que les nantis de Perth se refilent leur carte de visite sur laquelle il n'y a que leurs prénoms à tous les deux, un logo un peu grossier représentant un immense barbecue, et le numéro de portable de John ajouté à la main, les gars ont même réussi à mettre de l'argent de côté pour les maisons qu'ils comptent construire sur leur bout de terrain. La plupart des commandes passées par les médecins, les avocats et les hommes d'affaires de Perth sont des fantasmes de barbecues pornographiques qui ne fonctionneront jamais. Mais une fois que John le leur a expliqué trois fois et si les clients n'en démordent pas, il leur fabrique l'engin de leurs rêves : surdimensionné, dysfonctionnel et tellement lourd qu'il faut une camionnette pour le transporter. La veille, pour une fois, John avait eu toute la journée de libre – l'occasion de terminer enfin le portique à balançoires de près de quatre mètres de haut destiné à sa petite nièce et fabriqué à partir de poutres rejetées par la mer après le naufrage d'un cargo chinois à vingt milles de la côte l'année précédente. Bien plus marrant que les pseudo-barbecues prétentieux, comme il l'avait expliqué avec un clin d'œil à Mme la professeure Wittlich de Fribourg.

Mme la professeure Wittlich était une de mes connaissances, venue nous rendre visite après un séjour à Perth. Vera et moi étions toujours contents d'avoir des visiteurs. Et comme nous étions invités à dîner chez la sœur de John, elle nous avait accompagnés : la sœur de John nous avait dit que c'était une excellente idée et qu'elle devait "absolument venir".

Comme nous l'avions constaté, le nouveau portique était tellement solide que même Mme la professeure Wittlich pouvait s'y balancer sans qu'il bouge d'un seul millimètre sur son ancrage. Lorsque John, sans demander la permission, avait posé ses grosses paluches abîmées sur ses hanches pour la tirer en arrière et lui donner de l'élan, elle s'était retournée très lentement et l'avait toisé d'un regard qui m'avait glacé le sang dans les veines. Il faut dire que Mme la professeure Wittlich n'est pas née de la dernière pluie. À environ trente-cinq ans, elle a une chaire en macroéconomie dans une université très renommée, gère en parallèle une entreprise de plus de cinquante employés majoritairement de sexe masculin, et ainsi de suite. Je n'étais même pas certain que John et elle se soient présentés avant. Et alors que je me disais qu'il allait avoir droit à une leçon d'autodéfense féministe bien musclée, John lui avait fait un petit clin d'œil et l'avait soulevée un peu plus haut sur sa balançoire avant de la lâcher. Et Mme la professeure Wittlich n'avait émis, en tout et pour tout, qu'un léger "Ouh là là".

Deux jours plus tard, nous devions retrouver la famille de John et quelques amis pour un pique-nique. Le pique-nique à haute fréquence est l'un des passe-temps favoris de la gent féminine d'Australie-Occidentale. La variante masculine est pratiquée à portée de voix et consiste à plonger les pieds dans l'eau avec ses *mates* pour regarder l'horizon en vidant des bières. À Denmark, ce ne sont pas les occasions qui manquent. À deux pas du village se trouvent plusieurs des plus belles plages au monde. Comme si une seule d'entre elles n'aurait pas suffi à rendre ce lieu inoubliable.

Quand on prend les pistes rouges et poussiéreuses qui doivent chaque année être dégagées à la pelle-teuse au milieu de l'épais maquis des collines de la côte, on finit par arriver à Greens Pool. L'eau y est si claire que, même à cent cinquante mètres du rivage, on distingue le moindre coquillage sur le sable blanc et poudreux. Et cerise sur le gâteau, il y a Waterfall Beach où de l'eau douce glacée jaillit de la falaise malgré une chaleur étouffante. Enfin, Elephant Beach n'est qu'à quelques centaines de mètres, avec ses énormes rochers rouge-brun polis par le courant. Quand on nage parmi eux, il arrive que de majestueuses raies nous accompagnent au milieu de ce labyrinthe. Comme certains rochers se trouvent à fleur d'eau, quand on se met debout dessus, on dirait qu'on marche sur les flots.

La première fois que nous sommes venus, j'ai voulu faire la blague à Nina, et elle s'est contentée de hocher la tête d'un air satisfait en murmurant : "Enfin !" C'est aussi à Elephant Beach que nos entraînements aériens ont fini par porter leurs fruits et que j'ai réussi à lancer Nina assez haut pour qu'elle déploie entièrement ses ailes. Elle a même écarté les doigts, comme les oiseaux de proie avec le bout de leurs ailes. Et voilà, on y était. Je veux dire que Nina, au lieu de retomber aussitôt, est restée un instant dans les airs. Juste une fraction de seconde, même pas le temps d'une bulle de savon.

Nina m'a même suggéré de me reconvertir en auxiliaire de vol. Elle proposait généreusement mes services à tous les autres enfants, elle était d'accord pour me prêter, et ces derniers en profitaient largement. Dans mon journal, à la liste *Perspectives professionnelles*, j'ai ajouté : *auxiliaire de vol*.

En des temps reculés, les rochers d'Elephant Beach avaient dû évoquer à quelqu'un un troupeau d'éléphants en pleine baignade. C'est une question que je me suis souvent posée : qui baptise les plages de cette planète ? Ça aussi, ce serait un beau métier. Dans mon journal, sous la ligne *Auxiliaire de vol*, j'ai écrit : *baptiseur de plages*. Je passerais mes journées les doigts de pied en éventail sur des plages sans nom, à écouter la mer jusqu'à trouver l'inspiration. Même si Greens Pool, Waterfall Beach et Elephant Beach nous comblaient déjà, nous partions parfois à l'aventure sur les pistes rouges et poussiéreuses le long de la côte entre Peaceful Bay et Albany. Nous en prenions plein les yeux. C'est un fait : certains paysages rendent heureux. Dans mon journal, en bas de la liste *Caractéristiques du paradis*, j'avais ajouté : *paysage qui ne devrait jamais s'arrêter*. Une de ces fois-là, au sommet d'une colline, passé les premiers "Oh" et "Ah", nous avons ralenti jusqu'à nous arrêter au milieu de la route dans un nuage de poussière. Nous nous sommes regardés et, après avoir éclaté de rire, nous nous sommes tus car nous ne savions pas quoi dire face à tant de beauté. À cet endroit, la mer est peinte de toutes les nuances de bleu, du cobalt au bleu ciel, et sous les rayons du soleil, les falaises ont un éclat rouge brique. Et en prime, il y a le sable clair, le bleu-vert pâle de la végétation dense couchée par le vent de la côte. Ici, l'eau du large contourne une petite île avant de prendre en étau un étroit banc de sable, et les vagues cristallines déferlent et se fracassent les unes contre les autres comme du verre liquide. Je n'avais encore jamais vu un spectacle pareil. Et c'est pour cette raison que je me suis promis de ne jamais coucher le nom de cette crique sur le papier – c'est le premier secret professionnel de ma carrière de baptiseur de plages.

Il n'est donc pas complètement saugrenu que les *mates* de Denmark finissent souvent leur journée les pieds dans l'eau à siroter une bière comme ce soir-là, avec la famille de John. À ceci près qu'en guise de bière, j'avais apporté dans ma glacière un bâtonnet Magnum, ce qui m'avait valu un haussement de sourcils de la part de mes compagnons. Mais ils me connaissaient, et nous avions déjà parlé de cette histoire de glace jusqu'à (presque) plus soif. En bons professionnels, nous étions donc en train de regarder l'horizon quand John a soudain demandé :

"Comment va Sweety?

— Qui ça?

— Votre visiteuse d'Allemagne", a précisé John en me regardant d'un air plein d'espoir.

Je me dis qu'il faut que je le mette en garde.

"Elle nous rejoint plus tard avec Vera. Écoute, John : Sweety est professeure de macroéconomie et elle est à la tête d'une équipe de cinquante hommes.

— Génial! réplique John.

— Ne l'appelle pas Sweety, ai-je insisté. Chez nous, en Allemagne, ce n'est pas comme ça que ça marche.

— Pas comme *quoi*?

— Par exemple, avant d'attraper une parfaite inconnue par les hanches, il vaut mieux demander l'autorisation."

John m'a regardé en fronçant les sourcils : "Merci, docteur. Grâce à toi, je sais enfin comment m'y prendre avec les femmes.

— Je te dis juste comment ça se passe *chez nous*. En règle générale, c'est mieux d'attendre qu'elle te donne son feu vert. Même chose pour lui tenir la porte, l'aider à mettre son manteau, lui donner des conseils, lui filer un coup de main pour se garer, lui porter sa valise, et ainsi de suite.

— Sérieusement?

— Il ne faut pas partir du principe que les filles n'y arriveront pas toutes seules.

— Et si c'est vraiment une très grosse valise?" John fait craquer ses doigts. C'est l'une des objections qui me donnent régulièrement du fil à retordre.

"Elle doit pouvoir la porter toute seule si elle le veut", ai-je répondu faiblement.

À vrai dire, il y a certaines choses que je ne comprends pas bien. J'essaye quand même de lui décrire, de la manière la plus convaincante possible, l'essence du féminisme européen. Après un long monologue, je cherche dans le visage de John une étincelle de compréhension.

"Donc je reste les bras croisés à la regarder galérer avec sa valise et je ne fais rien, résume-t-il laconiquement.

— Voilà, en gros.

— C'est compliqué."

Dan intervient en me regardant droit dans les yeux : "Wolfi, *a man has to do what a man has to do* – un homme doit faire ce qu'il a à faire."

Je retiens mon souffle. Il n'y a pas de trace d'ironie sur son visage. Deux ou trois autres gars opinent du chef avant de se tourner vers l'horizon. Je trouve complètement dingue que quelqu'un puisse dire une phrase pareille. Quand il s'agit de prendre les choses en main – y compris les hanches de professeures étrangères –, ils y vont les yeux fermés.

La voix de John coupe court à mes réflexions : "Ce n'est pas du tout viril.

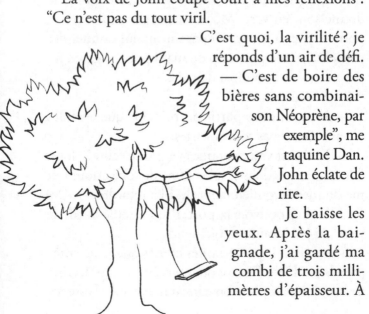

— C'est quoi, la virilité ? je réponds d'un air de défi.

— C'est de boire des bières sans combinaison Néoprène, par exemple", me taquine Dan. John éclate de rire.

Je baisse les yeux. Après la baignade, j'ai gardé ma combi de trois millimètres d'épaisseur. À

234

cette période de l'année, la température de Greens Pool descend bien en dessous des vingt degrés. Dan, John et les autres sont en short mouillé : ici, c'est comme ça. Mais la dernière fois, ça m'a valu une bonne crève, car on peut rester à boire des bières les pieds dans l'eau jusqu'à ne plus sentir ses jambes – que ce soit à cause de l'alcool ou de la température de la mer. Et il faut préciser qu'en lieu et place d'une bière, j'ai un demi-Magnum aux amandes à la main.

Oui, c'était compliqué. Selon mes compagnons – on me l'avait répété à différentes occasions –, je présentais certaines anomalies flagrantes qui ne manquaient pas d'intérêt d'un point de vue culturel, voire semblaient inédites sur le plan biologique. En tout cas, comparé aux autres individus de sexe masculin. Je souffrais, par exemple, d'un amour congénital de la musique ainsi que de métrosexualité aiguë. Et moi, je me disais : Heureusement qu'ils ne savent pas que je fais du yoga. Je préférais ne pas imaginer leur réaction s'ils apprenaient que je pratiquais régulièrement des postures comme le chien tête en bas. Ils avaient également remarqué que j'étais contre l'alcool, mais gravement accro au chocolat et, à la différence de mes congénères, sous-doué en travaux manuels (exception faite des briques de terre). Chose tout aussi incompréhensible : je n'avais pas de bout de terrain situé sur une côte incroyable. Et ils avaient fini par se rendre compte que, pour moi, le cricket était un jeu qui se pratiquait à cheval. Cerise sur le gâteau : d'après mon titre de docteur, j'avais un jour été un universitaire à succès, sauf que j'étais désormais au chômage et que je griffonnais dans mon journal aux moments qui s'y prêtaient le moins. Par ailleurs, je consacrais le plus clair de mon temps à des activités *earthy* et difficilement compréhensibles en compagnie d'une petite fille qui était, de son propre aveu, extraterrestre à temps partiel ainsi que de son petit frère.

Quand, comme Dan, on est persuadé qu'un homme doit faire ce qu'il doit faire, un projet de vie comme le mien peut en effet paraître "*overcompli- cated* – excessivement compliqué". Il m'arrive effec- tivement de regretter de ne pas avoir une existence un peu plus simple. Réduite à l'essentiel : des terres. Une femme. Des briques. Un toit. Des enfants. Et peut-être la mer en prime. Un problème ? C'est la base. Je comprends tout à fait le raisonnement. Et je ne fais pas exprès de me compliquer la vie.

Par chance, ils ont beaucoup de patience avec "Wolfi", comme ils m'appellent souvent avec un petit hochement de tête. La dernière personne à m'avoir appelé comme ça était ma grand-mère, et j'avais huit ans. Mais quelque part, ça me va bien. Et secrètement, la compagnie fruste et moqueuse de ces gars me donne une impression de sécurité que je ne me rappelle pas avoir connue. Mais que ça reste entre nous.

"Oui, c'est un peu compliqué, dis-je. Qui veut une glace à la vanille enrobée de chocolat au lait avec des éclats d'amande qui croustillent sous la dent ?" C'est toujours bien de trouver des gens avec qui rire de soi.

Lorsque la professeure Wittlich est arrivée à la suite de Vera et de Sonja, John et elle se sont enfin présentés.

"Pardon, vous pourriez me redire votre nom ? a demandé Mme la professeure Wittlich.

— John. Mais vous pouvez m'appeler Sweety",
a-t-il répondu en broyant sagement sa petite main.
J'ai tressailli. La professeure Wittlich a pouffé de rire.

"Enchantée. Stefanie, a-t-elle répondu avec un
sourire radieux. Mais vous pouvez m'appeler Steffi."
Et ils sont restés un long moment les yeux dans les
yeux – et encore trois secondes de plus. Je suis certain
que, dès ce moment-là, c'était plié : Steffi de Fribourg
allait rentrer en retard de son voyage.

Le soir même, j'ai reçu une invitation un peu mystérieuse de la part de Dan et des autres. Visiblement,
ils s'étaient concertés les pieds dans l'eau, pendant que
je surveillais les enfants. À mon retour, ils ont porté
d'un même geste leurs canettes de bière à la bouche,
sans dire un mot et les yeux rivés sur l'horizon. Après
un dernier coup d'œil à la ronde auquel les autres ont
répondu d'un signe de tête presque imperceptible, Dan
a fini par prendre la parole. Rendez-vous le week-end
suivant, à 6 heures du matin, au vieux pont du chemin
de fer à l'embouchure de la Denmark River. On y ferait
"quelque chose". Habits de sport, serviette. Je n'ai pas
eu plus d'informations. À part une : je pouvais laisser
ma combinaison Néoprène à la maison.

J'ai promis d'être à l'heure, ce qui ne m'a pas
empêché de cogiter sur la question. Qu'est-ce qu'une
bande d'Australiens pouvait bien faire à 6 heures du
matin au pont du chemin de fer ? Soulever des
traverses ? Pêcher à la dynamite ? Lutter au corps à
corps ? S'agissait-il d'un nouveau rite d'initiation
comme à l'école Steiner ? Je me suis demandé si,
faute de mieux, les genouillères de Nina pourraient
m'aller. Je n'avais pas de protège-dents.

Quand le samedi matin est enfin arrivé, dans la
pâle lumière de l'aube, j'ai découvert sept ou huit

types en tenue de sport alignés le long du fleuve qui étaient visiblement en train de s'échauffer. Il y avait encore une brume épaisse sur la baie et sur le fleuve. Denmark était endormi. J'ai eu du mal à reconnaître Dan. Il m'a présenté un autre homme campé devant les autres qui donnait des instructions.

"Lui, c'est Mike. Entre nous, on l'appelle Swami Mike, a annoncé Dan. On est les RaYs de Denmark. *Running and Yoga* – jogging et yoga –, tu vois le topo ? Aujourd'hui, c'est seulement yoga, parce qu'il y en a qui doivent partir tôt. Ashtanga style Mysore. C'est un peu crevant, mais à force, on s'y fait." Il m'a donné une tape sur le dos. "C'est un genre de période d'essai, tu vois ?"

Je ne comprenais pas tout, mais j'ai opiné du chef et je me suis posté derrière un type qui faisait le chien tête en bas, rouge comme une tomate et les bras tremblants.

"Hey, John, ai-je dit en le reconnaissant.

— Hey, Wolfi, a-t-il soufflé.

— Je n'aurais pas cru que tu faisais du yoga." C'est sorti tout seul. La réponse de John ne se fait pas attendre : "*Well, a man has to do what a man has to do.*" Et même s'il a la tête à l'envers et qu'il fait encore sombre, je vois ses yeux pétiller.

830 000ᵉ minute
Stade du McLean Park
Denmark (34° 57' S, 117° 21' O)
Australie-Occidentale

TU NE COURS JAMAIS SEULE

C'est un sans-faute jusqu'à ce qu'Alonso commette une erreur décisive dans le troisième virage sud juste avant la fin du Grand Prix de Malaisie. Le commentateur s'époumone : "Cette attaque de Vettel, on dirait bien qu'Alonso ne l'a absolument pas vue venir. Quel retournement de situation ! Ce qui se passe en ce moment, c'est peut-être l'occasion unique que Vettel attend depuis plusieurs tours. Alors qu'Alonso dominait la course – quelle bourde !" Pause essoufflée. Puis la même voix off reprend, une demi-octave au-dessus, à plein volume et sans ralentir le rythme : "Vettel tente le tout pour le tout, il ne ménage pas son équipement, et mesdames et messieurs, c'est à peine croyable, Vettel est en tête, il est en tête, avec une demi-longueur d'avance, à deux doigts de la ligne d'arrivée, c'est incroyable, il l'a fait ! Et dans ce virage, en plus… C'est la folie dans les tribunes ! Les spectateurs sont déchaînés… Nous sommes peut-être en train de vivre un moment historique : est-ce la victoire pour Vettel, est-ce… ?"

Je me racle la gorge, jette un coup d'œil en coin à Nina, et constate avec soulagement que, cette fois, on y est. Je reprends mon souffle… Il y a trois niveaux que je peux atteindre. Au niveau 1, Nina dirait que "ça ne faisait pas vraiment vrai". Euphémisme poli pour un jugement sans appel, car cela ne signifie qu'une chose : que je n'y croyais qu'à moitié, et que ça se voyait. Dans ces cas-là, ça ne l'intéresse pas. Quand elle reconnaît d'un ton avisé que j'ai "fait ça bien", voire "vraiment bien", c'est mieux. C'est le niveau 2, et cela signifie que j'ai fait une bonne performance, du moins si on tient généreusement compte du fait que je ne suis qu'un adulte et que je n'y peux rien. Mais même dans ces cas-là, ce n'est pas pour autant que Nina me suit. Elle se contente de me regarder gesticuler accroupi à côté du circuit de course, du château fort, du haras ou de je ne sais quoi. Elle n'est toujours pas dedans, mais elle me trouve amusant, comme l'administrateur d'un théâtre face à un amateur qui réciterait son texte par cœur au lieu de le vivre.

Mais cette fois, c'était clairement niveau 3. Le niveau 3, c'était quand ça "faisait vrai". Nina avait les yeux brillants, ses petits poings serrés étaient marbrés de rouge et de blanc, et elle fixait Vettel l'air fascinée. Vettel était l'escargot le plus foncé des deux – à moins que je ne les aie échangés en les mettant en piste. La veille, Vettel m'avait paru plus clair, et peut-être un peu plus fin.

Soulagé, j'arrête donc mes commentaires, déjà parce que c'est fatigant de rester concentré de longues minutes à s'époumoner sans point ni virgule. Avec des escargots, ça peut durer longtemps. Et aussi parce que ce n'est plus la peine maintenant que Nina est dedans. En silence, nous regardons Vettel franchir le trait de craie blanc. Une victoire écrasante au ralenti. On entendrait une mouche voler. Les escargots ont le triomphe discret.

À ma grande surprise, Nina ne dit rien. Je me serais attendu à un commentaire du style : "C'était rapide." Ou, plus pragmatiquement, à une tentative pour enchaîner directement sur un autre jeu : "Et maintenant, on va…" Mais aujourd'hui, Nina est aussi muette que Vettel. À la tête qu'elle fait, je vois bien qu'il se passe quelque chose. Attendons de voir. Alors que je suis en train de ramasser les branches qui délimitent le circuit et les morceaux de craie qui jonchent notre terrasse, j'entends sa voix dans mon dos :

"Vettel était plus rapide."

Elle a une drôle de voix, et ce constat n'est pas franchement nécessaire. La victoire de Vettel ne fait aucun doute – je me tourne vers elle. Elle tient Alonso dans son poing fermé, comme toujours, alors que je lui répète régulièrement de ne pas le faire : il faut chaque fois dix bonnes minutes pour enlever la bave avec ce savon au sable qui sent la pâte d'amandes. Alonso a sorti la tête de son poing et déployé ses antennes. Soit la bestiole est particulièrement à son aise (ce qui est peu probable), soit elle est trop serrée (ce qui est plus probable). Alors que je m'apprête à lui en faire prudemment la remarque, Nina me met Alonso sous le nez. Il n'y a pas cinq centimètres entre nous, je dois loucher pour y voir clair.

D'une voix sombre, elle dit : "Alonso a encore perdu."

Là encore, le constat est à première vue superflu. Mais cette fois, je comprends ce qu'il se passe. Nina s'identifie de plus en plus aux perdants. Ses yeux sont profonds comme une mer.

"Peut-être qu'il gagnera demain !" lance-t-elle. Dans sa bouche, ce n'est pas une question ni une supposition. On dirait plutôt une injonction à truquer la prochaine course. Pendant que j'étais en train de ranger, elle s'est bricolé une porte de sortie censée rendre la défaite supportable : si les deux gagnent chacun leur tour, tout va bien !

Je déglutis. Ce que cette petite fille exige de moi avec son escargot, c'est une sorte de justice corrective. De quoi rééquilibrer la balance. Vivre et laisser vivre, en gros, avec un happy end pour que tout le monde soit content. Je me racle la gorge.

"Oui, c'est possible. Peut-être qu'Alonso gagnera demain", je murmure, pas fier de moi. Ce n'est pas la première fois que je me laisse aller à ce genre d'excuses. Alors que ça n'apporte rien. Au bout du compte, les excuses ne font qu'aggraver les choses.

Dans mon journal, j'ai pris quelques notes sur le thème de la défaite. Je crois que perdre pour de bon demande beaucoup d'entraînement. Surtout parce que nous vivons dans une société qui ne jure que par la victoire. Il existe toute une industrie qui prospère sur l'idéal du vainqueur. Quand on fait attention, il y a de quoi avoir la nausée : "*There can be only one. The winner takes it all* – Il n'y en aura qu'un. Le vainqueur rafle tout." Et : "Rien n'est plus érotique que le succès." Mais ce qui me frappe le plus, c'est encore et toujours : "Plutôt mourir qu'être deuxième." Et pour que personne ne se sente lésé, en parallèle de toutes ces conneries fascistes sur la victoire, les pubards produisent des excuses à la chaîne. C'est un peu fort de café : d'abord, ils vous mettent dans la tête qu'il ne peut y avoir qu'un vainqueur et que tous les perdants feraient mieux de tomber raides morts. Et puis, dans la foulée, ils disent aux losers restants :

"L'important, c'est de participer!" Et : "Le chemin, c'est la destination." Ou encore : "Tout est une question d'entraînement et de boissons protéinées." Rien d'étonnant à ce qu'au cinéma les spectateurs fassent la tête quand le film se termine sans que les paralysés remarchent et que les aveugles retrouvent la vue. Seuls les très vieux réalisateurs français peuvent se permettre de tourner des films sans happy end qui finissent dans les cinémas d'art et d'essai de banlieue.

Quand on est handicapé, il n'y a aucune excuse qui vaille. Non, ce n'est pas parce qu'on est mauvais dans un sport qu'on est forcément bon dans un autre. Nina, par exemple, est presque systématiquement dans les derniers. À la course, à l'escalade, à la natation, à chat. Et à tous les jeux de ballon. La dernière à être sélectionnée dans une équipe, à moins qu'elle n'ait eu droit à deux vies supplémentaires. Si ça se trouve, Alonso ne sera jamais aussi rapide que Vettel – qui sait? Et non. Ce n'est pas parce qu'on a du mal en sport qu'on est automatiquement un crack en maths. C'est un peu l'excuse par extension. Il faut bien être un crack quelque part. Pas vrai? Les autres parents viennent me voir, ils ont envie d'aider comme ils peuvent, et ils disent des choses du style : "Ça va s'arranger." Ou : "Elle a vraiment fait des progrès ce dernier semestre." Il y a aussi les phrases qui commencent par : "Par contre, elle…" Et je me dis toujours : "Par contre quoi?" Comme s'il fallait compenser ou rattraper quelque chose. Un autre truc : les phrases qui commencent par "Au moins". "Au moins, maintenant, elle parle couramment anglais!" a dit récemment une de nos amies. "Au moins, elle a une imagination incroyable!" Oui, c'est vrai. Mais pourquoi "Au moins"? Et quand

je réponds que non, qu'il y a peu de chances que
"ça s'améliore" quand elle sera grande, les autres se
contentent de répondre : "Aaah, attendons de voir",
comme si j'étais un indécrottable pessimiste. Ça me
fait toujours drôle d'entendre nos proches dire : "Les
choses sont bien comme elles sont." Parce que c'est
bidon. Perdre, ce n'est pas bien : c'est triste. Pour
Nina. Les choses sont ce qu'elles sont.

Bien sûr, ça part d'une bonne intention. Et ils
ont sans doute de la peine pour moi. C'est bizarre.
Quand on perd, c'est rarement douloureux, non ?
Mais quand quelqu'un qu'on aime essuie une défaite
ou doit renoncer, on a mal pour lui. C'est à vous
briser le cœur. Le mien, en tout cas.

Je m'en souviens comme si c'était hier : peu avant
notre départ, Nina avait fait la course avec d'autres
enfants sur une grande pelouse. Évidemment, ils ne
pouvaient pas se contenter de jouer tranquillement.
Les enfants, en particulier les garçons, ont la com-
pétition dans le sang. Ils ont besoin de se mesurer
pour savoir qui court le plus vite, grimpe le plus haut,
plonge le plus profond, saute le plus loin, et ainsi de
suite. Et au milieu : Nina qui voulait ab-so-lu-ment
participer. Mrs. Lonte en personne, qui m'avait fait
blackbouler de toutes les courses de ma vie. Je n'arrivais pas à comprendre. Pourquoi s'obstinait-elle ?
Pourquoi se mettait-elle sans arrêt en position de
perdre contre les autres ? J'ai dit : "Y en a marre de
toujours faire la course, venez, on va jouer à un autre
jeu", et ce genre de choses. Dans le feu de l'action,
les enfants ne m'ont même pas entendu, ils se sont
tous plus ou moins alignés, non sans que les garçons
échangent quelques insultes – forcément. Mon cœur

battait la chamade, et ils se sont élancés en poussant des cris perçants.

En moins de trois secondes, Nina était déjà la dernière, alors qu'il y avait aussi des enfants bien plus petits qu'elle. À la moitié du trajet, elle était loin derrière. On aurait dit qu'elle allait disputer cette course toute seule. Presque en solitaire. Elle chancelait sur la pelouse, penchée en avant, les bras tendus sur les côtés, et elle tanguait tellement que je n'arrêtais pas de me dire : Cette fois, elle va tomber. J'arrivais à peine à la regarder. Quand elle est arrivée au bout, les autres avaient déjà repris leurs jeux. J'ai vu Nina zigzaguer entre eux, hors d'haleine. Si je me souviens aussi précisément de cette scène, une parmi des centaines d'autres, c'est parce qu'à ce moment-là, j'ai eu terriblement mal pour elle – mal pour un autre que moi.

Un murmure d'exhortation me tire de mes pensées. Je regarde Nina. Elle est en train d'expliquer à Alonso qu'il gagnera certainement demain. Pas de réponse de l'escargot.

Comment dire ces trois choses compliquées à Nina ?

C'est comme ça.

C'est triste.

Ça ne changera pas.

Je n'y arrivais pas. Alors qu'en soi, la vérité n'était pas un problème. Le problème, c'était que la vérité n'était pas là pour consoler. Et je ne savais absolument pas comment consoler Nina sans excuses.

En règle générale, les autres gens apprennent à leurs enfants à gagner. Récemment, le coordinateur du groupe de travail du Programme des Nations unies pour l'environnement avait posté sur les réseaux sociaux une photo de son fils Amadeo-Frederic avec un club de golf presque plus grand que lui à la main. À l'âge de deux ans, Amadeo-Frederic avait déjà une *nanny* chinoise afin de le "mettre en condition pour un monde globalisé", comme le coordinateur me l'avait expliqué. Et pendant que des conseillers sur-payés se baladent dans les écoles d'élite pour rendre les enfants "compétitifs à l'échelle internationale" dès leur plus jeune âge, je me retrouve assis avec un gros pot à yaourt plein d'escargots de course en train de me demander comment apprendre à perdre à une petite fille de six ans. Alors que c'est trop pour un cœur d'enfant, aussi brave soit-il.

Quelques jours après le triomphe de Vettel, j'ai eu l'occasion de tester mes propres capacités : étais-je un bon perdant ? En théorie, ce n'était pas un problème. Franchement, qui s'énerve en jouant aux jeux de société ? Pour la première fois depuis que je faisais partie du groupe, les RaYs – les autres plus que moi – voulaient organiser une vraie course dans le stade. En temps normal, nous allions faire notre petit jogging sur le Heritage Trail le long de la rive du Wilson Inlet, ce qui ne dérangeait que quelques cygnes noirs. Il ne s'agissait pas de gagner, mais de tenir la distance et de passer un bon moment ensemble. Cela m'aurait amplement suffi. Mais Ben, qui était un très bon coureur, avait commencé avec nous un entraînement fractionné censé être couronné par une course de plus de trois mille mètres. Rendez-vous était pris au stade du McLean Park.

Quand Nina et Mr Simon avaient eu vent de la chose, ils avaient évidemment voulu venir assister au spectacle. Mais j'avais refusé. D'abord parce que les autres couraient vraiment vite et s'entraînaient depuis bien plus longtemps, et aussi parce que mes ambitions étaient très limitées. Au fond, c'était perdre qui m'intéressait. Les enfants, eux, veulent à tout prix être fiers de leur père, encore plus que je ne l'aurais cru. À mon grand étonnement, j'avais surpris plus d'une fois Nina dans le jardin en train de raconter à ses amies je ne sais quels exploits que j'aurais accomplis.

"Allez, s'il te plaît, on applaudira", m'avait supplié Nina la veille au soir. Mais je n'avais pas cédé.

Lors de la course, j'ai couru tranquillement – presque trop –, loin derrière les autres. J'aurais peut-être pu rattraper Swami Mike, qui n'était manifestement pas dans un bon jour, et au départ, j'avais même couru à côté de Robert, mais j'avais rapidement perdu les autres de vue. Je courais tête haute, avec un sentiment proche du triomphe : je n'avais rien à prouver à personne. Et ça avait marché! Même pas mal.

Je franchis la ligne d'arrivée sans me presser, et je tombe sur Swami Mike, appuyé contre un poteau, toujours à bout de souffle. Il me regarde avec attention et demande : "Tu es arrivé dernier?

— Même si j'avais tout donné, le résultat aurait été le même, dis-je en riant. Je voulais voir comment c'était de perdre. Et ça ne fait absolument rien!"

Je le regarde avec un grand sourire. Je m'attendrais presque à des félicitations. Swami Mike est un sacré philosophe. Il renifle dans son tee-shirt et éclate de rire.

"Pourquoi tu rigoles ?" J'ai l'impression qu'il ne me prend pas au sérieux.

"Pour être honnête, on dirait plutôt que tu n'as même pas essayé de gagner… C'est de la triche, Wolfi…"

Je le regarde, perplexe. Il est toujours hors d'haleine. Les phrases longues n'arrangent rien.

"Si tu veux perdre *pour de bon*, il faut commencer par vraiment essayer de gagner !" Nos regards se croisent. Il hausse les sourcils. Puis il tire sa capuche sur son visage. Il fait encore assez froid, Ben et John attendent près de la sortie. Ben doit être au travail pour 8 h 30. Si nous voulons faire notre traditionnel arrêt au Mrs. Jones Café, il faut y aller. Je reste planté devant Swami Mike sans savoir comment réagir. Il m'a pris au dépourvu. Parfois, j'ai l'impression que ça l'amuse de me voir me creuser la tête et enchaîner les gamelles. La vie est une éternelle succession de tentatives ratées… Il fait un signe de tête en direction des voitures. Tandis que nous remontons Brazier Street en cahotant dans son énorme camion, personne ne dit rien.

Environ trois semaines plus tard, un samedi à 10 heures, John et Ben ont klaxonné devant la maison, comme d'habitude. Lors de nos trois dernières séances, nous avions recommencé l'entraînement fractionné. Ce jour-là, un quatre mille mètres était au programme. Ce n'était pas du tout ma distance. Ben avait même annoncé que, cette fois, il comptait adopter un rythme particulièrement soutenu. Pour une raison qui m'échappait, John voulait courir pieds nus. Il disait que sur l'herbe, ce n'était pas un problème. J'ai attrapé mes chaussures de course sur l'étagère, avec ma gourde et ma serviette. Puis je suis sorti par-derrière dans le jardin du cottage. Nina, Mr Simon et même saint Rudolf avaient ce jour-là quartier libre. Les deux petits jouaient sur la véranda avec des Playmobil et des bouts de bois, et toute une ville avait déjà vu le jour. Le sol en brique était chauffé par le soleil. En temps normal, je ne les aurais pas dérangés. Mais ce jour-là, j'avais une idée en tête.

"Les monstres ? je crie.

— Oui ?" répondent-ils d'une même voix. Deux têtes blondes se tournent vers moi.

"Venez ! On va au stade. Il faut que je vous montre quelque chose."

Au stade, il y a une grosse ambiance. "Pa-pa, pa-pa, pa-pa", scandent deux petites voix depuis une sorte de tribune miniature faite de blocs de pierre empilés. Leurs cris sont ponctués de gloussements ravis. Je suis dans un drôle d'état. Quand je suis monté en voiture avec les enfants, Swami Mike m'a regardé de travers. Les RaYs se positionnent sur la ligne de départ en jouant des coudes. Même si c'est un jeu, je lis la tension sur les visages. J'ai sans doute la même tête. Ben et John s'engueulent à moitié – forcément. Et l'espace d'un instant, tout le monde se tait.

"À vos marques !" crie Ben. Le silence avant le départ est à peine supportable.

"Prêts !"

Montre ce que tu as dans le ventre, je pense.

"Partez !" hurle Ben en tripotant sa montre, et la course folle commence.

Ben et John sont en tête. Ils sont partis sur les chapeaux de roues. Je ne comprends pas comment on peut courir aussi vite. Au bout d'un demi-tour de stade, je dois ralentir le rythme et laisser les autres me distancer. Cent mètres plus loin, je jette un coup d'œil du côté de Nina et de Simon. Ils continuent à crier de temps en temps, mais ils n'ont plus les bras levés. Les autres courent nettement plus vite. Puis Simon arrête de m'encourager. Nina tient bon. Évidemment. Ça fait mal. Et soudain, je comprends que la douleur qui est en train de me submerger est la même que celle que j'éprouve chaque fois que Nina perd. Je compatis à la défaite des autres – mais en réalité, c'est la mienne.

Bref, ce n'est pas le moment de gamberger. Je cours le plus vite possible. De l'autre côté de l'ovale, je ne vois pas bien leurs visages. À présent, Nina et Simon sont assis en silence : ils ne savent plus vraiment sur quel pied danser. C'est une impression terrible. Dans quoi me suis-je embarqué? Une pensée me traverse l'esprit : "Qu'est-ce que je suis en train de leur infliger?" Quelque chose en moi me crie d'abandonner. Immédiatement. L'envie me démange de les rejoindre et de leur dire tranquillement : "Zut, ma chaussure s'est défaite." Je suis à deux doigts de le faire. Je me surprends déjà à loucher sur ma chaussure droite. Mais ça n'a pas de sens. Je serre les dents et continue à courir. Je repasse devant eux. En me voyant approcher, ils me regardent avec de grands yeux. Mais peut-être que je me fais des films. Maintenant, je suis loin derrière les autres. On dirait sans doute que je vais disputer cette course tout seul. Presque en solitaire.

Au bout de trois mille mètres, j'ai dans la bouche ce goût métallique qui me rappelle les compétitions sportives organisées par l'État où j'avais raté le certificat d'honneur de quelques points. Ce dernier était imprimé sur du papier couleur sable, pas comme le certificat normal, qui était sur papier blanc classique. Je n'avais eu droit qu'au certificat tout bête. Alors que celui d'honneur avait aussi un sceau avec la signature du président fédéral, comme les diplômes au mur du Dr Finkelbach.

Au bout de trois mille deux cents mètres, je commence à avoir envie de vomir. Encore deux tours. Je passe une dernière fois devant eux. Simon donne des coups de basket contre la pierre sur laquelle il est assis, un pied après l'autre. Il doit s'ennuyer : quatre mille mètres, c'est long. Sur les dernières centaines de mètres, je me fais violence pour tenir jusqu'à la ligne d'arrivée. Impossible d'accélérer, mais je parviens à garder le rythme jusqu'aux cinquante derniers mètres, que je parcours à grandes enjambées. J'arrive complètement crevé. J'ai les jambes qui tremblent. Je dégouline de sueur. Non seulement je suis le dernier, mais je suis au bout du rouleau. Les autres en sont déjà aux chaussures, aux serviettes et ainsi de suite, mais en me voyant arriver, Swami Mike se tourne vers moi et me dit : "Ah, Wolfi… Bienvenue chez les RaYs ! Ta période d'essai est terminée !"

Je le regarde droit dans les yeux. Il a l'air sérieux. Puis je crois voir son œil droit se fermer une fraction de seconde. Sans doute une coïncidence. Les autres viennent me voir pour me faire un *high five*. Mine de rien, je suis ému.

Puis je dis : "J'ai encore un truc à faire", et je m'élance d'un pas pesant vers Nina et Simon. Ils ne disent rien, mais ils m'observent avec attention escalader les blocs de pierre pour les rejoindre. Leurs regards en disent long. Je ne suis clairement pas le seul à regretter que ma chaussure droite ne se soit pas vraiment défaite.

"Papa, tu étais le tout dernier", dit Nina. Simon aussi me regarde de travers. Cette histoire ne lui plaît pas du tout. Et il ne fait aucun effort pour le cacher. Lui avais-je déjà mis en tête que son papa gagnerait tout le temps ? À quel moment cela devient-il si difficile de perdre ? À environ deux ans ?

"Oui", dis-je. Première chose. Il faut en passer par là, pour moi comme pour eux.

"Les autres étaient beaucoup plus rapides, c'est tout", j'explique en m'asseyant à côté d'eux. Je me rends compte que ce n'est pas dans mes habitudes de l'admettre devant les enfants. Simon me regarde toujours avec un drôle d'air, comme s'il ne me faisait pas entièrement confiance. Je déglutis. Il me fait presque un peu de peine. Mais franchement : quel est l'intérêt d'avoir un vainqueur invétéré comme père ?

"Tu es triste ?" demande Nina en nouant ses petits bras autour de mon cou. Sa joue est chaude contre mon cou trempé de sueur. "Beurk !" fait-elle en reculant. Elle s'essuie le visage sur son tee-shirt avant de poser la tête contre mon épaule. Apparemment, si c'est dans les cheveux, c'est bon.

Deuxième chose, donc. "Oui", je réponds. Je savais que cette question allait venir, et j'avais bien préparé ma réponse.

"Peut-être que tu gagneras la prochaine fois", suggère Nina. Elle me tend une perche. "Comme Alonso.

— Je ne crois pas", dis-je. Troisième chose. Je lève les yeux et j'aperçois deux petits visages un peu désemparés. Je connais ce sentiment. Celui de la défaite des autres… Je déglutis encore une fois. Ce n'est pas facile, c'est sûr. Mais maintenant, au moins, ils ne sont plus seuls.

"Tu ne cours jamais seule, Nina. Garde ça en tête.

— Hmm?

— Garde ça en tête. La prochaine fois que tu perdras, pense fort à moi pendant cette course, OK?

— OK", dit-elle d'un air enjoué.

Je respire. C'est fait. J'écoute mes sensations. Il y a surtout du soulagement. Mais il reste un peu de tristesse. Perdre ne sera jamais comme gagner. J'attrape mes affaires. Mon tee-shirt froid me colle à la peau. Dans les histoires de défaite, il n'y a pas de happy end pour vous consoler.

Mais au moment où je me retourne pour envoyer les enfants à la voiture où Ben et John nous attendent déjà, j'entends la voix de Nina derrière moi : "Je t'aime, papa."

Quatre petits bras autour de mon cou.

Les choses sont ce qu'elles sont.

990 234e minute
Eddie
South Island Mountains
Aotearoa / Nouvelle-Zélande

EN MODE AVION

"Il va bientôt falloir rentrer à la maison", ai-je dit. La nuit était en train de tomber, et avec les enfants, je n'avais pas envie de redescendre les chemins rocailleux en trébuchant dans le noir.

"Où ça?

— À la maison!

— C'est où, notre maison?

— C'est une bonne question!" ai-je félicité Nina. Comme souvent quand je n'avais pas de réponse simple sous la main. Et puis, je n'avais pas envie de me lancer dans de longues transactions philosophiques : je voulais juste y aller. C'est pourquoi j'ai ajouté : "Je voulais dire : direction *Eddie*!

— Ah bon", a fait Nina d'un ton plutôt dubitatif. Je n'avais pas répondu à sa "bonne question".

Eddie était un camping-car de la taille d'un petit dinosaure, soit plus de sept mètres de long. Depuis quelques semaines, nous sillonnions la Nouvelle-Zélande avec lui. Sur un globe terrestre, quand on voit bien l'île du Sud de la Nouvelle-Zélande, c'est que toute l'Europe a disparu de l'autre côté. D'après les géographes, la Nouvelle-Zélande est même aux antipodes de l'Europe. Autrement dit, c'est le point opposé de la planète, l'endroit de la Terre le plus éloigné de l'Allemagne. Cette situation géographique a des effets secondaires étonnants : quand on part de Bonn, quelle que soit la direction qu'on prend, si on suit plus ou moins une ligne droite, on va forcément vers la Nouvelle-Zélande. Et comme le globe terrestre n'a pas de début ni de fin et que la Nouvelle-Zélande ne fait pas exception à la règle, l'inverse est aussi valable : quand on part de là-bas en ligne droite, on finit à tous les coups par arriver en Europe. Quelle que soit la direction prise, tous les chemins nous rapprochaient de l'Allemagne, pour la première fois depuis presque deux ans.

À notre arrivée à Christchurch, nous avions d'abord loué une maisonnette en périphérie de la ville pour nous acclimater et régler deux ou trois choses. Comme par hasard, l'hiver le plus froid que la Nouvelle-Zélande ait connu depuis quarante ans avait commencé deux semaines plus tôt. À vue de nez, nous avions perdu trente degrés par rapport à Denmark. Après avoir atterri à l'aéroport international de Christchurch, nous étions partis en trébuchant, avec nos habits de lin tout fins, dans les rues couvertes d'une épaisse couche de verglas. Et comme les conducteurs de chasse-neige étaient très pragmatiques, que les trois pelles à neige disponibles en grande surface étaient vendues depuis longtemps et que les Kiwis étaient trop à la cool pour se prendre la tête avec une bagatelle comme les pires chutes de neige depuis un demi-siècle, la neige nous arrivait parfois bien au-dessus des chevilles, même en plein centre-ville. La première neige de Mr Simon ! Les enfants suçaient des morceaux de glace en perma-nence, je n'arrêtais pas de me retrouver – sans avoir rien vu venir – avec de la neige dans le cou "pour de rire", et des petits pieds rouges étaient constamment plongés dans des bassines d'eau chaude.

Nous n'avions rien de chaud à nous mettre – pour quoi faire ? À Christchurch, nous nous sommes donc rendus au Papanui Family Store de l'Armée du Salut et avons acheté, pour 198 dollars kiwis, une montagne d'habits. À Denmark, nous avions déjà pris l'habitude de renouveler notre garde-robe en seconde main, car c'était plus *earthy*. Nina a eu droit à trois polaires de différentes tailles à enfiler les unes sur les autres, moi à mon premier jean depuis un an et demi, qui était tellement évasé qu'il cachait la pointe de mes chaussures. C'était une pièce d'un créateur français à la mode. Peut-être qu'un hippie branché venu de Paris, en route pour la région tropicale de Cape York, s'était séparé ici de son pantalon bourgeois favori. En prime, j'ai aussi dégoté une veste fourrée marron en provenance du Japon et une chemise à manches longues avec *Detroit Tigers* écrit en énorme au dos.

Et pour finir, nous étions tombés sur "Eddie", comme l'avait baptisé Nina après un bref regard critique. Sur le parking de l'agence de location, une trentaine de camping-cars végétaient depuis plusieurs jours, et la réceptionniste était ravie d'en louer un pour une bouchée de pain. C'était la période des championnats de rugby à XV. Le rugby est la plus belle chose au monde, et pour un Néo-Zélandais, les championnats internationaux sont un moment sacré où il est hors de question d'aller se perdre en camping-car dans les vastes zones sans réseau du pays : on reste bien sagement devant la télé avec ses potes pour encourager ses All Blacks. Cela fait plus de vingt ans que le monde entier a compris que les

All Blacks sont les meilleurs. Mais depuis 1987, ces grands gaillards n'avaient plus gagné de finale – un vrai traumatisme profondément enfoui dans le subconscient des Néo-Zélandais. Cette fois, il fallait que ce soit la bonne, toute autre option aurait été insupportable.

Quelques semaines plus tôt, nous étions donc partis avec *Eddie* sur les routes sinueuses de l'île du Sud. Kaikoura, Blenheim, Abel Tasman National Park, Hokitika – chacun de ces lieux aurait à lui seul valu la peine de parcourir la moitié du globe terrestre pour venir admirer humblement ces incroyables paysages. Les Néo-Zélandais, qui, pour une raison qui m'échappe, réussissent tout mieux que le reste de la population mondiale, ont aménagé, dans les deux cent cinquante plus beaux endroits du pays, des "places de stationnement" en pleine nature, c'est-à-dire des surfaces plus ou moins planes d'une dizaine de mètres carrés équipées en tout et pour tout d'un petit cabinet de toilette en bois. Quand on laisse discrètement la porte ouverte – en général, il n'y a personne à trente-cinq kilomètres à la ronde –, on a souvent une vue imprenable sur les montagnes, la mer, un lac, de larges plaines. Les constructeurs de toilettes font les choses bien. On n'a le droit de rester que quelques jours sur les places de stationnement du Department of Conservation, sans doute pour inciter les gens à reprendre la route et éviter qu'ils ne démontent les roues de leur camping-car et restent là pour toujours. En guise d'adieu, on laisse quelques dollars par nuit dans de petites boîtes en bois ou en tôle, comme près des étals de légumes à Denmark. Une fois, la boîte était tellement pleine de billets que j'ai à peine réussi à mettre les miens dedans.

Ainsi, nous parcourions l'île. *Eddie* faisait office de point de chute mobile : l'après-midi, nous partions faire des expéditions incroyablement périlleuses en montagne, comme des ascensions de collines voisines encore inexplorées, avec évidemment baptêmes de plages et traversées de fleuves à la clef. Le soir, les aventureurs rentraient en titubant de fatigue et disparaissaient dans le ventre d'*Eddie*. Voilà pourquoi j'avais dit "la maison" en parlant du camping-car. Sans trop réfléchir.

Mais évidemment, Nina n'était pas satisfaite de cette explication.

"Pour papi et mamie, la maison, c'est Bonn", a-t-elle lancé.

Je voyais bien où elle voulait en venir. Chaque fois que nous téléphonions à des gens qui étaient restés là-bas, ils disaient toujours "la maison" au lieu de "Bonn". Pour Nina, il allait de soi que nous avions la même maison qu'eux : Bonn était le point fixe autour duquel notre vie tournait, comme la Terre tourne autour du Soleil. Peut-être parce que c'était notre point de départ et notre destination finale. Ou parce que nous y avions vécu si longtemps ? Jusque-là, je n'y avais encore jamais pensé. En ce sens, ce n'était pas un hasard que Nina parle de Bonn à ce moment-là. Mais je ne voulais pas lui mâcher les choses.

"Et Simon ? ai-je demandé. C'est où, la maison, pour lui ?"

C'était une question piège. Manifestement, Simon n'avait aucun souvenir de Bonn. La nuit, quand il rêvait, il parlait anglais. Son allemand avait tendance à être un charabia à base d'accent australien et de syntaxe anglaise. Il avait désormais deux ans, et au cours de sa vie, il n'était jamais resté plus de quelques mois au même endroit. Pour Simon, le "nomadisme endémique", comme avait dit Anna Amsel lorsque je lui avais envoyé un mail avec notre itinéraire de voyage, n'était pas seulement la normalité : c'était le seul mode de vie possible. Dans sa brève existence, il avait connu au moins vingt lieux différents désignés sous le nom de "maison". Et pour le moment, il s'agissait d'un "mobil-home familial taille XL".

Pour Nina, c'était différent : elle avait vécu environ quatre ans en Allemagne, les minutes allemandes restaient donc majoritaires. Malgré tout, l'internationalisation progressait à grands pas chez elle aussi. À notre arrivée à Christchurch, elle avait assuré avec un grand sourire au sympathique officier néo-zélandais chargé du contrôle des passeports : "*We are from Australia* – On vient d'Australie."

Cette fois-là, après une longue journée passée sur le Fox Glacier, elle s'était contentée de froncer le nez sans répondre à ma question piège. Mais je savais que le sujet reviendrait tôt ou tard sur la table.

Ces derniers temps, j'avais moi aussi l'impression de perdre la notion de "chez moi". Pendant que nous cahotions sur les routes avec *Eddie*, j'avais beaucoup de temps pour réfléchir. Chez soi, était-ce un lieu ? Ou plutôt un sentiment ? Peut-être que notre chez-nous n'est qu'une collection d'habitudes ? Ce qui est toujours allé de soi ? Quelque part, tout ce qui m'avait paru évident était en train de partir en fumée, et je n'en éprouvais absolument aucun regret.

C'était peut-être lié à la durée de notre voyage. Lors de mes voyages d'affaires en Amérique latine, en Afrique de l'Ouest et de l'Est, j'avais souvent été confronté à l'antithèse de mes prétendues évidences.

L'espace de quelques semaines ou de quelques mois, rien n'était comme à la maison. La pauvreté en Afrique du Sud, des townships à perte de vue. Les rencontres presque absurdes avec les indigènes du sud du Venezuela qui ne m'auraient jamais compris même si j'avais parlé couramment leur langue. Les séjours en station de recherche sous les tropiques, au milieu de la forêt équatoriale des Andes, où mes billets de dollars s'étaient mis à moisir. La folle cohue dans les rues de Nairobi. Les négociations sur les marchés d'Abidjan, où il s'agissait moins d'obtenir un bon prix que de marchander dans les règles de l'art.

Je m'étais souvent promis de ne pas rentrer les mains vides de ces voyages : j'étais décidé à changer toutes ces habitudes qui, chez moi, semblaient aller de soi, mais qui me paraissaient curieuses vues de loin.

Sauf que j'avais beau partir au bout du monde et en prendre plein la vue, ces impressions se dissipaient aussi vite. Comme si j'étais allé voir un simple concert avant de retourner à mon ancienne vie. À la maison, c'était toujours la même rengaine à plein volume, comme si la vie suivait la partition sans fin de la normalité. Chaque fois, je me retrouvais emporté par la musique de l'évidence.

Deux ou trois semaines après être tombé, à quelques mètres de l'entrée du Hilton de Nairobi, sur un petit garçon de dix ans à tout casser qui endormait sa faim avec de la colle, je trouvais le *latte macchiato* du First Flush près de l'ancienne mairie un poil trop amer. Quels soucis j'avais ! Trente-deux jours après avoir survécu à un violent orage tropical dans une tente une place sur une petite île au nom évocateur d'Isla Solitaria au milieu d'un Orénoque mugissant et en être miraculeusement ressorti sain et sauf, mais profondément secoué et avec une palanquée de bonnes résolutions, j'étais gêné par mon matelas à ressorts. Après des mois d'immersion chez mes amis équatoriens dont j'adorais le rapport au temps ludique et décontracté, je m'énervais sous prétexte que quelqu'un m'avait fait attendre vingt-deux minutes. À peine rentré à Bonn, je me faisais rattraper par les distractions habituelles, et je me surprenais assis en silence devant la télé à côté de la femme qui m'avait tant manqué les semaines précédentes. C'est comme ça. *C'est la vie**. À la maison, le portable sonnait sans arrêt – "N'hésitez pas, je suis joignable à tout moment." La cacophonie de l'Internet illimité sifflait et grésillait jusque dans les moindres recoins de ma journée. À croire qu'il n'y avait pas moyen d'échapper à ce bruit assourdissant.

Je m'étais souvent demandé : Et si ? Et si, pour une fois, tout était silencieux. Si cette ritournelle s'arrêtait pour de bon. Si l'aléatoire et l'approximatif, le fictif censé aller de soi se taisaient enfin. Qu'est-ce qu'il resterait ? À quoi ressemblerait l'instant où rien n'irait plus de soi ? Mais je n'avais jamais cru qu'un tel silence puisse exister. Et si Nina n'avait pas lancé l'idée du million de minutes, je ne serais sans doute pas allé plus loin.

Mais au cours de ce voyage, j'avais touché du doigt la possibilité de laisser ce bruit encore plus loin derrière moi que je ne l'aurais cru possible.

Quand cela avait-il commencé ? Quand j'avais vu M. Niebel "Rachat de successions de tous types" descendre l'escalier d'un pas chancelant, chargé d'une caisse de livres venus de ma bibliothèque avec *Le Petit Prince* sur le dessus ? Quand mon appartement s'était vidé et que, deux jours avant le grand départ, nous avions éliminé les dernières affaires qui, même en insistant beaucoup, ne rentraient pas dans nos valises ? Ou quand toutes les choses théoriquement indispensables avaient été réduites à soixante-neuf kilos en l'espace de quelques jours ? Nous avions désormais "changé de peau" à plusieurs reprises. Il ne nous restait plus rien de ce que nous avions mis dans nos valises à Bonn. Nos premières paires de chaussures étaient depuis longtemps au rebut, ma ceinture de luxe avait été oubliée à Yao Yai, sur une balançoire de toute beauté qu'elle avait servi à consolider.

En refaisant notre garde-robe à l'Armée du Salut de Nouvelle-Zélande, nous savions dès le départ que nous ne garderions pratiquement aucune de ces affaires. "On vous ramène tout ça dans dix semaines", avions-nous dit. La femme avait simplement hoché la tête. Les gens et les choses allaient et venaient. "Ma" veste : qu'est-ce que cela signifie ?

Et puis, pendant nos mois sur les plages de Yao Yai, avec l'explosion de mon rasoir électrique et faute de miroir, j'avais fini par oublier à quoi je ressemblais et arrêté de m'inquiéter de mon apparence physique. Tous les uniformes, masques, poses étaient devenus superflus, et le bruit de ferraille des artifices quotidiens s'était évanoui. À quoi bon se prendre la tête pour des vêtements ? Lorsque nous avions fait notre entrée au Prince Palace sous le regard perplexe des portiers, l'évidence était allée se terrer d'un air penaud derrière l'un des pseudo-vases Ming.

Peu à peu, le métronome du quotidien était devenu inaudible. D'abord, seul le tic-tac mécanique de ma Piaget s'était tu. Puis la valse du quotidien, à jongler entre travail et loisirs, fermeture des magasins et ouverture de la crèche, dates butoirs et derniers délais.

Comment était-ce, déjà, d'être réveillé chaque matin *avant* d'avoir dormi tout son saoul et de commander les pizzas du samedi soir directement à l'institut ? À quoi pensais-je en faisant garder Nina toute la journée ? Comment avait-il pu aller de soi qu'après le travail, Vera et moi nous demandions : "Alors, tu as passé une bonne journée ?" comme si notre vie se résumait à une sorte de *speed dating* en soirée ?

Comment était-ce d'être "en congé" ? Vingt-huit jours ouvrés. Ah bon. Techniquement, les vacances étaient donc des "jours ouvrés". C'est quoi, au juste, sur le plan sémantique, le contraire de "temps libre" ? Et le contraire de "bons moments" ?

Et puis, en Thaïlande, nous avions perdu le fil des jours de la semaine, et à partir du Queensland, même les dates s'étaient dissoutes dans l'insignifiance. J'étais merveilleusement déréglé, si loin de la maison que je n'entendais même plus sonner les horloges. Comment ma vie avait-elle pu être régie par mes obligations professionnelles ?

Comment en étais-je arrivé à mettre de l'argent de côté alors que je n'avais pas une minute à moi ? Est-ce que posséder un canapé au nom suédois permettait vraiment de se sentir bien chez soi ? Comment avais-je pu me résoudre à l'idée fausse que mes rêves étaient irréalistes ? Pourquoi les envies d'ailleurs, bien que naturelles, ne menaient-elles jamais à rien ?

À partir de Port Douglas, la sonnerie de mon portable avec une série de chiffres précédés de l'indicatif allemand affichée sur l'écran s'était faite si rare que, sur le coup, il m'arrivait de ne pas comprendre ce qui se passait. Comme si mon numéro s'était effacé dans le répertoire des autres, à la maison, chiffre après chiffre. Au bout de deux semaines à sillonner l'île du Sud de la Nouvelle-Zélande avec *Eddie*, j'avais "2 appels en absence". Quand, dans ma vie, avais-je été aussi présent qu'en ce moment?

Les amitiés se nouaient rapidement, duraient plutôt quelques jours ou quelques semaines que quelques mois et se terminaient sur un *"Maybe see you one day* – À un de ces quatre, peut-être" souriant. Était-ce de l'amitié? Sur les campings, nous avions des voisins pour vingt-quatre heures. Comment avait-il pu aller de soi de rester toujours au même endroit? D'avoir plusieurs pièces alors qu'on ne peut être que dans une seule à la fois? Sans même parler d'avoir deux cabinets de toilette?

Ainsi, au fur et à mesure de notre voyage, l'évidence était devenue de plus en plus inaudible. Car l'évidence est une frimeuse, mais elle a un point faible : plus elle prétend aller de soi quelque part, plus elle se couvre de ridicule ailleurs.

Et pourtant : elle n'avait jamais complètement disparu, même ici et maintenant, après plus de 900 000 minutes. Je le remarquais à certaines choses que nous continuions à dire, comme : "Nous sommes loin." Loin de quoi, alors que nous étions là?

Nous avions quitté définitivement le dernier domicile "fixe" de notre voyage, et nous avions pris *Eddie*. Changement de décor pour un nomadisme désormais "structurel".

Après avoir vu le Fox Glacier dans le Westland National Park, nous nous sommes mis en route pour le Lake Tekapo, un lac situé dans le sud des Alpes néo-zélandaises. Pour y arriver, nous avions encore un bon bout de route à faire à travers les montagnes enneigées, ce qui n'était pas toujours une partie de plaisir. Ici, il y a plusieurs sommets de plus de trois mille mètres, dont l'Aoraki. Nous ne roulions évidemment pas en haute montagne, mais les inévitables cols donnaient du fil à retordre à *Eddie* – c'était sans doute un dinosaure de basse altitude. Il paraît que Peter Jackson a tourné dans cette région du Canterbury certaines scènes particulièrement spectaculaires du *Seigneur des anneaux*, en raison des paysages grandioses.

Il était déjà tard, et nous avions quitté l'autoroute pour prendre une petite route qui conduisait à une crête. La vue de l'autre côté du massif avait la réputation d'être à couper le souffle. Il était aussi censé y avoir un petit restaurant où nous avions l'intention de dîner pour nous récompenser après ce long trajet. J'avais raconté à Nina que, ce soir-là, il y aurait de la chèvre de montagne cuite à l'étouffée au menu. Nous espérions même avoir la possibilité de passer la nuit sur place.

Nous étions à peu près à mi-chemin de l'étroite route en lacet lorsque deux jeunes en jeep 4 × 4 avec des chaînes à neige ont déboulé en face. Avec un grand sourire, ils nous ont foncé droit dessus, nous forçant à piler à deux doigts de la collision. Puis un des jeunes a baissé sa vitre.

"Là-haut, tout est fermé. On était les derniers."

J'ai hoché la tête. Mais je n'avais pas encore bien compris ce que cela signifiait.

"Vous feriez mieux de faire demi-tour le plus tôt possible. Il neige comme pas permis, et ça ne sera pas déblayé avant demain matin."

Nous les avons remerciés, et ils sont repartis. J'ai regardé autour de moi. Ce n'était pas un mauvais endroit pour rebrousser chemin : à droite de la route se trouvait une surface plane de taille moyenne. Comment savoir si la chaussée ne serait pas trop étroite et trop raide plus haut ? Manœuvrer un monstre de sept mètres de long comme *Eddie* sur des routes sinueuses n'était pas une mince affaire. Et puis, je conduisais depuis trois heures et j'étais bien fatigué.

"Tu veux que je le fasse ? a proposé Vera.

— *A man has to do what a man has to do*", ai-je ricané en enclenchant la marche arrière. Parfois, il vaut mieux réfléchir à deux fois avant d'ouvrir sa bouche. Ma surface plane s'est révélée être un trou d'au moins un mètre de profondeur où le chasse-neige déblayait chaque jour la neige de la chaussée. Ces fosses doivent être prévues à cet effet, et tous les Néo-Zélandais de cinq ans savent d'expérience qu'il ne faut surtout pas s'y aventurer. Mais je ne pouvais pas le savoir. Comme son châssis était en appui sur le talus verglacé, les roues arrière d'*Eddie* tournaient dans le vide, et malgré le moteur à plein régime, le camping-car s'est mis à déraper lentement mais sûrement vers l'arrière, sur environ deux mètres, en s'enfonçant profondément dans la neige. Nous avons entendu la vaisselle glisser au fond du placard dans un vacarme de tous les diables. Tout le monde poussait des cris perçants. Même Mr Simon, pour une fois, s'est réveillé. Et a réclamé du chocolat.

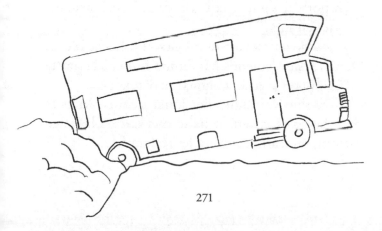

Je descends. Les roues arrière d'*Eddie* sont complètement enfouies dans la neige. Je regarde autour de moi. Les jeunes dans la jeep ont disparu depuis longtemps. Pas un chat à la ronde. Avant que la nuit tombe, il nous reste au maximum une heure.

Tripoter des chaînes à neige gelées sous les pneus doubles d'un véhicule de plusieurs tonnes n'est pas une bonne idée, surtout quand le sol est durci par le froid. Sur le parking de l'agence de location, l'une des employées nous avait rapidement montré comment nous en sortir sans devoir soulever le camping-car d'une main. C'était faisable, et en seulement quelques secondes. Elle m'avait demandé si j'avais compris. J'avais répondu "Oui" avant d'ajouter que nous n'avions de toute façon pas prévu de faire des virées tout-terrain. D'un air pensif, l'employée avait dit : "C'est ça", et nous avait tendu les clefs d'*Eddie*.

J'ai le bout des doigts en feu à cause du froid – sous les ongles, c'est le pire. En plus, je me suis coincé le majeur droit entre la chaîne et le pneu, pile à l'endroit où je m'étais déjà amoché en faisant des briques. La plaie avait bien cicatrisé.

Je me fais la réflexion que sortir un camping-car d'une fosse serait un super-challenge du jour dans une formation pour cadres. Il faudrait que j'en parle avec Beany à l'occasion.

La portière s'ouvre, et le visage de Vera apparaît.

"Tu t'en sors ?"

Je souffle sur mes mains rougies, et je hoche la tête. Derrière elle, j'entends Mr Simon hurler à la mort.

"C'est bon avec les enfants ? je demande.

— Simon voudrait aller jouer dehors. Mais le chauffage s'est arrêté. S'ils se mettent de la neige partout, on n'arrivera pas à les réchauffer…"

Je ne dis rien. Belle perspective.

J'entends encore : "Et on ne capte pas le réseau." Ça partait sans doute d'une bonne intention. Le soleil a disparu depuis longtemps derrière les montagnes, tout est plongé dans l'obscurité.

Les chaînes à neige ne passent que d'un côté. Mais il s'avère que cela n'a aucune importance. *Eddie* est dans les choux. Je tourne et retourne la clef de contact. Pas un bruit. Pas une lumière. Je dégage tant bien que mal le pot d'échappement et, muni d'un couteau à pain, j'en extrais de la terre, de l'herbe et de la neige, ce qui me fait perdre encore quinze précieuses minutes tandis que les premières traces du crépuscule se mêlent au ciel.

Rien.

J'ouvre le capot du moteur d'un geste décidé, même si mon petit doigt me dit qu'avec mes connaissances en la matière, il ne faut pas avoir trop d'espoir. À tous les coups, Mat s'en serait sorti comme un chef. Mais la fois où j'ai démonté le radiateur de ma Renault 5 avec mon père commence à dater, et les radiateurs de R5 sont bien mes seules compétences en mécanique automobile. Le nôtre a l'air normal. À la lumière de la lampe de poche, je vois que la batterie a bougé, car on aperçoit la bordure sombre et rectangulaire qui se trouve en temps normal juste en dessous. Mais il n'y a pas de faux contact. Et à ce stade, je suis déjà au bout de mes capacités. Même la super-glu ne me serait d'aucun secours.

Le soleil est en train de se coucher. Et la neige s'est mise à tomber à gros flocons. Un tapis blanc se dépose sur le paysage, comme pour l'apaiser.

Je pense au poème de Rilke, *Jour d'automne* : "Qui n'a pas de maison…" Mais nous avons *Eddie*. Je me dis que tout ça n'est pas dramatique. Sauf qu'il fait un froid de canard. En l'espace d'une demi-heure, la température à l'intérieur du camping-car a tellement chuté que notre souffle fait de la buée.

Nous allons être obligés de passer la nuit ici.

C'est donc l'heure du chocolat : nous sortons toutes nos réserves. Avec du thé chaud et de quoi grignoter. Si les choses se gâtent, on pourra toujours se chauffer à la gazinière, même si le voyant de la soupape est orange depuis deux jours. Nous avons deux lampes de poche LED et la faible lueur de l'éclairage de sécurité. Il doit bien rester une étincelle de vie en *Eddie*.

Nous restons un moment assis à manger. Les enfants sont occupés avec le chocolat, Vera et moi un peu perdus dans nos pensées. Par moments s'installe un silence inhabituel durant lequel on n'entend que le froissement de l'aluminium, le bruit des gorgées de thé chaud. Puis nous nous préparons pour la nuit. Nous enfilons tout ce que nous avons acheté à l'Armée du Salut. Les chaussettes les unes par-dessus les autres. En le soulevant par la ceinture et en le secouant de haut en bas, je réussis à faire rentrer Mr Simon dans trois pantalons, deux à lui et un à Nina. À la fin de l'opération, il n'est plus qu'une boule informe qui pouffe de rire. Comme il a trop de tissu sous les aisselles, ses bras sont légèrement relevés des deux côtés. Avec ses deux capuches et son écharpe, on ne voit plus que ses yeux et le bout de son nez qui, à mon grand soulagement, est certes rouge mais pas trop froid.

Trois quarts d'heure plus tard, les premières gouttes de condensation ont gelé sur le joint en caoutchouc de la lunette arrière.

"Super ! dit Nina. De la glace", et elle se met à coller son pouce sur la vitre opaque. De l'autre côté, il y a la neige.

Nous sommes pour ainsi dire en mode avion. Loin de tout, coupés du reste du monde. Théoriquement, nous pourrions aussi bien être en route pour une autre planète avec *Eddie*, comme une de ces sondes lancées dans l'univers avec lesquelles on finit par perdre contact parce que l'éloignement est trop grand ou que la station de contrôle en Guyane française a loupé une comète ou une fosse de bas-côté – impression renforcée par le fait qu'*Eddie* est tellement de travers qu'à l'intérieur on ne marche pas droit et que, pour avancer, il faut s'accrocher aux placards, exactement comme dans un vaisseau spatial. Ne manque que l'apesanteur.

Aucune voiture ne traversera plus cette nuit. Et malgré le GPS dont les camping-cars de location sont toujours équipés, personne ne saura où nous sommes.

Une pensée me traverse l'esprit : ce soir, les All Blacks jouent ! C'est le premier chasse-neige qui nous trouvera demain matin, avec le nez d'*Eddie* qui dépasse à moitié sur la route. J'espère que le match de rugby de ce soir se terminera bien. Même si notre expérience jusqu'ici semble prouver le contraire, il est possible que, dans certaines circonstances extrêmes, les Néo-Zélandais soient capables de se fâcher.

Nous avons retiré les matelas du lit au-dessus de la cabine du conducteur et les avons entassés sur les autres matelas à l'arrière pour faire office de rembourrage isolant. Un froid humide se dégage du sol d'*Eddie*, et c'est seulement maintenant que nous remarquons tous les courants d'air qu'il y a. Je n'arrive pas à me réchauffer les mains.

Il ne nous reste pas grand-chose d'autre à faire que d'aller nous coucher.

"Je ne veux pas aller au lit.

— Aujourd'hui, c'est un jour spécial, dis-je. Viens là… hop… !

— On se déshabille ?

— Non, ce soir, on dort avec tous nos vêtements, comme des brigands." Je raconte l'histoire obligatoire. En ce moment, il doit forcément y avoir un ours, un renard et une oie dedans, et à la fin, il ne doit plus en rester qu'un, sachant que j'ai déjà épuisé toutes les versions plus ou moins plausibles. Je raconte une histoire assez longue, d'au moins dix minutes. Jusqu'à ce que les enfants soient contents. Pas le choix.

Le silence s'installe peu à peu.

Eddie est tellement de travers qu'allongés sur nos matelas, nous n'arrêtons pas de glisser les uns sur les autres. Une pelote de gens et d'oreillers, blottis comme des animaux au fond d'une grotte plongée dans l'obscurité. Les cinq couvertures que nous avons sur nous sont lourdes, j'espère que tout le monde a de l'air.

Au bout d'un moment, il ne fait plus si froid. Nous sommes tous bien fatigués. Peut-être à cause de la tension : Vera et moi n'avons pas réussi à donner complètement le change aux enfants. Nina bâille et se colle contre moi. La main de Simon est mollement posée sur mon cou. Elle sent le chocolat.

Dans le ventre d'*Eddie*, il fait désormais nuit noire. Je ne crois pas avoir jamais vu de telles ténèbres. J'agite la main devant mes yeux. J'ai beau sentir un léger souffle d'air quand j'accélère le mouvement, je ne vois absolument rien. Il fait tellement noir qu'il n'y aurait pas de différence si toutes les choses hors de ma portée avaient cessé d'exister. Je tâtonne dans l'obscurité : ici, c'est le revêtement plastique lisse et froid de la paroi d'*Eddie* contre mon épaule, le rideau un peu humide qui me touche presque le front. Là, ça doit être l'épaule de Vera : elle me répond d'un "Hmm" ensommeillé. La vitre glacée avec les gouttes gelées à moitié aplaties sur le joint. Au bord du lit, mes doigts tendus rencontrent le support pour monter la table. Mais derrière : plus rien. Et dehors : pas un bruit à part des bourrasques éparses. Pas de lumière.

Pour ce soir, notre voyage est comme entre parenthèses, au milieu d'une nature sauvage et indomptable. Devant nous, un horizon en ligne brisée se dresse sur plusieurs milliers de mètres de hauteur, dans la nuit hivernale et les tourbillons de neige. Là-bas, sous le ciel, la montagne s'arc-boute dans le cours du temps, battue par un vent furieux qui se blesse encore et encore contre les arêtes rocheuses. Et au milieu : les lignes de fuite des parois et des éboulis, lieux inaccessibles parmi des silhouettes grises et à demi effacées. De l'eau figée en pleine chute.

Tout en bas, sur les versants en pente douce où nous avons échoué, la neige et l'obscurité s'allient comme chaque soir : il est temps de faire disparaître les traces de l'homme. Elles n'ont aucune pitié, comme s'il s'agissait, au moins pour un instant, de remettre de l'ordre quelque part. Dans quelque chose de bien plus grand et de bien plus vieux que l'homme. Et dans ce vaste nulle part, en un point qui n'a pas de nom, se trouve, à moitié enfouie sous la neige, une minuscule et fragile coquille avec quatre personnes à l'intérieur. Peut-être la neige et la nuit ne nous ont-elles pas vus, peut-être sommes-nous trop petits pour les déranger.

Le vent retombe. La neige a fait son œuvre. Le paysage est recouvert de silence. Les montagnes sont entre elles.

Tout contre moi, Nina remue encore : il lui faut toujours une éternité avant de trouver la "bonne" position pour dormir. *Eddie* se balance un peu en gémissant.

Puis même le balancement s'arrête.

C'est dingue, je pense. Il n'y a plus que nous.

Je tends l'oreille dans les ténèbres.

Un moment de silence absolu.

C'est donc que c'est possible !

Juste le temps d'un sourire.

Une voix chuchote dans l'obscurité : "Papa !

— Oui !

— Tu es là ?

— Oui.

— Moi aussi.

— Je m'en serais presque douté, je souffle.

— Et maman et Mr Simon sont là aussi.

— Oui.

— Ici, c'est vraiment bien maisoneux, nan ?"

1 000 000ᵉ minute
Lake Tekapo (43° 53' S, 170° 31' O)
Mackenzie Country
Aotearoa / Nouvelle-Zélande

LAKE TEKAPO

"Tu as un seau, au moins?"

Nina était plantée devant moi. Elle avait toujours l'air boudeuse, voire morose.

"Qu'est-ce que tu veux faire avec? ai-je demandé.

— J'ai besoin d'un seau."

Je suis monté dans *Eddie* pour prendre le seau vert sous l'évier.

"Tiens. Mais rappelle-toi qu'on part dans une demi-heure.

— Oui, oui. Tout est terminé", a-t-elle dit d'un ton de défi en prenant le seau sans me regarder avant de s'éloigner à pas lents. Elle avait le sens du drame, surtout quand ça pouvait tourner à son avantage. Elle espérait peut-être jouer les prolongations.

Notre petit déjeuner d'anniversaire lui était resté en travers de la gorge. À vrai dire, les festivités s'étaient complètement retournées contre nous. Le but était de célébrer notre millionième minute. Il y avait donc de vrais croissants avec du beurre et de la confiture de fraises, du granola avec du lait et du miel, et même du jus d'orange frais et du chocolat chaud. Nina n'avait bu que la moitié de sa tasse avant de filer sur la rive du lac. C'était un signe infaillible qu'elle en avait gros sur le cœur. Pendant que personne ne le regardait, Mr Simon s'était enfilé le reste du chocolat.

Nous étions partis depuis bientôt deux ans : même en tenant compte des erreurs de calcul possibles avec papier et crayon, du décalage horaire et de tout le reste, il était clair que, ce jour-là ou le lendemain au plus tard, nous arriverions au million de minutes. Après nos péripéties montagnardes dont un tracteur et un mécanicien de la New Zealand Automobile Association mis en joie par la victoire des All Blacks nous avaient tirés sans grandes difficultés, nous étions tombés d'accord pour fêter l'événement dès que l'occasion s'en présenterait.

Un million de minutes…

Au départ, je prenais régulièrement le temps de faire le calcul. À Phra Thong, nous étions partis depuis 18 000 minutes ou deux semaines pile-poil – à peu près la durée de vacances traditionnelles. À ce stade, nous étions encore excités comme des puces et un peu angoissés à l'idée qu'un obstacle se mette en travers de notre route.

Puis 60 000 minutes à Yao Yai : nous en étions au double de la durée moyenne des congés annuels d'un salarié allemand, week-ends et jours fériés compris, et déjà beaucoup moins stressés dans notre rapport au temps. 129 000 minutes : au bout de trois mois en Thaïlande, nous faisions surtout le calcul pour nous amuser. Comme quand on se pince pour vérifier qu'on n'est pas en train de rêver.

Une éternité plus tard : la 242 000ᵉ minute à Port Douglas – nous étions partis depuis environ six mois, et les intervalles entre mes calculs étaient de plus en plus longs. La 630 000ᵉ minute au Wallaby Creek

Festival : au bout de plus d'une année de voyage, j'arrivais enfin à croire à ma chance. J'avais compris que le temps n'allait pas me filer entre les doigts. Pour finir, j'avais purement et simplement oublié de faire le calcul. À quoi bon minuter sans arrêt sa vie ? Car ce voyage avait fini par devenir ma vie. Le temps, c'est notre vie…

Un million de minutes, c'est long. Mais tout dépend de ce qu'on en fait. Dans mon ancienne vie, un million de minutes aurait pu disparaître entre les lignes de mes to-do lists sans même que je m'en rende compte. Pendant notre voyage, en revanche, un million de minutes avaient suffi à changer notre vie du tout au tout. Et nous étions tellement bien… Il fallait fêter ça.

Sauf que ce matin-là, quand nous lui avions annoncé que la millionième minute était arrivée, Nina n'avait pas bien pris la nouvelle. J'avais serré Vera dans mes bras, mais en me retournant, j'avais découvert Nina prostrée sur sa petite chaise de camping, les yeux rivés au sol. Pour elle, cela signifiait avant tout que le million de minutes était "fini", c'est-à-dire terminé, passé, achevé – et pour toujours. Sachant que son idée du million de minutes avait été le point de départ de notre voyage, je comprenais qu'elle se sente mal. D'autant plus qu'à l'époque, enfouie sous les coussins, elle avait dû avec le mot "million" chercher à exprimer son idée de l'infini. Un nombre incommensurable, en tout cas aux yeux d'une petite fille de quatre ans qui avait, rien que pour les chiffres entre 1 et 20, une conception des mathématiques digne d'un extraterrestre. Elle ne s'attendait sans doute pas à ce que son nombre incommensurable s'écoule en deux malheureuses années terrestres. En bientôt deux ans, elle ne nous avait pas demandé une seule fois depuis combien de temps nous étions partis ni combien de temps nous avions encore devant nous. Ça aussi, c'est le paradis de l'enfance : prendre une journée pour un morceau d'éternité. Il fallait absolument que je le note dans mon journal.

Évidemment, j'éprouvais moi aussi des sentiments mêlés, mais plutôt liés à la question de la suite. Comme toujours, nous n'avions pas de plan F, ni G, ni n'importe quelle autre lettre. Pourtant, il était clair que notre voyage n'allait pas automatiquement "prendre fin" sous prétexte que, la semaine prochaine, nous serions de retour en Allemagne. Ce voyage était beaucoup trop *intérieur* pour ça. Plus j'y réfléchissais, plus je me rendais compte que c'était tout sauf terminé.

Nous avions changé, nous aussi – je crois bien que s'il était tombé sur moi au téléphone, le carriériste de Curitiba m'aurait pris pour un autre.

Mais une des choses les plus surprenantes pour moi, c'était que nous avions appris à nous connaître les uns les autres. L'idée qu'on apprend à connaître ses propres enfants est-elle absurde ? Simon et Nina avaient tous les deux des personnalités bien plus complexes et profondes que je ne l'aurais imaginé. Chaque jour, je les avais vus en découdre avec la vie, exactement comme moi, et exactement avec la même vie. Tour à tour braves, découragés, curieux, roublards, nostalgiques, furieux, contents… Ils ne faisaient que la moitié, voire le tiers, de ma taille, mais ils menaient les mêmes combats, profitaient des moments de répit, poursuivaient leurs buts… Un jour, une pensée m'avait traversé l'esprit : nous sommes tous dans le même bateau. Et c'était effectivement le cas. J'avais beau savoir qu'ils devaient trouver eux-mêmes leur voie, c'était formidable d'être là. Pour être honnête, depuis que je les observais tous les deux, je ne me sentais plus aussi seul qu'avant. Tu ne cours jamais seul : j'avais retenu la leçon.

Et de la même manière, les enfants avaient appris à nous connaître. J'avais été frappé de voir à quel point ils ne loupaient pas une miette de nos faits et gestes. Pendant ce voyage, ils nous avaient vus tels que nous étions : pas seulement dans notre rôle de parents, mais aussi en tant que personnes. Et dans toutes les situations : surexcités à l'idée de construire un radeau à Phra Thong, vaincus par la flemme dans le hamac de Yao Yai, fébriles sur la planche de surf, ils nous avaient vus résoudre des problèmes, être dépassés par les événements, planifier, gagner, faire des briques et perdre pour de bon pendant la course à Denmark, nous disputer, profiter de la vie, couper du bois et mentir, marchander, être épuisés, égoïstes, coincés dans une fosse au milieu des montagnes enneigées, amoureux, incertains, immatures, malades, en colère, égarés, hésitants, à côté de la plaque, contents, dans les bons et les mauvais moments...

En un million de minutes, nous avions changé, tous autant que nous étions et chacun de son côté. Notre famille était encore plus soudée que j'aurais jamais pu l'imaginer.

Et je me disais : C'est ici et maintenant que tout commence. Ce n'est que le début.

J'avais fait de mon mieux pour expliquer ça aux enfants. Il s'était rapidement avéré que Mr Simon n'en avait rien à faire. À tout prendre, son existence avait jusque-là été passablement *happy*, comme il disait pour désigner les choses qui lui plaisaient. Il y avait par exemple des *happy mornings*, des *happy stories* et aussi – très important – une "*happy* maman". Et quand tout est par principe aussi *happy*, il est parfaitement impossible de se faire du souci pour un avenir inconnu. Quand j'avais enfin pris mon courage à deux mains pour lui révéler que "très bientôt", comme je l'avais formulé avec prudence, nous allions prendre l'avion pour un tout nouveau pays appelé *Germany*, sa seule réaction avait été, en toute logique, de montrer le frigo d'un geste décidé en disant : "*Happy ice cream?*"

Avec Nina, en revanche, c'était une autre histoire. Impossible de la convaincre qu'en un sens, notre voyage ne prendrait jamais fin.

"Tu dis ça pour me consoler", avait-elle lancé. Avant de me déstabiliser aussitôt avec quelques questions très pragmatiques. Allions-nous habiter dans une maison ? Ce n'était encore pas bien méchant. Mais au bout d'un moment, elle m'avait demandé si j'allais à nouveau devoir gagner plein d'argent. Nous étions complètement fauchés. Je lui avais répondu que j'aimerais bien recommencer à travailler un peu. Pas pour gagner beaucoup d'argent, mais parce que je trouvais ça intéressant. Dans une école, par exemple. Nina m'avait confirmé que, "souvent", je savais bien jouer avec les enfants : sur ce point, j'avais donc sa bénédiction. Mais elle ne s'était pas arrêtée là : est-ce que, le week-end, on pourrait revenir de temps en temps à Port Douglas ? Il fallait bien que quelqu'un nourrisse les émeus, pour qu'ils ne se retrouvent pas avec ces horribles pattes toutes fines. Je lui avais dit que c'était un peu compliqué. Encore une formulation qui me sauvait régulièrement la mise.

"Aha", avait fait Nina. Est-ce qu'au moins elle aurait un chat ? Elle me tendait une perche, mais non, malheureusement, elle n'aurait pas de chat. Et quand est-ce qu'on recommencerait à visiter de nouveaux pays ? Je lui avais dit qu'il allait d'abord falloir prendre nos marques. Les papis et les mamies allaient être tellement contents ! Simplement, la prochaine étape serait un peu plus longue.

"Tu vois ! Tout est terminé." Voilà la conclusion qu'elle avait tirée de cet interrogatoire. Elle était inconsolable.

J'avais tenté une autre approche. Peut-être moins compliquée ?

"C'est la vie", avais-je dit.

Alors qu'elle était en train de servir le thé, Vera s'était figée pour me lancer un coup d'œil perplexe. Nina me fixait d'un œil noir. Puis elle nous avait tourné le dos et était partie d'un pas rageur vers la rive du lac.

Ce n'était pas par hasard que nous avions choisi le Lake Tekapo pour notre petite fête. Nous avions garé *Eddie* de manière à pouvoir petit-déjeuner avec vue sur le lac. Cet endroit restera toujours un de mes favoris. Quand je pense à la Nouvelle-Zélande, c'est ce lac d'un turquoise irréel au milieu des montagnes couvertes de neige des Alpes néo-zélandaises du Sud qui me vient d'abord à l'esprit. Je n'avais encore jamais vu une couleur pareille.

Ce qui m'a le plus frappé dans les environs du Lake Tekapo, c'est la clarté. L'air, l'eau, les couleurs, les silhouettes des montagnes enneigées contre le ciel bleu acier, la lumière : tout, autour de nous, était clair. Même l'obscurité y est limpide. Comme il n'y a pas beaucoup de monde en Nouvelle-Zélande et que personne ne se sent obligé d'avoir toujours une lumière allumée, le ciel étoilé arrive jusqu'au sol. Dans le Mackenzie Country, l'univers est posé à même la roche. Nous avions tant bien que mal gravi un col avec *Eddie* et campé sur un petit plateau non loin du lac. Quand on arrive en haut et qu'on grimpe sur un des rochers, notre dernier lien avec la Terre se résume aux quelques centimètres de semelle en contact avec la roche. Le reste du corps se perd dans l'obscurité du cosmos. On est en équilibre au bord d'un précipice aux confins de la planète, et seul un soupçon de pesanteur nous empêche de partir à la dérive dans l'univers. Je devais absolument en parler avec Nina pour voir s'il n'y avait pas quelque chose à creuser. Si, en prenant beaucoup d'élan, on ne pourrait pas… Affaire à suivre.

Lors de notre arrivée au Lake Tekapo, pour la première fois de ma vie, j'avais compris ce que mon père voulait dire quand il montrait ce qu'il appelait "la Voie lactée" au petit garçon que j'étais. À l'époque, je ne distinguais qu'une poignée d'étoiles éparses tout là-haut, certaines en petits tas, certes, mais je ne voyais ni voie ni lait. Dans ma tête, je traçais une ligne blanche en zigzag entre les étoiles, et je m'étais résigné à l'idée que ce devait être la fameuse Voie lactée. L'illumination était donc venue lors de notre première nuit ici, au Lake Tekapo, trois décennies plus tard : en montant sur un rocher, je m'étais rendu compte que les étoiles ne se trouvaient pas "au-dessus" mais tout autour de moi. Il y en avait même qui scintillaient en dessous de moi à l'horizon, et alors que mon vertige semblait se dissiper, j'avais aperçu l'éblouissante Voie lactée, tellement gigantesque que j'en avais eu le souffle coupé, brillant de milliards de feux, des centaines de milliers d'années-lumière d'un horizon à l'autre, toute la folie de l'univers en 3D. Et en couleurs. Et oui, il y a des étoiles bleues et vertes et rouges, et violettes aussi, certaines clignotent frénétiquement, d'autres pulsent lentement, partout, des étoiles filantes zébraient le ciel tandis que les satellites traçaient paresseusement leur route. En Nouvelle-Zélande, il est impossible de croire que la Terre est au centre de quoi que ce soit, parce que rien qu'à l'œil nu, on voit bien que nous ne sommes qu'une poussière perdue dans un coin de l'univers.

Les quelques Néo-Zélandais qui habitent au bord du lac savent très bien ce que vivent les touristes qui viennent ici pour la première fois. Ils ont installé des panneaux exprès, des pancartes explicatives et de petits poteaux indicateurs un peu partout, même les rochers sont marqués d'une flèche pour qu'on arrive à s'y retrouver quand on est tout retourné par tant de beauté. J'ai vu de mes yeux un groupe entier de touristes japonais, tout juste descendus du car, se diriger vers le lac en jacassant avant de ralentir peu à peu, de baisser la voix et, à deux pas de la rive du lac, de se taire pour de bon. Ils avaient les bras ballants avec leurs appareils photo baissés, tous autant qu'ils étaient, et – pendant quelques secondes de recueillement – personne n'a pris de photo. Quand on s'est déjà retrouvé en présence d'un groupe de Japonais devant *La Joconde* ou dans la chapelle Sixtine, on sait que ce n'est pas rien.

Même les chrétiens qui auraient bien aimé bâtir une petite église dans le coin ont compris dès la première visite que ce n'était pas un lieu comme les autres. Du coup, ils ont décidé de construire une église ouverte sur le lac. Et ils ont même laissé tomber l'autel – ou peut-être qu'à force de fixer le lac, ils ont oublié cette partie. Quoi qu'il en soit, à la place d'un mur avec un autel, d'un Jésus à l'agonie ou d'une Marie éplorée, ils ont installé une grande baie vitrée. Dès qu'on entre dans l'église et qu'on regarde à l'autre bout de l'abside, on voit le Lake Tekapo – et rien d'autre. Leur croix est toute petite, en bois brut, pour ne pas déranger. Mais je la trouve très bien là où elle est. Ça ne m'étonnerait pas que, de temps à autre, un drôle de vieillard avec une barbe blanche vienne ici en compagnie de son fils pour se laisser tomber sur un des bancs en bois et regarder au loin, le sourire aux lèvres.

C'était surtout l'eau du lac qui plaisait à Nina. La veille, nous avions cherché le bleu. Quand j'étais allé voir ce qu'elle fabriquait sur la rive, elle était en train de brandir une bouteille d'eau à contre-jour et de la tourner et retourner en murmurant : "Il est forcément dedans! Il n'a pas pu sortir."

Il faut savoir que, quand on voit le Lake Tekapo, on a vraiment l'impression que quelqu'un a rempli d'encre turquoise une gigantesque vallée. Face à un tel spectacle, c'est un vrai défi de se représenter une eau sans couleur. J'avais fait le test : en sortant du lac la bouteille pleine d'eau non bleue, j'avais eu le même sentiment que lorsqu'un magicien ouvre la main et qu'au lieu de trouver une pièce, on découvre qu'il n'y a rien. Entre nous, Nina et moi nous étions demandé d'où pouvait venir ce bleu et où il se cachait. Nous étions tombés d'accord sur le fait qu'il fallait prendre un peu de recul pour le voir bien et que ce n'était pas si facile de l'attraper. J'avais gardé pour moi mes connaissances sur les spectres d'absorption et sur les longueurs d'ondes. C'était un joli moment.

De loin, je la vois trébucher sur les galets avec son petit seau visiblement bien rempli. Chaque fois qu'elle tangue d'un côté, un peu d'eau déborde sur les rochers ou sur son pantalon.

"Voilà! Je le prends avec moi. C'est un rappelage de notre voyage", dit-elle hors d'haleine une fois arrivée à *Eddie*. Elle affiche une mine farouchement déterminée.

"Un quoi?

— Un truc qu'on rapporte, a-t-elle répondu en me regardant avec un peu moins d'assurance.

— Un souvenir, tu veux dire?

— Oui."

Je jette un coup d'œil au seau. Rien que de l'eau. Elle lutte contre les larmes.

"Allez, viens ici, dis-je.

— Tous les bons moments sont terminés!" Elle est dans tous ses états. Ce n'est pas le moment de lui demander comment elle compte faire pour rapporter un seau d'eau de Nouvelle-Zélande en Allemagne.

En me voyant approcher, elle a un mouvement de recul. C'est quand elle a le plus besoin d'être consolée et prise dans les bras qu'elle refuse de se laisser faire. Pour qu'on voie bien qu'elle en a vraiment besoin.

Ça ne va vraiment pas fort.

Je me mords les lèvres. Comment lui faire comprendre que notre million de minutes ne va pas se terminer comme ça? Que ce genre de moments n'est jamais perdu?

Cette histoire de seau d'eau m'a rappelé la parabole de la goutte d'eau qu'il faut sauver avant qu'elle s'évapore. C'est un peu compliqué, mais il faut bien tenter le coup.

Je lui ordonne : "Remplis ton seau d'un million de gouttes !

— Quoi ?

— Et compte bien ! dis-je en souriant. Quand tu auras fini, appelle-moi."

Elle prend le seau en secouant la tête et descend en zigzaguant jusqu'au lac. Comme il ne reste plus beaucoup d'eau, elle en renverse déjà moins. Elle se dit sans doute que j'ai de drôles d'idées. Et de fait : si elle me prend à la lettre, il lui faudra quelques semaines et une cinquantaine d'autres seaux.

Je compte à rebours en partant d'un million. À 999 982, j'entends : "Fi-niiiii !"

Je vais la rejoindre. Elle est assise à côté de son seau vert plein aux trois quarts. Si elle l'avait rempli plus, elle n'aurait pas pu le sortir de l'eau.

Je demande : "Un million ? Tu as bien compté ?

— Bien sûr !" Elle me regarde d'un air moqueur.

"Très bien. On va jouer à un jeu, d'accord ?

— D'accord", dit-elle faiblement. Elle ne voulait pas se laisser avoir aussi facilement. Mais elle n'a pas pu cacher l'éclair de curiosité dans ses yeux.

"Donc, dis-je. Là-dedans, il y a un million de gouttes. Et maintenant, le jeu : on dirait que chaque goutte est une minute, d'accord ?"

Je les ai observés de près, elle et Mr Simon. Récemment, Nina s'est mise à utiliser le "On dirait que". Ce dernier s'emploie de la manière suivante : "On dirait que [telle chose] est [telle chose], d'accord ?" Ce n'est pas plus compliqué que ça de construire des mondes parallèles. Les adultes devraient y penser plus souvent. *Bonjour. On dirait que le temps, c'est la vie, d'accord ?*

"Hmm", se contente-t-elle de grommeler en fixant le seau comme si elle voulait vérifier ce qu'il y a dedans.

J'en rajoute une couche : Un seau plein d'un million de minutes, OK ? Chaque goutte d'eau est une minute.

— D'accord." Elle hoche la tête. Elle n'a aucune idée d'où je veux en venir. Mais je sais qu'elle sait que c'est important pour moi.

"Et dans ce cas, le lac, là, ce serait combien de minutes ?

— Beaucoup de millions ?" dit-elle à vue de nez. C'est déjà ça. Entre un et beaucoup de millions.

"Oui, et même plus. Un billion, non, un trillion… Disons un fantastillion de minutes, d'accord ?

— Hmm", acquiesce-t-elle. Elle n'a pas l'air de faire semblant.

"Disons même que, dans ce lac, il y a toutes les minutes de ta vie, d'accord ? Les minutes d'hier, les minutes d'aujourd'hui, et celles de demain et de quand tu auras vingt ans.

— Et de quand j'aurai mille ans", dit Nina, avec une minuscule trace d'enthousiasme. Mais pas trop, histoire qu'on comprenne bien que cette journée est un cauchemar.

"Exactement !" dis-je avec entrain. Jusqu'ici, ça a l'air de fonctionner plutôt pas mal.

"Maintenant, prends ton seau et verse le million de minutes dans le lac. Avec toutes les autres minutes !"

Elle me regarde, étonnée : "Maintenant ?

— Oui.

— Et si ça ne marche pas, je pourrai en ravoir ? demande-t-elle d'un air soupçonneux.

— Bien sûr, si tu en as envie!" dis-je pour l'encourager.

Elle soulève tant bien que mal le seau et renverse les minutes.

Nous regardons tous les deux la colonne argentée percuter la surface, s'enfoncer dans l'eau et emporter dans sa chute de petites bulles d'air avant de se mélanger au lac jusqu'à devenir invisible. Évidemment, Nina en renverse la moitié à côté, sur ses bottes en caoutchouc et sur les rochers, mais ce n'est pas le moment de lui en faire la remarque.

"Comme ça? demande-t-elle.

— Oui."

Vient le moment crucial… Même moi, je suis tout excité. "Et maintenant, est-ce que le million de minutes est terminé?"

Elle fixe la surface tranquille du lac en fronçant le nez.

"Il est dedans.

— Est-ce qu'il est terminé?

— Hmm.

— Remue le lac, pour voir! dis-je en lui donnant un bout de bois qui se trouve à portée de main.

— Quoi?

— Remue un peu, pour voir", j'insiste.

Elle remue d'un côté puis de l'autre, d'abord sans grande conviction puis, en me voyant hocher la tête, un peu plus franchement.

"Et maintenant, où sont les minutes? je demande.

— Elles sont partout. Dans tout le lac!

— Exactement! Maintenant, notre million de minutes et notre voyage sont dans toute ta vie!" dis-je pour lui donner un coup de pouce.

Pendant un petit moment, elle suit le million de minutes du regard.

Puis elle pouffe de rire. "C'est un jeu rigolo", dit-elle en grimpant sur mes genoux.

"C'est la vie, tout simplement", dis-je.

Je ne savais pas ce qu'elle allait garder de tout ça. Mais elle semblait déjà moins abattue, plutôt d'humeur pensive. Tandis que nous nous mettions à faire les bagages, elle est restée assise sur une chaise de camping à regarder le lac d'un air songeur en buvant le chocolat qu'elle avait réclamé après coup. C'était déjà ça.

Il fallait partir.

Exceptionnellement, Nina a eu le droit de monter dans la cabine du conducteur, car Mr Simon était déjà endormi – son activité favorite pendant les trajets. Ainsi, il ne voyait pas l'injustice criante du privilège accordé à sa sœur et ne pouvait pas réclamer d'égalité de traitement ni de compensation. Et puis, je voulais faire plaisir à Nina. Jusque-là, elle n'avait vraiment pas eu une journée facile.

Nous comptions suivre la route 8 jusqu'à Milton avant de prendre la direction de Dunedin, notre dernière étape. Ensuite, notre chemin nous ramènerait définitivement à Christchurch. Les billets d'avion étaient réservés. Désormais, nos minutes étaient de nouveau comptées.

En montant une colline sur une route tortueuse, nous voyons le Lake Tekapo briller une dernière fois.

"Arrête-toi, s'il te plaît", dis-je à Vera.

Elle gare *Eddie* sur le bas-côté et coupe le moteur. Nous tournons la tête. Personne ne dit rien.

Un lac de temps. Calme et immobile, avec l'eau qui étincelle sous les rayons du soleil. Un bleu qui dépasse l'entendement. À perte de vue.

Vera finit par briser le silence.

"C'est vraiment une couleur incroyable.

— Ce sont les minutes les plus heureuses, dit Nina en continuant à regarder par la fenêtre. Les plus heureuses sont bleues."

Route de campagne près de Cologne
(50° 56' N, 6° 52' O)
Rhénanie
Allemagne

LA VIDA ES UN CARNAVAL

À la différence de leurs frères de la mer d'Andaman, les aborigènes d'Allemagne n'ont pas franchement été gâtés par la nature. Les premières semaines après notre retour, nous avons eu droit à la pluie, à la grêle, au brouillard amenés par les grosses dépressions nord-atlantiques qui, comme toute bonne dépression nord-atlantique se doit de le faire, avaient tranquillement survolé le nord de la France et les plats Pays-Bas. Le résultat, c'est un phénomène proprement tragique de "couverture nuageuse compacte d'un gris de plomb" qui sépare impitoyablement les autochtones allemands du soleil, et ce, de fin septembre à début avril, soit pour une durée minimum de 250 000 minutes. Par an.

C'est doublement la poisse, car même sans ça, la météo allemande est une véritable épreuve. En raison d'un regrettable défaut de positionnement de l'axe terrestre, l'Allemagne a en effet le malheur de se trouver du côté sombre du globe. Les coins les plus ensoleillés du pays obtiennent à tout casser 1 700 heures de soleil par an. La ville australienne de Perth, elle, arrive sans forcer à 3 200 heures de soleil en une année moyenne, à quoi s'ajoutent les quarante-trois pour cent de réflexion lumineuse venue de la mer. Au cours de sa vie, un Australien lambda a donc droit à deux fois plus de lumière qu'un Allemand. Sur le plan électrotechnique, 1 700 heures de soleil correspondent à un variateur de lumière bloqué juste avant le petit trait *off*.

Malgré – ou peut-être grâce à – cet environnement inhumain, les Allemands ont, depuis l'âge de pierre, développé une étonnante capacité d'adaptation biologique et culturelle. Comme la vie en extérieur n'est possible que certains jours précis, les Allemands sont passés maîtres en construction de logis : les grottes pleines de courants d'air de l'homme de Neandertal ont depuis longtemps laissé place à des maisons en pierre ingénieusement conçues avec cheminées et unités de chauffage central de la taille d'une voiture. Cela fait chaud au cœur de voir, à la moindre occasion, les autochtones de sexe masculin offrir candidement à leurs partenaires de sexe féminin de petits présents censés leur rendre plus supportable cette existence difficile, par exemple des housses aux motifs colorés pour protéger leurs selles de vélo de la pluie, des bouillottes en polaire en forme de canards, des gants pour racloir à pare-brise et des bons pour le paradis artificiel des espaces bien-être. Et la recherche anthropologique ne cesse de mettre au jour de nouvelles preuves de l'étonnante créativité des Allemands : la nécessité est mère de l'invention. Dans les régions frontalières de la France, ils ont par exemple développé des techniques de production permettant de faire du vin à partir de raisins qui, en règle générale, gèlent avant même d'être arrivés à maturité. (Avec une bonne dose de sucre de betterave, on obtient alors du vin chaud qui garantit la survie de la population pendant les mois les plus froids.) Faute de soleil, les Allemands fabriquent également des quantités industrielles de lampes de luminothérapie auxquelles ils s'exposent, eux-mêmes et leurs nouveau-nés, pour prévenir l'hospitalisation massive des petits pendant le semestre le plus sombre de l'année.

Et pourtant, le climat imprègne le mode de vie et les mentalités – je m'en suis souvenu dès que nous avons posé nos bagages à Bonn. Pendant l'équinoxe de plusieurs mois que les Allemands passent, par la force des choses, assis dans la pénombre de leurs maisons à regarder pensivement les gouttes de pluie couler sur les vitres, il faut bien prendre garde à ne pas se retrouver, à l'insu de son plein gré, écrivain, philosophe ou compositeur. Heinrich Heine, Friedrich Nietzsche et Ludwig van Beethoven, pour n'en nommer que quelques-uns, sont tout sauf des accidents de parcours de l'histoire de la civilisation : la source de leur génie n'est autre que l'hiver bonnois dont ils ont dû subir les rigueurs au cours de leurs jeunes années. Voilà sans doute l'un des secrets les mieux gardés de ce peuple de poètes et de penseurs : c'est avant tout au temps pourri que la nation allemande doit son envergure culturelle.

Mais contrairement à ce qu'on pourrait croire, cette tendance à la rumination constante n'est pas la seule composante de ce tempérament allemand marqué par le climat : on y trouve aussi une capacité à célébrer cette rude existence par des fêtes à tout casser. Ce phénomène est particulièrement manifeste dans les endroits aux conditions de vie les plus difficiles. Ainsi, en Rhénanie, au milieu du morne désenchantement des interminables giboulées, il règne entre les colonies de Cologne et de Bonn une ambiance incroyable qu'on ne retrouve tout au plus que dans les banquets du village gaulois d'Astérix et Obélix. La ville de Cologne a ses règles propres : grâce à ce qu'on appelle la "loi fondamentale colognaise", ce joyeux arrangement avec la vie est gravé dans le marbre pour l'éternité et garantit une perpétuelle et folle gaieté généralisée. Chose intéressante : cette loi fondamentale est théoriquement composée de onze préceptes qui, à bien y regarder, ne correspondent qu'à deux idées. Six d'entre eux signifient en substance qu'il faut accepter les choses comme elles sont, comme elles ont été et comme elles seront. Les cinq autres expliquent comment passer du bon temps ensemble, avec quelques conseils concrets comme boire, rire et s'envoyer en l'air. Je suis certain que si leurs pas les y menaient un jour, Cologne serait la ville favorite de tous les chercheurs en biscuits chinois de l'univers.

Il existe une flopée d'autres lois et règles qui ne me sont revenues en mémoire qu'à mon retour. Parmi elles figure un Code de la route des plus absurdes en vertu duquel les Allemands roulent du mauvais côté de la chaussée, c'est-à-dire du côté droit.

Quoi qu'il en soit, il ne faut pas s'étonner qu'un dimanche matin, sur une route de campagne perdue au sud de Cologne, une voiture sortie de nulle part – ou d'un champ de betteraves à l'abandon – s'engage directement sur la voie de gauche et y reste.

Je me fais la réflexion que le conducteur de la Passat Comfortline gris métallisé ne doit pas être bien réveillé. Et voilà qu'au lieu de dégager enfin le côté de la chaussée que je prends mordicus pour le mien, il se met à klaxonner comme un fou furieux. Puis c'est le freinage d'urgence simultané. La scène est surréaliste : nous dérapons l'un vers l'autre au ralenti.

Comme le pied écrase le frein, le cerveau est déjà en mode arrêt – mais la voiture continue sa course. Et comme elle ne va pas là où on veut qu'elle aille, c'est une situation vraiment étrange. À la dernière seconde, je me cache le visage derrière les bras.

L'issue aurait pu être mille fois pire : au lieu du choc frontal attendu, il y a un crissement sourd contre mon aile.

Je relève les yeux. Les deux voitures sont à gauche de la chaussée, légèrement décalées l'une par rapport à l'autre. Et même si ça ne fait pas plaisir à entendre, mon petit doigt me dit que la mienne n'a rien à faire ici.

Quand l'autre conducteur ouvre sa portière, la voix de Marlene Dietrich résonne dans l'air frais du matin. Un autochtone âgé sort de la voiture. Certaines tenues sont uniques au monde. Elles permettent d'identifier immédiatement et sans doute possible un autochtone rhénan. Parmi ces éléments caractéristiques, on peut citer les moustaches qui donnent l'impression que leur propriétaire a décidé de donner une nouvelle fonction à son blaireau de rasage, en a coupé les poils et s'est collé la touffe sous le nez pour imiter une otarie. L'homme avait également pris le volant avec un chapeau et un manteau beige froissé, ce qui trahissait clairement son appartenance ethnique – à moins qu'il n'ait passé la nuit dans la voiture.

"De quelle planète vous venez ?" demande l'homme. Il scrute sa Passat Comfortline avant de se tourner vers moi.

Je n'arrive pas à ouvrir ma portière, elle a dû être déformée par le choc. L'homme contourne sa voiture par-derrière – l'espace entre les deux véhicules n'est pas suffisant pour passer devant – et vient toquer à ma vitre entrouverte.

Quelle histoire. J'étais rentré en Allemagne depuis seulement quelques semaines, et c'était loin d'être mon premier "accident". Sauf que, jusque-là, il n'y avait pas eu de tôle froissée. Le matin même, j'avais renversé un gobelet contenant environ deux cent trente millilitres de crème fouettée. À l'étage le plus élevé d'un frigo bien rempli : la totale. Si l'idée de convertir votre temps en voyage autour du monde ne vous tente pas, c'est une bonne manière de s'occuper. Trois semaines plus tôt, j'avais débarqué avec quatre heures de retard à l'entretien individuel au jardin d'enfants de Mr Simon. Il y avait soixante-huit candidatures pour quatorze places. Selon la crèche, il était in-dis-pen-sable d'établir une relation de confiance avec les parents. L'alpha et l'oméga, comme la directrice me l'avait assuré. Trois jours plutôt, j'avais laissé le sac de sport de Nina dans le métro, et j'avais commencé par l'accuser, elle, ce qui n'avait pas mis le reste de la famille dans de bonnes dispositions à mon égard. Et ce n'était que la partie émergée de l'iceberg.

"Hé ho, jeune homme, vous dormez ou quoi ?" L'homme est planté devant ma fenêtre. Je suis ravi de l'entendre me parler sur ce ton : au moins, il n'a rien.

"Je souffre de F43, je murmure tout bas avant de crier : Je n'arrive pas à ouvrir la portière !"

La vitre est elle aussi coincée. Tout comme la "centoure", comme dit Mr Simon, sans doute à cause du freinage d'urgence. Je m'effondre sur mon siège.

Le diagnostic de F43 avait été posé par Anna Amsel, qui n'y allait jamais par quatre chemins. Nous nous étions revus trois semaines pile après notre retour. Le problème avec les amies branchées psycho, c'est qu'on leur déballe tous nos états d'âme.

"Ça fait plaisir de te revoir!" a-t-elle dit.

Je lui ai demandé un mouchoir parce que ma selle de vélo Primus avait été complètement trempée par la chose mouillée qui était tombée du ciel toute la matinée. Puis nous avons rapidement échangé les nouvelles principales, mais mon humeur du moment devait être assez flagrante.

"Alors… Comment vas-tu? a-t-elle fini par demander.

— Pas bien. J'enchaîne les gaffes. Je suis obligé de faire des trucs que je trouve bizarres. Et je n'arrive pas à dormir parce que je gamberge tout le temps, ai-je lâché.

— F43! Une forme particulièrement critique! a répondu Anna Amsel avec un grand sourire.

— Pardon?

— F43 selon la classification internationale des maladies. Il s'agit de troubles de l'adaptation après des événements de la vie exceptionnellement traumatisants.

— Ha ha. Et ce serait quoi, cet événement de la vie traumatisant?

— On parle de choc culturel inversé, ça te dit quelque chose?" Elle a attrapé un gros livre rouge dans sa bibliothèque. "C'est, attends un peu, page… Hmm, je te lis le passage : «La cinquième phase du choc culturel, moins connue…» – nan, c'est pas ça, bla-bla-bla, tiens, voilà : «Selon Woesler, le choc culturel inversé peut être plus violent que celui ressenti lors de l'immersion dans une culture étrangère, car la nécessité de la réintégration dans la culture qui est la sienne est une expérience psychologique à laquelle l'individu n'a pas été préparé.» Tu vois?

— Il faut d'abord que je prenne mes marques, ai-je répondu. La semaine dernière, j'ai revu un ami que

305

tu connais, Bernd, il était complètement surmené, blanc comme un linge, il s'était un peu empâté, et quand je lui ai demandé comment il allait, il ne m'a pas répondu. Il a juste dit : « Ooh, bien obligé. » Et il a ri bizarrement. Comme s'il avait fait une blague. Et après, il n'a plus rien dit. Comme s'il avait répondu à ma question."

J'ai secoué la tête. "Depuis, je n'arrête pas de me demander si c'est obligé. Est-ce que c'est obligé ?

— Comment vont les enfants ?" a lancé Anna Amsel en guise de réponse.

Était-elle en train de botter en touche ? Elle n'avait sans doute rien d'intelligent à répondre à ma question.

"Pour Nina et Simon, c'est juste une étape de plus, je crois, un nouveau jeu grandeur nature. Tout est tellement facile, avec eux ! Il n'y a que le matin qu'ils traînent les pieds, parce qu'on doit les réveiller tôt. Tirer Nina du lit *in the midnight*, comme elle dit, c'est la fin du monde. Elle aussi pense que j'ai un petit problème, mais dans l'autre sens." Je ne peux pas m'empêcher de rire. "Sinon, ils se sont adaptés sans problème. Un nouveau jeu, c'est toujours une fête… Pas de F43 en vue pour eux.

— Tu vois, c'est un jeu ! Et c'est toi qui l'as choisi – si vous êtes rentrés, c'est que vous aviez de bonnes raisons de le faire.

— Donc toi aussi tu crois que c'est obligé ? ai-je demandé d'un ton hésitant.

— C'est toi qui décides le jeu auquel tu joues. Estimez-vous heureux d'en avoir découvert plein d'autres. Avoir l'embarras du choix, c'est une chance !"

J'ai regardé Anna, dubitatif : "Tu n'es pas sérieuse ?

— Si ! Maintenant, tu peux faire tes choix en toute connaissance de cause, et tu n'as plus d'excuses. Tu n'as qu'à t'acheter un billet demain et te lancer dans un de tes métiers de rêve dont tu n'arrêtais pas de me parler dans tes mails. Qu'est-ce qu'il y avait, déjà ? Enguirlandeur de cadres supérieurs ? Collectionneur de bois flotté ? Baptiseur de plages, dealer de chocolats, assistant de vol ? Tu peux aussi rester ici et faire ça plus tard. Ou renvoyer une candidature aux Nations unies. Tu vois, rien n'est obligé."

Je hoche prudemment la tête. Évidemment, sa réponse est plutôt à mon goût. Même si, depuis quelques semaines, je souffre d'un sévère déficit d'imagination. J'ai sans doute besoin de temps. Pour le moment, un nouveau jeu n'est pas du tout d'actualité pour moi.

Mais Anna Amsel n'en a pas fini. "Minute, papillon", dit-elle. Ses réponses ne sont jamais simples, je suis bien placé pour le savoir. Elle doit souffrir d'une sérieuse *déformation professionnelle** – X11111 selon la classification internationale des maladies.

"Mais à ta place, une fois que j'aurai choisi le jeu, j'en respecterais les règles. Ça, c'est obligé."

J'ai grommelé quelque chose à propos de psychologues et de trafiquants d'âmes. "Au fond, vous êtes tous les mêmes. Le Dr Finkelbach te passe le bonjour !

— Pour changer, qu'est-ce que tu dirais d'être un tout petit peu pragmatique ? a lancé Anna en souriant.

— Je peux savoir ce que madame la psychologue veut dire par là ? ai-je rétorqué.

— Tu n'es pas obligé de croire que ce qui est mouillé et qui tombe du ciel est de la pluie. Mais ça peut quand même être une bonne idée de t'acheter une housse pour selle de vélo. En Australie, tu as bien emporté de la crème solaire."

J'ai éclaté de rire. J'allais déjà un petit peu mieux. Mais je ne le montrais pas trop, histoire qu'on comprenne bien que cette journée était un cauchemar.

"Je pourrais aussi installer une piscine à balles pour chiens volants à côté de mon vélo.

— Bien sûr. Mais alors, c'est encore un autre jeu."

Mes discussions avec Anna Amsel étaient généralement dans ce goût-là. Parfois, je l'appelais des semaines plus tard, et je lui disais que je venais seulement de comprendre.

Les coups toqués à ma vitre se font de plus en plus insistants.

"Hé hooo! Vous avez un problème? Tout va bien? Je vous entends très mal!" L'homme a mis sa main en cornet derrière son oreille. C'est ce qu'on appelle, parmi les autochtones, un "original". Tomber sur un individu de ce type lors d'un accrochage en voiture est un vrai coup de chance, car il est nettement moins dangereux que, mettons, un employé de banque aux dents longues de trente-cinq ans en veste Barbour abonné aux entraînements de kung-fu.

"Hé hooo!"

En guise de réponse, je secoue la poignée en hurlant : "Je n'arrive pas à ouvrir!

— Il faudrait peut-être appuyer sur le petit bouton là!" crie l'homme en toquant en bas de la vitre. Traditionnellement, c'est là que se trouve le loquet de portière. Y compris dans ma voiture. Oui. Pour ouvrir, ce n'est pas une mauvaise idée. Première étape : déverrouiller. La portière s'ouvre sans difficulté, et je sors. J'ai encore les jambes qui tremblent.

"Je suis vraiment désolé", je bégaye.

L'homme me toise attentivement de la tête aux pieds.

"Comment vous avez fait pour vous retrouver du mauvais côté de la route?

— C'est une longue histoire, dis-je en me raclant la gorge. Il me faudrait au moins un million de minutes pour tout vous expliquer.

— Bon. Vous me raconterez ça tranquillement une autre fois. Regardez : le principal, c'est que nous soyons sains et saufs. Et encore capables d'en rire!"

Il remet son chapeau droit et inspecte sa voiture. La vieille Corsa de Vera a laissé une trace vert foncé sur le pare-chocs argenté. On dirait presque un gecko. Nous nous penchons tous les deux sur le problème. L'homme gratte la trace du bout du doigt.

"Aaallons bon", dit-il en fixant la peinture verte sur son ongle.

J'opine intérieurement du chef. L'allongement du *a* est sans doute censé me préparer à ce qui va suivre. Un pare-chocs verni vaut une petite fortune. Du moins, quand il s'abîme. À ce moment précis, sa valeur explose. C'est l'inverse de la perte de valeur d'un véhicule neuf : un tour de passe-passe de l'industrie automobile. Surtout pour une Passat avec accessoires chauffants. Et je crois bien que ce pare-chocs fait partie de ceux qui se mettent à biper frénétiquement dès qu'un obstacle se profile à l'horizon. Récemment, un ami à moi s'était retrouvé dans une situation similaire à la mienne – à part qu'il ne roulait pas du mauvais côté de la route. Pourtant, d'après le procès-verbal, il portait "l'entière responsabilité d'une trace de peinture d'environ six centimètres de long sur le pare-chocs du véhicule de F." Comme le responsable en question me l'avait expliqué avec incrédulité, on ne peut pas se contenter de repeindre la trace, car l'harmonie chromatique entre le pare-chocs et le capot ne serait pas respectée. Mais si on repeint tout le capot, c'est avec le reste du véhicule qu'il va jurer. Il faut donc faire fi de toute logique et acheter un nouveau capot. Qui, après conversion, ne vaut pas moins de 20 000 minutes – au moins, la pose était comprise dedans.

"Ça fera 3 000 euros", dit l'homme d'un air grave. En voyant mon air scandalisé, il éclate de rire. C'est un joyeux luron. Je me rends compte que ma paupière inférieure gauche tressaute malgré moi.

"Écoutez, ma femme va arranger ça, finit-il par dire. Elle a vraiment le coup de main pour ces choses-là.

— Je vous laisse mon numéro au cas où", dis-je en attrapant un bout de papier et un stylo dans la console centrale pour y griffonner mes deux numéros de téléphone. L'homme jette un coup d'œil dessus :

"Ah, vous habitez Bonn?"

Je cafouille : "En ce moment, plus ou moins, provisoirement.

— Oui, on voit tout de suite que vous n'êtes pas du coin. Vous avez un côté sérieux… Mais ça va passer."

Il fouille dans la poche de son manteau et, sans me demander mon avis, me fourre un bonbon au menthol vert dans la main. "Et n'oubliez pas ce qu'on dit chez nous : il ne faut pas tout prendre au sérieux!" Il me toise à nouveau, l'air de se demander si je vais suivre son conseil.

"Vous savez comment faire démarrer cet engin, au moins?"

Je lui jette un regard implorant. Il s'esclaffe bruyamment. Il faut vraiment que je travaille sur moi.

"N'oubliez pas de rire, jeune homme, c'est essentiel. Règle numéro 1, comme je dis toujours : n'oublions pas de rire. La vie est un carnaval!"

Il doit savoir de quoi il parle.

Il faut dire qu'au vu des conditions météorologiques dans lesquelles ils vivent, les autochtones de Rhénanie sont les champions toutes catégories de la jovialité. Loin devant la Jamaïque, car sachant que là-bas le soleil brille en permanence, c'est trop facile d'être bien luné. Quand on fait le ratio entre bonne humeur et soleil disponible, les habitants de Rhénanie obtiennent haut la main les meilleurs résultats sur l'échelle mondiale de la jovialité. Le carnaval est le point d'orgue de cette évolution culturelle unique au monde. Qu'il y ait un carnaval à Rio paraît logique. Mais à Cologne ou à Bonn, cela relève du miracle. Grâce à cet événement qu'on appelle aussi la cinquième des quatre saisons, les habitants de Rhénanie font du semestre le plus morose de l'année un moment de pure gaieté. C'est pour cette raison qu'ils disent d'eux-mêmes qu'ils ont "du soleil dans le cœur". Et d'autres tribus allemandes ont développé des coutumes comparables pour tenir le coup lors des saisons difficiles : l'Oktoberfest ou fête de la Bière de Munich a même acquis une renommée mondiale.

L'homme me fait un grand sourire en montrant la route : "Ce n'est pas bien compliqué. Pour commencer, vous devez choisir où vous voulez aller. Après ça, il suffit de suivre les panneaux. Et si vous en voyez un à l'envers, c'est que vous roulez dans le mauvais sens. Quelle que soit la planète d'où vous venez."

À ce moment-là, mon côté sérieux tombe le masque. C'est un spectacle inhabituel qui s'offre aux corneilles en train de voleter au-dessus du champ de betteraves envahi par le brouillard : plantés sur une route de campagne près d'une voiture aux feux de détresse allumés et d'une autre bien amochée, deux hommes qui n'ont pas grand-chose en commun pouffent de rire. Le tout sous une couverture nuageuse compacte d'un gris de plomb. Et je n'ai plus les jambes en compote.

En rentrant à la maison, je vais tout droit voir Vera. La voiture est à elle – en tout cas, c'est elle qui l'a choisie –, l'engin est presque aussi vieux que notre Mercedes en Australie-Occidentale. Il a beau avoir coûté deux fois moins cher qu'un pare-chocs chauffant ou que la fameuse perte de valeur d'une Passat neuve au cours de la première année, Vera en a besoin pour aller au travail. Très pragmatiquement. Les enfants sont dans le jardin, et ils n'ont pas encore appris la nouvelle du jour. Je décide de ne pas les mêler à ça. Ils découvriront le pot aux roses bien assez vite.

"Il m'est arrivé une bricole. Ton aile avant gauche est un peu bosselée, avec une petite touche argentée.

— Pas de mal ?

— Non, non.

— Ça roule encore ?"

Je hoche la tête. "Un jour ou l'autre, il faudra faire vérifier le parallélisme.

— De qui tu parles ?

— Très drôle, dis-je d'un ton plaintif.

— Écoute, il faut que je finisse ça. Tu peux aller jeter un coup d'œil aux enfants dans le jardin ? Et dis-moi, tu as vu la crème fouettée ?"

En quelques phrases, je lui explique à quel point j'ai la vie dure. En échange, j'ai droit à un de ces baisers après lesquels tout va forcément bien, et je me mets en route vers le jardin.

Nina et Mr Simon sont dans le bac à sable, complètement absorbés par leur jeu. C'est un joli mélange d'*earthy* et de maisoneux – en prime, une coupelle de fraises saupoudrées de sable trône sur une planche en bois.

"Tu joues avec nous ?

— Ouiii !" crie Mr Simon.

J'hésite.

"Mais vous jouez à quoi ?"

Nina me lance un regard suspicieux : "Mais tu vois bien…" Elle me montre le bac à sable avant de m'interroger du regard.

Je tente ma chance : "À l'île ?"

Elle hoche la tête avec satisfaction et désigne Mr Simon qui est installé dans un carton.

"Le capitaine", dis-je.

Nouveau hochement de tête satisfait, comme si elle m'avait bien éduqué.

"Mon Dieu", je pense. Ces derniers jours, il n'y en a eu que pour ce capitaine qui a la chance de tomber sur une île où se trouve une princesse avec des fraises. C'est là que je dois intervenir, soit pour enlever la princesse, soit pour voler les fraises. Mais pour le moment, je n'ai pas envie de jouer le rôle du matelot grincheux qui finit par prendre la fuite. Aujourd'hui, je n'y arriverai pas pour de vrai : au mieux, je devrai me contenter du niveau 2.

Je propose timidement : "Euh, est-ce qu'on pourrait jouer à un nouveau jeu pour une fois ?" Je ne veux pas leur gâcher la fête.

Il faut que je trouve une idée, ça devrait quand même être dans mes cordes.

"Mais bien évitemment ! dit Nina d'un ton apaisant. Et tu sais quoi ?

— Nan?
— Tu n'imagines même pas!" Elle pouffe de rire.
"Sûrement pas", dis-je en souriant.
Elle a la banane jusqu'aux oreilles.
"J'ai déjà un million d'idées!"

ÉPILOGUE

QU'EST-CE QUI EST MOUILLÉ ET QUI TOMBE DU CIEL?

Nina en 2017

"Bienvenue, dit aimablement le chien. Juste quelques petites questions, et ce sera bon.

— Pour l'amour de Dieu!" gémit le Dr Finkelbach. Il baisse les yeux. Tout est encore en place chez lui. Ses mains sont agrippées à la mallette posée sur ses genoux. Et le tout est assis sur un siège de bureau.

Quelques instants plus tôt, il était en train d'ouvrir la portière de sa voiture. La journée avait été fatigante. Et cerise sur le gâteau : cette petite fille… En secouant la tête, il fouillait dans sa mallette à la recherche de sa clef de voiture. "Incroyable… Qu'est-ce qui est mouillé et qui tombe du ciel? Un chien!" murmurait-il dans sa barbe. Puis il avait entendu un drôle de bruit au-dessus de lui, et sa tête s'était mise à tourner.

Et après ça, il avait vu le chien.

"Où suis-je?

— N'ayez crainte, dit le chien d'un ton apaisant. Vous pourrez bientôt discuter de tous les détails avec l'interlocuteur compétent. Pour le moment, il s'agit de simples formalités." Il sourit. "Donc: d'où venez-vous?

— Bonn! Je viens de Bonn. Écoutez, je…

— Une minute, je vous prie, le temps que je rentre votre réponse dans le système, hmm, voilà, c'est ici… Planète : Bonn. C'est bien ça? Avec deux *n*?

— C'est ma ville, pas ma planète! Qu'est-ce que c'est que ce cirque?

— Ah, c'était la question suivante. Combien de jours comptez-vous rester sur place? Avez-vous une correspondance?

— Écoutez, il faut absolument que je parle à quelqu'un!

— Bien entendu. C'est pour ça que nous sommes là. Pas d'oppression. Si vous n'y voyez pas d'inconvénient, je vais juste compléter rapidement les informations!" Le chien lance au Dr Finkelbach un clin d'œil entendu. "Vous savez, la bureaucratie…

— Il doit y avoir erreur sur la personne. Je souhaiterais retourner à ma voiture, je vous prie.

— Qu'est-ce qui est mouillé et qui tombe du ciel? demande le chien.

— Pardon?

— Voyons : c'est tout mouillé (pause lourde de signification) et ça tombe du ciel", répète lontement le chien tout en esquissant dans les airs une forme de bonne taille. Il jette un coup d'œil au plafond, puis revient au Dr Finkelbach. "Nous devons vérifier ce point. C'est pour votre bien, ajoute-t-il.

— La pluie, évidemment! Ça suffit, maintenant!"

Le chien pouffe de rire. "La pluie? Ma foi! Très amusant. Je vous écoute!

— Pardon?

— Enfin, nous ne pouvons pas en rester là. Si vous voyez ce que je veux dire." Nouveau clin d'œil. Donc : "C'est mouillé, et ça tombe du ciel.

— Chez nous, c'est la pluie! C'est comme ça!" lâche le Dr Finkelbach. Il regarde le chien d'un air mi-outré, mi-désespéré. Sa main gauche caresse sa mallette avec innervement.

"Allons bon… Ce n'est pas une plaisanterie? Vous n'allez quand même pas me dire qu'il y a de la pesanteur chez vous!

— Je viens de la Terre! Qu'est-ce que vous croyez? Et vous êtes qui, au juste? Vous avez l'air d'un… Vous présentez certaines ressemblances avec un chien!

— Ex-cel-lent sens de l'observation! dit le chien d'un air moqueur. *Canis ninensis.*" Il soulève une aile. "Ravi de faire votre connaissance. Et vous?

— *Homo sapiens*, bégaye le Dr Finkelbach. Je suis psychologue.

— Ah, pouffe de nouveau le chien. Je comprends mieux le coup de la pesanteur!" Il se gratte la nuque. "Cette bonne vieille Terre. Au fin fond de la Voie lactée. On en a déjà eu un de chez vous. Robert Steiner ou quelque chose comme ça.

— Rudolf. Rudolf Steiner, dit le Dr Finkelbach d'une voix rauque.

— Exact! Vous le connaissez?

— Pas personnellement. Mais qu'est-ce que…

— C'était vers 1492, poursuit le chien. Il voulait quitter l'Inde pour rejoindre l'Atlantide et exporter de la laine teintée main, mais il s'est perdu en chemin et il a atterri en Australie-Occidentale. Et avec le soleil qu'il y a là-bas… Toute sa vie durant, il a soutenu mordicus qu'il avait découvert la route sud de la Scandinavie. Il y a fondé une petite colonie, Danemark ou quelque chose comme ça.

— Nous ne sommes pas à Bonn, n'est-ce pas?" demande le Dr Finkelbach, le souffle court. La sueur perle sur son front. Ses mains sont toujours crispées sur sa mallette. Il se redresse un peu sur son siège.

La porte s'ouvre, et un homme en robe blanche entre. Avec son bandeau dans les cheveux, il ressemble à Moïse dans la célèbre adaptation cinématographique des *Dix Commandements* avec Charlton Heston. Il fait quelques pas dans la pièce en sifflotant avant d'apercevoir le Dr Finkelbach.

"Oh! Mes excuses. Je ne savais pas que tu avais du monde", dit-il au chien. Ce dernier se renverse dans son fauteuil et pivote légèrement pour que le Dr Finkelbach ne voie pas son museau. Il lance au nouveau venu un regard qui en dit long. Puis il articule silencieusement le mot "Terre" et lève les yeux au ciel en montrant le Dr Finkelbach.

L'homme en robe blanche hoche la tête. Il se dirige vers Finkelbach et le toise quelques secondes avant de lui tendre la main.

"Je m'appelle Morx, Karl Morx. Que pouvons-nous faire pour vous?

— Je veux retourner à ma voiture!"

Morx et le chien échangent un regard.

"Apparemment, il ne connaît pas le mot de passe, dit le chien d'un air grave.

— C'est impossible, réplique Morx. Sinon, il ne serait pas ici."

Le Dr Finkelbach, d'un ton qui se veut enjoué : "Vous voyez, je ne veux pas vous causer de…

— Qu'est-ce qui est mouillé et qui tombe du ciel?" le coupe Morx d'une voix aimable mais ferme.

Le Dr Finkelbach lui lance un regard noir en croisant les bras sur sa poitrine. Sa lèvre inférieure frémit.

"Vous savez, il n'y a pas trente-six moyens d'arriver chez nous, reprend Morx. Soit vous avez su reconnaître l'éléphant dans le serpent au moment opportun, soit vous avez été recommandé par quelqu'un, soit on vous a donné le mot de passe."

Le Dr Finkelbach a les yeux rivés sur sa mallette. "Un chien", finit-il par lâcher.

Le chien pousse un soupir de soulagement. "Ce n'est pas très original, n'est-ce pas? dit-il d'un air contrit en effleurant sa poitrine.

— Peu importe, dit Morx. Nous voilà déjà plus avancés.

— Je veux parler à un avocat, immédiatement! fulmine le Dr Finkelbach.

— Nous sommes l'agence chargée des univers parallèles. Félicitations! Nous pouvons réaliser tous vos souhaits.

— Je ne comprends pas…, bégaye Finkelbach.

— Tous les rêves sont permis!

— Je n'ai pas besoin de rêve. J'ai besoin de ma clef de voiture. Elle doit être sur la portière.

— Pas de rêve? insiste Morx avec incrédulité.

— Oui, sûr et certain, grommelle le Dr Finkelbach. Je suis thérapeute!

— Très bien." Le chien hausse les épaules. Son regard croise celui de Morx, qui hoche la tête. "Dans ce cas, c'était un plaisir de…

— Attendez! le coupe le Dr Finkelbach. Vous pouvez vraiment réaliser tous mes souhaits?

— Évidemment!" dit Morx. Le chien opine du chef.

"Dans ce cas : je ne serais pas contre une glace esquimau.

— C'est ça, votre plus grand rêve?" Encore une fois, le chien lance à Morx un regard éloquent. "Vous ne seriez pas chercheur en biscuits chinois, par hasard? marmonne le chien.

— J'ai toujours rêvé d'aller en Nouvelle-Zélande, un jour, dit le Dr Finkelbach à voix basse.

— Oh, désolé, répond Morx d'un ton chagrin. «Un jour» et «plus tard» ne font malheureusement plus partie de notre offre. On a fait le calcul. Ça n'avait aucun sens. Les chances de réalisation ne sont que d'une sur un milliard, vous savez."

Le Dr Finkelbach regarde longuement le chien. Pour la première fois, il se renverse légèrement dans son siège. Puis il dit d'un ton hésitant : "Maintenant, ça irait aussi.

— Bien. C'est plus réaliste. Est-ce que vous pourriez l'écrire tout en haut de cette to-do list, s'il vous plaît ?

— D'accord", dit le Dr Finkelbach. Il griffonne sur la feuille avant de la rendre au chien.

"Très bien. À présent, je souhaiterais vous présenter votre réalisateur de rêve personnel." Le chien plonge la patte dans un des tiroirs de son bureau et attrape un objet plat et scintillant qu'il tend au Dr Finkelbach.

Au même moment, il y a de nouveau ce drôle de bruit au-dessus de lui.

Et là, il aperçoit son propre reflet en train de lui décocher un sourire ravi dans le rétroviseur de sa voiture. Une feuille de papier y est accrochée avec un bout de scotch bleu, et tout en haut, il est écrit en corps 32 : *To do: Tekapo*. Et c'est tout.

"Calcul du nouvel itinéraire, braille soudain la voix du GPS avant de toussoter : Excusez-moi. J'ai besoin de quelques secondes, ce n'est pas exactement au coin de la rue. Voilà, j'y suis."

Le Dr Finkelbach a toujours les yeux rivés sur son rétroviseur.

"On peut y aller ?" demande le GPS.

Le Dr Finkelbach hoche lontement la tête.

"Prenez la prochaine sortie, et montez vers les nuages."

Et c'est ce que fait le Dr K. F. Finkelbach.

REMERCIEMENTS

Je remercie Christian et en particulier Christa qui ont toujours été là pour Nina, dans les bons moments comme dans les moments plus difficiles. La famille, c'est aussi d'être là et de faire sa part.

Comme le dit le proverbe, il faut tout un village pour accompagner un enfant et les parents qui vont avec lors de leur périple… Gabriele Kaufmann a été la première à laisser à Nina les huit minutes dont elle avait besoin pour mettre ses chaussures — c'est grâce à elle que j'ai enfin compris que chaque personne a son propre rythme. Je remercie de tout cœur les médecins et les thérapeutes qui nous ont accompagnés avec professionnalisme et dévouement sur de longues périodes en accord avec les thérapies motopédiergophys-iomanops-ychoopthalmo-tologo-pédie-nsobuccodentéveil-eremnip-icklerbobathth : Svenja Buschek, Reni Mayer, Frank Saher, Ursula Dürrschnabel, Christa Keuten-Eschweiler, Karin Hünteler, Malini Calderón Mancha, Andrea Konrad de l'école lvr-Severin et bien sûr Matthias Krause. Je les remercie également de m'avoir fait découvrir l'univers des douze perles de verre dans quatre mille haricots, l'art de l'expressionnisme à la mousse à raser sur miroirs, la construction de cavernes en peaux de mouton pourvues de lampes chauffantes, de paysages en parpaings géants en mousse et halles de gymnastiques ainsi que la technologie de pointe à base de coussins de noyaux de cerise en polaire posés sur des planchettes suspendues – ah oui, est-ce que quelqu'un a de gentils dauphins à la maison ? (il fallait que je pose la question) – et pour la communication améliorée et alternative à l'aide d'ordinateurs portables qui parlent, de peluches qui bipent et de Gruffalos virtuels. Je les remercie aussi de nous avoir encouragés à tester nous-mêmes des formes expérimentales de thérapie fondées sur la boue et les flaques ainsi que des leçons à base de foulards qu'on agite, et initiés aux acrobaties sur Turn Turtle. Je remercie le Lebenshilfe e.V. de Bonn pour son aide professionnelle et déterminée dans le cadre de différentes mesures d'éveil.

Je remercie également les professeurs et les auxiliaires de vie scolaire qui nous ont apporté leur soutien : Mme Mainx, Mme Mewes, M. Wächter et Mme Selke ainsi que Mme Janicke, Mme Seidel, Mme Hardt, Mme Fritsch et Christopher Woywood. Je remercie Mme Schmitz du fond du cœur : la générosité dont elle a fait preuve en nous ouvrant les portes de son école a grandement facilité nos débuts à Bonn !

Je remercie sincèrement Denise, Kardy, Clare et Theda de la Golden Hill Steiner School, Sarah et Regi de la Spirit of Play School de Denmark et Deb Delaney du Port Douglas Neighbourhood Centre pour ces bons moments *earthy*. Je remercie Sonja Hiegemann pour son formidable dévouement plein d'humour lors de son séjour éclair en tant que jeune fille au pair à Port Douglas.

Je remercie chaleureusement Beany pour son enseignement brut de décoffrage *as usual*. Je dois à Rob Lukin quelques rencontres rares mais profondément inspirantes. Je leur souhaite à tous les deux un vent force 6. Je remercie Anna Amsel pour ses questions on ne peut plus déconcertantes et pour ses conseils pragmatiques (seulement quand c'était absolument nécessaire). Je remercie M. Hollmann pour avoir accompagné et encouragé Nina et notre famille, et surtout pour nous avoir posé la question, pas banale dans sa profession : "Et pourquoi pas ?", sans laquelle nous n'aurions (peut-être) pas osé faire certaines choses.

J'ai eu de la chance de pouvoir écrire ce livre. Il a quasiment fallu un autre demi-village pour le mettre sur les rails. Je remercie sincèrement Andrea von der Wettern ainsi que Hanna et Erik. Je remercie Nina et Vera du fond du cœur pour leurs commentaires rigolos sur les premières versions du manuscrit. Non, la mémoire des hommes et des adultes ne fonctionne pas pareil. Je remercie Klaus pour avoir joué à trouver des mots avec moi après 23 h 30. Je remercie chaleureusement l'équipe de Knaus Verlag pour m'avoir fait confiance, m'avoir soutenu avec prudence et dynamisme et m'avoir fait découvrir le monde de la fabrication de livres !

Je remercie nos hôtes et amis qui ont fait de ce bout de voyage une expérience inoubliable, et en particulier Jason et Maren, Nina Henschel et the Wild Three, Sofia et Ema, Chris, Sarah et Will, Yamalia et Katja, Georg et Janelle ainsi qu'Ali qui m'a laissé continuer à écrire au Mrs. Jones Café quand elle avait fini de passer l'aspirateur – merci aussi pour les centaines de Wolfies, les *biscotti* faits maison et les stylos. Je remercie Glenn et Mark pour les moments de détente à l'Origin. Et je remercie les RaYs de Denmark pour tous ces super-souvenirs. Je leur dois beaucoup, à eux ainsi qu'à toutes les autres personnes qui apparaissent dans ce livre.

Chère Nina, cher Simon, merci pour tout ! Qu'est-ce qu'on fait aujourd'hui ?

TABLE

OUVRAGE RÉALISÉ
PAR CURSIVES À PARIS
REPRODUIT ET ACHEVÉ D'IMPRIMER
EN MAI 2018
PAR NORMANDIE ROTO IMPRESSION S.A.S.
À LONRAI
POUR LE COMPTE DES ÉDITIONS
ACTES SUD
LE MÉJAN
PLACE NINA-BERBEROVA
13200 ARLES

DÉPÔT LÉGAL
1re ÉDITION : JUIN 2018
N° d'impression : 1801493
(Imprimé en France)